RECUEIL DE LA LÉGISLATION

CHEMINS DE FER D'INTÉRÊT GÉNÉRAL

PAR

Adrien GODET

CHEF ADJOINT DU CONTENTIEUX DE LA COMPAGNIE
DES CHEMINS DE FER DU MIDI

———◆———

PARIS

LIBRAIRIE NOUVELLE DE DROIT ET DE JURISPRUDENCE

ARTHUR ROUSSEAU, ÉDITEUR

14, RUE SOUFFLOT ET RUE TOULLIER, 13

—

1903

RECUEIL DE LA LÉGISLATION

DES

CHEMINS DE FER D'INTÉRÊT GÉNÉRAL

RECUEIL DE LA LÉGISLATION

DES

CHEMINS DE FER D'INTÉRÊT GÉNÉRAL

PAR

Adrien GODET

CHEF ADJOINT DU CONTENTIEUX DE LA COMPAGNIE
DES CHEMINS DE FER DU MIDI

PARIS

LIBRAIRIE NOUVELLE DE DROIT ET DE JURISPRUDENCE

ARTHUR ROUSSEAU, ÉDITEUR

14, RUE SOUFFLOT ET RUE TOULLIER, 13

—

1903

RECUEIL DE LA LÉGISLATION

DES

CHEMINS DE FER D'INTÉRÊT GÉNÉRAL

I. — TRAVAUX PUBLICS

LOI DU 27 JUILLET 1870
Concernant les grands travaux publics.

Art. 1er. — Tous grands travaux publics, routes impériales, canaux, chemins de fer, canalisation des rivières, bassins et docks, entrepris par l'Etat ou par Compagnies particulières, avec ou sans péage, avec ou sans subside du Trésor, avec ou sans aliénation du domaine public, ne pourront être autorisés que par une loi rendue après une enquête administrative.

Un décret impérial, rendu en la forme des règlements d'administration publique et également précédé d'une enquête, pourra autoriser l'exécution des canaux et chemins de fer d'embranchement de moins de vingt kilomètres de longueur, des lacunes et rectifications de routes impériales, des ponts et de tous autres travaux de moindre importance.

En aucun cas les travaux dont la dépense doit être supportée en tout ou en partie par le Trésor ne pourront être mis à exécution qu'en vertu de la loi qui crée les voies ou moyens, ou d'un crédit préalablement inscrit à un des chapitres du budget.

Art. 2. — Il n'est rien innové, quant à présent, en ce qui touche l'autorisation et la déclaration d'utilité publique des travaux publics à la charge des départements et des communes.

II. — SERVICES FINANCIERS

LOI DU 23 JUIN 1857

Portant fixation du budget de l'exercice 1858.

Art. 8. — Dans les sociétés qui admettent le titre au porteur, tout propriétaire d'actions et d'obligations a toujours la faculté de convertir ses titres au porteur en titres nominatifs et réciproquement.

Dans l'un et l'autre cas, la conversion donne lieu à la perception du droit de transmission.

LOI DU 15 JUIN 1872

**Sur les titres au porteur, modifiée par la loi
du 8 février 1902.**

Art. 1er. — Le propriétaire de titres au porteur, qui en est dépossédé par quelque événement que ce soit, peut se faire restituer contre cette perte dans la mesure et sous les conditions déterminées dans la présente loi.

Art. 2. — Le propriétaire dépossédé fera notifier par huissier, au Syndicat des agents de change de Paris, un acte d'opposition indiquant le nombre, la nature, la valeur nominale, le numéro et, s'il y a lieu, la série des titres, avec réquisition, sous la condition de payement du coût, de publier, dans la forme qui sera ci-après déterminée, les numéros des titres dont il a été dépossédé.

Il devra aussi, autant que possible, énoncer :

1° L'époque et le lieu où il est devenu propriétaire, ainsi que le mode de son acquisition ;

2° L'époque et le lieu où il a reçu les derniers intérêts ou dividendes ;

3° Les circonstances qui ont accompagné sa dépossession.

Cet acte contiendra une élection de domicile à Paris.

Notification sera également faite par huissier, au nom du propriétaire dépossédé, à l'établissement débiteur.

L'acte contiendra les indications ci-dessus requises pour l'exploit notifié au Syndicat des agents de change, et, de plus, à peine de nullité, une copie certifiée par l'huissier instrumentaire de la quittance délivrée par le Syndicat, du coût de la publication prévue par l'article 11 ci-après. Cette quittance, soumise au seul droit de timbre de dix centimes (0 fr. 10), s'il y échet, sera dispensée d'enregistrement. Il sera fait dans l'acte, élection de domicile dans la commune du siège de l'établissement débiteur.

La notification ainsi faite emportera opposition au payement tant du capital que des intérêts ou dividendes échus ou à échoir, jusqu'à ce que mainlevée en ait été donnée par l'opposant ou ordonnée par justice ou jusqu'à ce que déclaration ait été faite, par le Syndicat des agents de change, à l'établissement débiteur, de la radiation de l'opposition.

S'il s'agit de coupons détachés du titre, il n'y aura pas lieu à la notification au Syndicat des agents de change ni à l'insertion au *Bulletin* quotidien. Le porteur dépossédé ne sera tenu que de l'opposition à l'établissement débiteur.

Art. 3. — Lorsqu'il se sera écoulé une année depuis l'opposition sans qu'elle ait été formellement contredite par un tiers se prétendant propriétaire du titre frappé d'opposition, et que, dans cet intervalle, deux termes au moins d'intérêts ou de dividendes auront été mis en distribution, l'opposant pourra se pourvoir auprès du Président du tribunal civil du lieu de son domicile, ou, s'il habite hors de France, auprès du Président du tribunal civil du siège de l'établissement débiteur, afin d'obtenir l'autorisation de toucher les intérêts ou dividendes échus, ou même le capital des titres frappés d'opposition, dans le cas où ledit capital serait ou deviendrait exigible.

Le même droit appartiendra au porteur dépossédé de titres

ne donnant pas droit à des intérêts ou dividendes, ou à l'égard desquels il y a eu cessation des distributions périodiques. Mais, en ce cas, il ne pourra être exercé que lorsqu'il se sera écoulé trois ans depuis l'opposition sans qu'elle ait été contredite dans les termes indiqués ci-dessus.

Art. 4. — Si le Président accorde l'autorisation, l'opposant devra, pour toucher les intérêts ou dividendes, fournir une caution solvable dont l'engagement s'étendra au montant des annuités exigibles, et, de plus, à une valeur double de la dernière annuité échue.

Après deux ans écoulés depuis l'autorisation, sans que l'opposition ait été contredite dans les termes de l'article 3, la caution sera de plein droit déchargée.

Si l'opposant ne veut ou ne peut fournir la caution requise, il pourra, sur le vu de l'autorisation, exiger de la Compagnie le dépôt, à la Caisse des dépôts et consignations, des intérêts ou dividendes échus et de ceux à échoir au fur et à mesure de leur exigibilité.

Après deux ans écoulés depuis l'autorisation, sans que l'opposition ait été contredite dans les termes de l'article 3, l'opposant pourra retirer de la Caisse des dépôts et consignations les sommes déposées et percevoir librement les intérêts ou dividendes à échoir, au fur et à mesure de leur exigibilité.

Art. 5. — Si le capital des titres frappés d'opposition est devenu exigible, l'opposant qui aura obtenu l'autorisation ci-dessus pourra en toucher le montant, à charge de fournir caution. Il pourra, s'il le préfère, exiger de la Compagnie que le montant dudit capital soit déposé à la Caisse des dépôts et consignations.

Lorsqu'il se sera écoulé dix ans depuis l'époque de l'exigibilité et cinq ans au moins à partir de l'autorisation sans que l'opposition ait été contredite dans les termes de l'article 3, la caution sera déchargée, et, s'il y a eu dépôt, l'opposant pourra retirer de la Caisse des dépôts et consignations les sommes en faisant l'objet.

Art. 6. — La solvabilité de la caution à fournir, en vertu des dispositions des articles précédents, sera appréciée comme en matière commerciale. S'il s'élève des difficultés, il sera statué en référé par le Président du tribunal du domicile de l'établissement débiteur.

Il sera loisible à l'opposant de fournir un nantissement au lieu et place d'une caution. Ce nantissement pourra être constitué en titres de rentes sur l'Etat. Il sera restitué à l'expiration des délais fixés pour la libération de la caution.

Art. 7. — En cas de refus de l'autorisation dont il est parlé en l'article 3, l'opposant pourra saisir, par voie de requête, le tribunal civil de son domicile, ou, s'il habite hors de France, le tribunal civil du siège de l'établissement débiteur, lequel statuera après avoir entendu le ministère public. Le jugement obtenu dudit tribunal produira les effets attachés à l'ordonnance d'autorisation.

Art. 8. — Quand il s'agira de coupons au porteur détachés du titre, si l'opposition n'a pas été contredite, l'opposant pourra, après trois années à compter de l'échéance et de l'opposition, réclamer le montant desdits coupons de l'établissement débiteur, sans être tenu de se pourvoir d'autorisation.

Art. 9. — Les paiements faits à l'opposant, suivant les règles ci-dessus posées, libèrent l'établissement débiteur envers tout tiers porteur qui se présenterait ultérieurement. Le tiers porteur au préjudice duquel lesdits paiements auraient été faits conserve seulement une action personnelle contre l'opposant qui aurait formé son opposition sans cause.

Art. 10. — Si, avant que la libération de l'établissement débiteur ne soit accomplie, il se présente un tiers porteur des titres frappés d'opposition, ledit établissement doit provisoirement retenir ces titres contre un récépissé remis au tiers porteur ; il doit, de plus, avertir l'opposant, par lettre chargée, de la présentation du titre, en lui faisant connaître le nom et l'adresse du tiers porteur. Les effets de l'opposition restent alors suspendus jusqu'à ce que la justice ait prononcé entre l'opposant et le tiers porteur.

Art. 11. — Sur le vu de l'exploit mentionné en l'article 2 et de la réquisition y contenue, le Syndicat des agents de change de

Paris sera tenu de publier les numéros des titres dont la dépossession lui est notifiée.

Cette publication, qui aura pour effet de prévenir la négociation ou la transmission desdits titres, sera faite le surlendemain, au plus tard, par les soins et sous la responsabilité du Syndicat des agents de change de Paris, dans un bulletin quotidien, établi et publié dans les formes et sous les conditions déterminées par un règlement d'administration publique.

Le même règlement fixera le coût de la rétribution annuelle due par l'opposant pour frais de publicité. Cette rétribution annuelle sera payée d'avance à la caisse du Syndicat, faute de quoi la dénonciation de l'opposition ne sera pas reçue, ou la publication ne sera pas continuée à l'expiration de l'année pour laquelle la rétribution aura été payée.

Un mois après l'échéance de la publication non renouvelée, le Syndicat fera parvenir à l'établissement débiteur la liste des titres qui n'auront pas été maintenus au *Bulletin des oppositions* ; avis lui sera donné, en même temps, que cette notification lui tient lieu de mainlevée pour tous payements de coupons, remboursements de capital, conversions, transferts, etc., et lui donne pleine et entière décharge, à condition que les numéros signalés comme rayés du *Bulletin* concordent bien avec ceux inscrits sur les registres de la Compagnie comme frappés d'opposition.

Art. 12. — Toute négociation ou transmission postérieure au jour où le *Bulletin* est parvenu ou aurait pu parvenir, par la voie de la poste, dans le lieu où elle a été faite, sera sans effet vis-à-vis de l'opposant, sauf le recours du tiers porteur contre son vendeur et contre l'agent de change par l'intermédiaire duquel la négociation aura eu lieu. Le tiers porteur pourra également, au cas prévu par le précédent article, contester l'opposition faite irrégulièrement ou sans droit.

Sauf le cas où la mauvaise foi serait démontrée, les agents de change ne seront responsables des négociations faites par leur entremise qu'autant que les oppositions leur auront été signifiées personnellement ou qu'elles auront été publiées dans le *Bulletin* par les soins du Syndicat.

Art. 13. — Les agents de change doivent inscrire sur leurs livres les numéros des titres qu'ils achètent ou qu'ils vendent.

Ils mentionneront sur les bordereaux d'achats les numéros livrés. Un règlement d'administration publique déterminera le taux de la rémunération qui sera allouée à l'agent de change pour cette inscription des numéros.

La négociation qui rend sans effet toute publication postérieure de l'opposition sera réputée accomplie dès le moment où aura été opérée sur les livres des agents de change l'inscription des numéros des titres vendus pour compte du donneur d'ordre et livrés par lui.

Si la publication, bien que postérieure à cette inscription, survient avant la livraison ou l'attribution au donneur d'ordre ou à l'agent de change acheteur, l'opposant pourra, sur la demande de mainlevée formée par l'agent de change ou par tout autre ayant droit, réclamer les titres contre remboursement du prix, par application de l'article 2280 du Code civil.

Art. 14. — A l'égard des négociations ou transmissions de titres antérieures à la publication de l'opposition, il n'est pas dérogé aux dispositions des articles 2279 et 2280 du Code civil.

Art. 15. — Lorsqu'il se sera écoulé dix ans depuis l'autorisation obtenue par l'opposant, conformément à l'article 3, et que, pendant ce laps de temps, l'opposition aura été publiée sans être contredite dans les termes dudit article, l'opposant pourra exiger de l'établissement débiteur qu'il lui soit remis un titre semblable et subrogé au premier. Ce titre devra porter le même numéro que le titre originaire, avec la mention qu'il est délivré par duplicata.

Le titre délivré en duplicata conférera les mêmes droits que le titre primitif et sera négociable dans les mêmes conditions.

Dans le cas du présent article, le titre primitif sera frappé de déchéance, et le tiers qui le représentera après la remise du nouveau titre à l'opposant n'aura qu'une action personnelle contre celui-ci, au cas où l'opposition aurait été faite sans droit.

L'opposant qui réclamera de l'établissement un duplicata payera les frais qu'il occasionnera.

Il devra, de plus, payer à l'avance la publication faite au *Bulletin* à la rubrique des titres frappés de déchéance, pour le nombre d'années représenté par la feuille des coupons attachés au titre, sans que cette publication puisse, en aucun cas, être limitée à une durée inférieure à dix ans.

Un règlement d'administration publique fixera le coût de la somme à payer au Syndicat pour la publication supplémentaire au delà de dix ans.

Pour les titres qui ne portent aucun coupon, l'opposant devra verser au Syndicat, à l'avance, le prix de la publication pendant dix ans à la rubrique des titres frappés de déchéance.

Art. 16. — Les dispositions de la présente loi sont applicables aux titres au porteur émis par les départements, les communes et les établissements publics, mais elles ne sont pas applicables aux billets de la Banque de France, ni aux billets de même nature émis par des établissements légalement autorisés, ni aux Rentes et autres titres au porteur émis par l'Etat, lesquels continueront à être régis par les lois, décrets et règlements en vigueur.

Toutefois, les cautionnements exigés par l'Administration des finances pour la délivrance des duplicata de titres perdus, volés ou détruits, seront restitués si, dans les vingt ans qui auront suivi, il n'a été formé aucune demande de la part des tiers porteurs, soit pour les arrérages, soit pour le capital. Le Trésor sera définitivement libéré envers le porteur des titres primitifs, sauf l'action personnelle de celui-ci contre la personne qui aura obtenu le duplicata.

Art. 17. — Le porteur d'un titre frappé d'opposition peut poursuivre la mainlevée de cette opposition de la manière suivante :

Il fera sommation à l'opposant d'avoir à introduire, dans le mois, une demande en revendication, qui sera portée devant le tribunal civil du domicile du porteur actuel du titre.

Cette sommation sera signifiée au domicile de l'opposant et, si celui-ci n'a pas de domicile connu en France, au domicile élu dans l'opposition notifiée au Syndicat des agents de change de Paris.

Elle indiquera, autant que possible, l'origine et la cause de la détention du titre, ainsi que la date à partir de laquelle le porteur est à même d'en justifier; en cas d'acquisition par achat, elle indiquera le montant du prix d'achat et contiendra aussi copie d'un certificat délivré par le Syndicat des agents de change, mentionnant la date à laquelle les titres ont paru pour la première fois au *Bulletin*, ledit certificat non soumis au droit d'enregistrement.

Si la sommation est faite à la requête d'un agent de change dans les conditions prévues au paragraphe 4 de l'article 13, elle devra contenir un extrait certifié conforme des livres de l'agent de change constatant l'inscription des numéros des titres sur ses livres avant leur publication au *Bulletin*.

Cette sommation contiendra, en outre, assignation à l'opposant à comparaître, dans un délai qui ne pourra pas être moindre d'un mois, à l'audience des référés, devant le président du tribunal du domicile du porteur, pour y entendre, dans les cas qui vont être ci-après spécifiés, prononcer la mainlevée de l'opposition.

Art. 18. — Si au jour de l'audience fixée par l'assignation pour la comparution en référé, l'opposant ne justifie pas avoir introduit une demande en revendication, le juge des référés devra prononcer la mainlevée immédiate.

Il en sera de même, quoique l'opposant ait introduit sa demande en revendication, si le porteur justifie, par un bordereau d'agent de change ou par d'autres actes probants et non suspects, antérieurs à l'opposition, qu'il est propriétaire des valeurs revendiquées depuis une date antérieure à celle de la publication de l'opposition, et si l'opposant n'offre pas le remboursement du prix d'achat dans les conditions prévues par l'article 2280 du Code civil.

Le juge des référés pourra prononcer la mainlevée, même en dehors de toute justification de propriété de la part du porteur, si l'opposant n'allègue à l'appui de sa demande en revendication aucun fait, ou ne produit aucune pièce, de nature à rendre vraisemblable le bien-fondé de sa prétention.

Dans tous les cas où la mainlevée sera prononcée, le juge des référés aura le droit de statuer sur les dépens.

Sur la signification de l'ordonnance à l'établissement débiteur et au Syndicat accompagnée d'un certificat de non-appel, délivré conformément aux dispositions de l'article 548 du Code de procédure civile, l'établissement débiteur et le Syndicat devront considérer l'opposition comme nulle et non avenue.

Ils seront quittes et déchargés, sans pouvoir exiger d'autres pièces ou justifications.

Art. 19. — Un décret en forme de règlement d'administration publique déterminera :

1° Les formes et les conditions de l'avis à donner en vertu du dernier paragraphe de l'article 11 ;

2° Les formes et les conditions dans lesquelles seront tenus les livres visés par l'article 13 et destinés à l'inscription des titres vendus et livrés par les donneurs d'ordre, ainsi que le contrôle auquel ils seront soumis.

DÉCRET DU 10 AVRIL 1873.

Art. 1er. — L'exploit signifié au Syndicat des agents de change de Paris, en exécution de l'article 11 de la loi du 15 juin 1872, mentionnera en toutes lettres et en chiffres les numéros des titres dont la publication est requise.

Art. 2 — Le recueil quotidien que publiera la Compagnie des agents de change de Paris, conformément au même article de loi, portera pour titre : *Bulletin officiel des oppositions sur les titres au porteur, publié par le Syndicat des Agents de change de Paris.*

Art. 3. — Le prix de l'insertion sera de cinquante centimes par numéro de valeur et par an.

Art. 4. — Le *Bulletin* publiera les oppositions par catégorie de valeurs.

Tous les numéros d'une même valeur seront inscrits à la suite les uns des autres par ordre augmentatif et en chiffres.

DÉCRET DU 8 MAI 1902.

Art. 1er. — Le coût de la publication supplémentaire, après l'expiration de la deuxième période de dix ans prévue à l'article 15, § 6, de la loi susvisée, pour les titres frappés de déchéance, est de 25 centimes par numéro de valeur et par an.

LOI DU 27 FÉVRIER 1880

Relative à l'aliénation des valeurs mobilières appartenant aux mineurs et aux interdits et à la conversion de ces mêmes valeurs en titres au porteur.

Art. 1er. — Le tuteur ne pourra aliéner, sans y être autorisé préalablement par le conseil de famille, les rentes, actions, parts d'intérêts, obligations et autres meubles incorporels quelconques appartenant au mineur ou à l'interdit. Le conseil de famille en autorisant l'aliénation, prescrira les mesures qu'il jugera utiles.

Art. 2. — Lorsque la valeur des meubles incorporels à aliéner dépassera d'après l'appréciation du conseil de famille, 1.500 francs en capital, la délibération sera soumise à l'homologation du tribunal, qui statuera en la Chambre du conseil, le ministère public entendu, le tout, sans dérogation à l'article 883 du Code de procédure civile. Dans tous les cas, le jugement rendu sera en dernier ressort.

Art. 3. — L'aliénation sera opérée par le ministère d'un agent de change toutes les fois que les valeurs seront négociables à la Bourse, au cours moyen du jour.

Art. 4. — Le mineur émancipé au cours de la tutelle, même assisté de son curateur, devra observer, pour l'aliénation de ses meubles incorporels, les formes ci-dessus prescrites à l'égard du mineur non émancipé. Cette disposition ne s'applique pas au mineur émancipé par le mariage.

Art. 5. — Le tuteur devra dans les trois mois qui suivront l'ouverture de la tutelle, convertir en titres nominatifs les titres au porteur appartenant au mineur ou à l'interdit et dont le conseil de famille n'aurait pas jugé l'aliénation nécessaire ou utile. Il devra également convertir en titres nominatifs, les titres au porteur qui adviendraient au mineur ou à l'interdit de quelque manière que ce fût, et ce, dans le même délai de trois mois, à partir de l'attribution définitive ou de la mise en possession de ces valeurs. Le conseil de famille pourra fixer pour la conversion un terme plus long.

Lorsque, soit par leur nature, soit à raison de conventions, les valeurs au porteur ne seront pas susceptibles d'être converties en titres nominatifs, le tuteur devra dans les trois mois, obtenir du conseil de famille l'autorisation, soit de les aliéner avec emploi, soit de les conserver ; dans ce dernier cas, comme dans celui prévu par le paragraphe précédent, le conseil pourra prescrire le dépôt des titres au porteur au nom du mineur ou de l'interdit, soit à la Caisse des dépôts et consignations, soit entre les mains d'une personne ou d'une Société spécialement désignée. Les délais ci-dessus ne seront applicables que sous la réserve des droits des tiers et des conventions préexistantes.

Art. 6. — Le tuteur devra faire emploi des capitaux appartenant au mineur ou à l'interdit, ou qui leur adviendraient par succession ou autrement et ce, dans le délai de trois mois, à moins que le conseil ne fixe un délai plus long, auquel cas il pourra en ordonner le dépôt, comme il est dit à l'article précédent.

Les règles prescrites par les articles ci-dessus et par l'article 455 du Code civil seront applicables à cet emploi. Les tiers ne seront en aucun cas garants de l'emploi.

Art. 7. — Le subrogé tuteur devra surveiller l'accomplissement des formalités prescrites par les articles précédents. Il devra, si le tuteur ne s'y conforme pas, provoquer la réunion du conseil de famille devant lequel le tuteur sera appelé à rendre compte de ses actes.

Art. 8. — Les dispositions de la présente loi sont applicables aux valeurs mobilières appartenant aux mineurs et aliénés placés sous la tutelle, soit de l'Administration de l'Assistance publique, soit des Administrations hospitalières. Le Conseil de surveillance de l'Administration de l'Assistance publique et les Commissions administratives rempliront à cet effet les fonctions attribuées au conseil de famille.

Les dispositions de la présente loi sont également applicables aux administrateurs provisoires des biens des aliénés nommés en exécution de la loi du 30 juin 1838.

Art. 9. — Les tuteurs entrés en fonctions et les mineurs émancipés antérieurement à la présente loi seront tenus de s'y conformer. Les délais courront pour eux à partir de la promulgation.

Art. 10. — La conversion de tous titres nominatifs en titres au porteur est soumise aux mêmes conditions et formalités que l'aliénation de ces titres.

Art. 11. — Les dispositions de la présente loi sont applicables à l'Algérie et aux colonies de la Martinique, de la Guadeloupe et de la Réunion. Les délais, en ce qui concerne ces colonies, seront, quand il y aura lieu, augmentés des délais supplémentaires fixés à raison des distances par la loi du 3 mai 1862.

Art. 12. — La loi du 24 mars 1806 et le décret du 25 septembre 1813 sont abrogés. Sont également abrogées toutes les dispositions des lois qui seraient contraires à la présente loi.

LOI DU 25 FÉVRIER 1901

Portant fixation du budget de l'exercice 1901.

Art. 15. — Le transfert ou la mutation au Grand-Livre de la Dette publique d'une inscription de rentes provenant de titulaires décédés ou déclarés absents ne pourra être effectué que sur la présentation d'un certificat délivré sans frais par le receveur de l'Enregistrement, constatant l'acquittement du droit de mutation par décès.

Il en sera de même pour les transferts ou conversions de titres nominatifs de Sociétés, départements, communes et établissements publics.

Les Sociétés ou Compagnies, agents de change, changeurs, banquiers, escompteurs, officiers publics ou ministériels ou agents d'affaires, qui seraient dépositaires, détenteurs ou débiteurs de titres, sommes ou valeurs dépendant d'une succession qu'ils sauraient ouverte, devront adresser, soit avant le paiement, la remise ou le transfert, soit dans la quinzaine qui suivra ces opérations, au directeur de l'Enregistrement du département de leur résidence, la liste de ces titres, sommes ou valeurs. Il en sera donné récépissé.

Ces listes seront établies sur des formules imprimées, délivrées sans frais par l'administration de l'Enregistrement.

Quiconque aura contrevenu aux dispositions du présent article sera personnellement tenu des droits et pénalités exigibles, sauf recours contre le redevable, et passible, en outre, d'une amende de cinq cents francs en principal.

LOI DU 26 OCTOBRE 1897

Ayant pour objet d'autoriser l'établissement de surtaxes locales temporaires s'ajoutant, s'il y a lieu, aux frais de gare et applicables aux marchandises et aux voyageurs en provenance ou à destination d'une gare ou d'une halte de chemin de fer.

Art. 1er. — Le service des emprunts contractés par un département, une commune ou une Chambre de commerce pour subvenir à l'établissement, à la transformation ou à l'amélioration d'une gare ou halte de chemin de fer d'intérêt général, peut être assuré par des surtaxes locales temporaires applicables aux marchandises ou aux voyageurs en provenance ou à destination de ladite gare ou halte.

Les marchandises appartenant à l'Etat ou employées à son service sont exemptes de ces surtaxes, dont la durée ne peut excéder cinquante ans.

Art. 2. — Lesdites surtaxes, après l'accomplissement des formalités de publicité et d'instruction prévues pour l'homologation des tarifs de chemins de fer, sont autorisées : par une loi, pour les emprunts à contracter par les départements et pour les emprunts communaux qui doivent eux-mêmes être autorisés par des lois ; par un décret rendu en la forme des règlements d'administration publique, pour les emprunts communaux non soumis à la sanction législative et pour les emprunts contractés par les Chambres de commerce. Ce décret sera pris, après avis du Ministre des finances, sur le rapport du Ministre des travaux publics, et, suivant les cas, du Ministre de l'intérieur, ou du Ministre du commerce, de l'industrie, des postes et des télégraphes.

Art. 3. — Les surtaxes établies sont affichées dans les même s conditions et le recouvrement en a lieu dans les mêmes formes que pour les taxes de chemins de fer. Elles font l'objet d'un compte spécial, dans les comptes de l'administration de chemin de fer intéressée. Le montant en est versé dans la caisse du département, de la commune ou de la Chambre de commerce, aux époques d'échéances des annuités d'emprunts et jusqu'à concurrence du montant de ces annuités. Les excédents reportés, en fin d'exercice, au compte spécial de l'exercice suivant seront affectés, dans ce compte, jusqu'à concurrence d'une somm e déterminée dans l'acte d'autorisation, à constituer un fonds de réserve qui servira à couvrir les insuffisances éventuelles des surtaxes pour assurer le paiement des annuités d'emprunts des exercices ultérieurs. Le surplus de ces excédents pourra être employé par les départements, les communes ou les Chambres de commerce en vertu d'une autorisation donnée par les administrations locales, soit au remboursement anticipé de l'emprunt, soit à la diminution du taux des surtaxes.

Art. 4. — Le service des surtaxes donnera lieu à l'établissement, par les Chambres de commerce, de comptes et budgets spéciaux, qui seront approuvés par le Ministre du commerce, de l'industrie, des postes et des télégraphes, après avis du Ministre des travaux publics.

Art. 5. — Le Ministre des travaux publics présentera annuellement, à l'appui de chaque projet de budget, d'accord avec le Ministre de l'intérieur ou avec le Ministre du commerce, de l'industrie, des postes et des télégraphes, suivant les cas, un relevé des autorisations accordées, l'année précédente, avec la date de l'autorisation, l'indication de l'objet, du montant et des conditions de l'emprunt, ainsi que du taux des surtaxes.

III. — POLICE DES CHEMINS DE FER

LOI DU 15 NOVEMBRE 1845

Sur la police des chemins de fer.

TITRE PREMIER

Mesures relatives à la conservation des chemins de fer.

Art. 1er. — Les chemins de fer construits ou concédés par l'État font partie de la grande voirie.

Art. 2. — Sont applicables aux chemins de fer les lois et règlements sur la grande voirie qui ont pour objet d'assurer la conservation des fossés, talus, levées et ouvrages d'art dépendant des routes, et d'interdire, sur toute leur étendue, le pacage des bestiaux et les dépôts de terres et autres objets quelconques.

Art. 3. — Sont applicables aux propriétés riveraines des chemins de fer les servitudes imposées par les lois et règlements sur la grande voirie, et qui concernent :

L'alignement ;

L'écoulement des eaux ;

L'occupation temporaire des terrains en cas de réparation ;

La distance à observer pour les plantations et l'élagage des arbres plantés ;

Le mode d'exploitation des mines, minières, tourbières, carrières et sablières, dans la zone déterminée à cet effet.

Sont également applicables à la confection et à l'entretien des chemins de fer, les lois et règlements sur l'extraction des matériaux nécessaires aux travaux publics.

Art. 4. — Tout chemin de fer sera clos des deux côtés et sur toute l'étendue de la voie.

L'Administration déterminera, pour chaque ligne, le mode de

cette clôture, et, pour ceux des chemins qui n'y ont pas été assujettis, l'époque à laquelle elle devra être effectuée.

Partout où les chemins de fer croiseront de niveau les routes de terre, des barrières seront établies et tenues fermées, conformément aux règlements.

Art. 5.— A l'avenir, aucune construction, autre qu'un mur de clôture, ne pourra être établie dans une distance de 2 mètres d'un chemin de fer.

Cette distance sera mesurée, soit de l'arête supérieure du déblai, soit de l'arête inférieure du talus de remblai, soit du bord extérieur des fossés du chemin, et, à défaut, d'une ligne tracée à 1 mètre 50 centimètres, à partir des rails extérieurs de la voie de fer.

Les constructions existantes au moment de la promulgation de la présente loi, ou lors de l'établissement d'un nouveau chemin de fer, pourront être entretenues dans l'état où elles se trouveront à cette époque.

Un règlement d'administration publique déterminera les formalités à remplir par les propriétaires pour faire constater l'état desdites constructions, et fixera le délai dans lequel ces formalités devront être remplies.

Art. 6. — Dans les localités où le chemin de fer se trouvera en remblai de plus de 3 mètres au-dessus du terrain naturel, il est interdit aux riverains de pratiquer, sans autorisation préalable, des excavations dans une zone de largeur égale à la hauteur verticale du remblai, mesurée à partir du pied du talus.

Cette autorisation ne pourra être accordée sans que les concessionnaires ou fermiers de l'exploitation du chemin de fer aient été entendus ou dûment appelés.

Art. 7. — Il est défendu d'établir à une distance de moins de 20 mètres d'un chemin de fer desservi par des machines à feu, des couvertures en chaume, des meules de paille, de foin, et aucun autre dépôt de matières inflammables.

Cette prohibition ne s'étend pas aux dépôts de récoltes faits seulement pour le temps de la moisson.

Art. 8. — Dans une distance de moins de 5 mètres d'un chemin de fer, aucun dépôt de pierres, ou objets non inflammables, ne peut être établi sans l'autorisation préalable du préfet.

Cette autorisation sera toujours révocable.

L'autorisation n'est pas nécessaire :

1º Pour former, dans les localités où le chemin de fer est en remblai, des dépôts de matières non inflammables, dont la hauteur n'excède pas celle du remblai du chemin ;

2º Pour former des dépôts temporaires d'engrais et autres objets nécessaires à la culture des terres.

Art. 9. — Lorsque la sûreté publique, la conservation du chemin et la disposition des lieux le permettront, les distances déterminées par les articles précédents pourront être diminuées en vertu d'ordonnances royales rendues après enquêtes.

Art. 10. — Si, hors des cas d'urgence prévus par la loi des 16-24 août 1790, la sûreté publique ou la conservation du chemin de fer l'exige, l'Administration pourra faire supprimer, moyennant une juste indemnité, les constructions, plantations, excavations, couvertures en chaume, amas de matériaux, combustibles ou autres, existant dans les zones ci-dessus spécifiées, au moment de la promulgation de la présente loi, et, pour l'avenir, lors de l'établissement du chemin de fer.

L'indemnité sera réglée, pour la suppression des constructions, conformément aux titres IV et suivants de la loi du 3 mai 1841 ; et, pour tous les autres cas, conformément à la loi du 16 septembre 1807.

Art. 11. — Les contraventions aux dispositions du présent titre seront constatées, poursuivies et réprimées comme en matière de grande voirie.

Elles seront punies d'une amende de seize à trois cents francs, sans préjudice, s'il y a lieu, des peines portées au Code pénal et au titre III de la présente loi. Les contrevenants seront, en outre, condamnés à supprimer, dans le délai déterminé par l'arrêté du Conseil de préfecture, les excavations, couvertures, meules ou dépôts faits contrairement aux dispositions précédentes.

A défaut, par eux, de satisfaire à cette condamnation dans le délai fixé, la suppression aura lieu d'office et le montant de la dépense sera recouvré contre eux par voie de contrainte, comme en matière de contributions publiques.

TITRE II

**Des contraventions de voirie commises par des concessionnaires
ou fermiers de chemin de fer.**

Art. 12. — Lorsque le concessionnaire ou le fermier de l'exploitation d'un chemin de fer contreviendra aux clauses du cahier des charges ou aux décisions rendues en exécution de ces clauses, en ce qui concerne le service de la navigation, la viabilité des routes royales, départementales et vicinales, ou le libre écoulement des eaux, procès-verbal sera dressé de la contravention, soit par les ingénieurs des ponts et chaussées ou des mines, soit par les conducteurs, garde-mines et piqueurs, dûment assermentés.

Art. 13. — Les procès-verbaux, dans les quinze jours de leur date, seront notifiés administrativement au domicile élu par le concessionnaire ou le fermier, à la diligence du préfet, et transmis dans le même délai au Conseil de préfecture du lieu de la contravention.

Art. 14. — Les contraventions prévues à l'article 12 seront punies d'une amende de trois cents francs à trois mille francs.

Art. 15. — L'Administration pourra, d'ailleurs, prendre immédiatement toutes mesures provisoires pour faire cesser le dommage, ainsi qu'il est procédé en matière de grande voirie.

Les frais qu'entraînera l'exécution de ces mesures seront recouvrés contre le concessionnaire ou fermier par voie de contrainte, comme en matière de contributions publiques.

TITRE III

**Des mesures relatives à la sûreté de la circulation
sur les chemins de fer.**

Art. 16. — Quiconque aura volontairement détruit ou dérangé la voie de fer, placé sur la voie un objet faisant obstacle à la circulation, ou employé un moyen quelconque pour entraver la marche des convois ou les faire sortir des rails, sera puni de la réclusion.

S'il y a eu homicide ou blessure, le coupable sera, dans le premier cas, puni de mort, et dans le second, de la peine des travaux forcés à temps.

Art. 17. — Si le crime prévu par l'article 16 a été commis en réunion séditieuse, avec rébellion ou pillage, il sera imputable aux chefs, auteurs, instigateurs et provocateurs de ces réunions, qui seront punis comme coupables du crime et condamnés aux mêmes peines que ceux qui l'auront personnellement commis, lors même que la réunion séditieuse n'aurait pas eu pour but direct et principal la destruction de la voie de fer.

Toutefois, dans ce dernier cas, lorsque la peine de mort sera applicable aux auteurs du crime, elle sera remplacée, à l'égard des chefs, auteurs, instigateurs et provocateurs de ces réunions, par la peine des travaux forcés à perpétuité.

Art. 18. — Quiconque aura menacé, par écrit anonyme ou signé, de commettre un des crimes prévus par l'article 16, sera puni d'un emprisonnement de trois à cinq ans, dans le cas où la menace aurait été faite avec ordre de déposer une somme d'argent dans un lieu indiqué, ou de remplir toute autre condition. Si la menace n'a été accompagnée d'aucun ordre ou condition, la peine sera d'un emprisonnement de trois mois à deux ans, et d'une amende de cent à cinq cents francs.

Si la menace avec ordre ou condition a été verbale, le coupable sera puni d'un emprisonnement de quinze jours à six mois, et d'une amende de vingt-cinq à trois cents francs.

Dans tous les cas, le coupable pourra être mis, par le jugement, sous la surveillance de la haute police, pour un temps qui ne pourra être moindre de deux ans, ni excéder cinq ans.

Art. 19. — Quiconque, par maladresse, imprudence, inattention, négligence ou inobservation des lois ou règlements, aura involontairement causé sur un chemin de fer, ou dans les gares ou stations, un accident qui aura occasionné des blessures, sera puni de huit jours à six mois d'emprisonnement, et d'une amende de cinquante à mille francs.

Si l'accident a occasionné la mort d'une ou plusieurs personnes l'emprisonnement sera de six mois à cinq ans, et l'amende de trois cents francs à trois mille francs

Art. 20. — Sera puni d'un emprisonnement de six mois à deux ans, tout mécanicien ou conducteur garde-frein qui aura abandonné son poste pendant la marche du convoi.

Art. 21. — Toute contravention aux ordonnances royales portant règlement d'administration publique sur la police, la sûreté tet l'exploitation des chemins de fer, et aux arrêtés pris par les préfets, sous l'approbation du Ministre des travaux publics, pour l'exécution desdites ordonnances, sera punie d'une amende de seize francs à trois mille francs.

En cas de récidive dans l'année, l'amende sera portée au double, et le tribunal pourra, selon les circonstances, prononcer, en outre, un emprisonnement de trois jours à un mois.

Art. 22. — Les concessionnaires ou fermiers d'un chemin de fer seront responsables, soit envers l'État, soit envers les particuliers, du dommage causé par les administrateurs, directeurs ou employés à un titre quelconque au service de l'exploitation du chemin de fer.

L'État sera soumis à la même responsabilité envers les particuliers, si le chemin de fer est exploité à ses frais et pour son compte.

Art. 23. — Les crimes, délits ou contraventions prévus dans les titres Ier et III de la présente loi pourront être constatés par des procès-verbaux dressés concurremment par les officiers de police judiciaire, les ingénieurs des ponts et chaussées et des mines, les conducteurs, garde-mines, agents de surveillance et gardes nommés ou agréés par l'Administration et dûment assermentés.

Les procès-verbaux des délits et contraventions feront foi jusqu'à preuve contraire.

Au moyen du serment prêté devant le tribunal de première instance de leur domicile, les agents de surveillance de l'Administration et des concessionnaires ou fermiers pourront verbaliser sur toute la ligne du chemin de fer auquel ils seront attachés.

Art. 24. — Les procès-verbaux dressés en vertu de l'article précédent seront visés pour timbre et enregistrés en débet.

Ceux qui auront été dressés par des agents de surveillance et gardes assermentés devront être affirmés dans les trois jours, à peine de nullité, devant le juge de paix ou le maire, soit du lieu du délit ou de la contravention, soit de la résidence de l'agent.

Art. 25. — Toute attaque, toute résistance avec violence et voies de fait envers les agents des chemins de fer, dans l'exercice de leurs fonctions, sera punie des peines appliquées à la rébellion, suivant les distinctions faites par le Code pénal.

Art. 26. — L'article 463 du Code pénal est applicable aux condamnations qui seront prononcées en exécution de la présente loi.

Art. 27. — En cas de conviction de plusieurs crimes ou délits prévus par la présente loi ou par le Code pénal, la peine la plus forte sera seule prononcée.

Les peines encourues pour des faits postérieurs à la poursuite pourront être cumulées, sans préjudice des peines de récidive.

LOI DU 26 MARS 1897

Ayant pour objet d'autoriser des dérogations à l'article 4 de la loi du 15 juillet 1845, en ce qui concerne les clôtures et barrières des chemins de fer.

Art. 1er. — Par dérogation à l'article 4 de la loi du 15 juillet 1845 sur la police des chemins de fer, le Ministre des travaux publics peut, sur tout ou partie des chemins de fer d'intérêt général, dispenser d'établir ou de maintenir des clôtures fixes le long des voies ferrées et des barrières mobiles à la traversée des routes de terre peu fréquentées, toutes les fois que cette mesure lui paraît compatible avec la sûreté de l'exploitation et la sécurité du public.

Art. 2. — La dispense de clôtures ne peut pas être accordée ; 1° sur les lignes ou sections de lignes où circulent plus de trois trains en une heure ; 2° dans la traversée des lieux habités ; 3° dans les parties contiguës à des chemins publics, lorsque la voie ferrée est en déblai, à niveau ou en remblai de moins de deux mètres ; 4° sur cinquante mètres de longueur au moins de chaque côté des passages à niveau ; 5° aux abords des stations, haltes ou arrêts.

Art. 3. — Pour les chemins de fer dont les projets n'ont pas encore fait l'objet d'une enquête d'utilité publique, en vertu des ordonnances du 18 février 1834 ou du 15 février 1835, si le Ministre se propose d'accorder des dispenses de clôtures ou de barrières, mention en est faite dans les pièces de l'enquête.

Pour les chemins de fer déjà construits ou qui ont déjà fait l'objet d'une enquête d'utilité publique, la décision ministérielle n'est rendue qu'après une instruction dans laquelle l'administration exploitante, le préfet et le Conseil général du département traversé, ainsi que le Conseil général des ponts et chaussées, sont appelés à donner leur avis.

Art. 4. — Les dispenses accordées n'ont qu'un caractère provisoire, le Ministre des travaux publics conservant le droit de prescrire à toute époque et lorsqu'il le reconnaît nécessaire, l'établissement ou le rétablissement de clôtures fixes et de barrières mobiles sur toute ligne ou section de ligne.

Art. 5. — La loi du 27 décembre 1880 est abrogée.

ORDONNANCE DU 15 NOVEMBRE 1846

Modifiée par le Décret du 1ᵉʳ mars 1901, portant règlement d'administration publique sur la police, la sûreté et l'exploitation des chemins de fer.

TITRE PREMIER

Des gares et de la voie.

Art. 1ᵉʳ (*). — Les mesures de police destinées à assurer le bon ordre dans les parties des gares et de leurs dépendances accessibles au public seront réglées par des arrêtés du préfet du département.

(*) **Texte de l'Ordonnance du 15 novembre 1846 :**

TITRE Iᵉʳ. — *Des stations et de la voie des chemins de fer.* — SECTION Iʳᵉ. — *Des stations.* — Art. 1ᵉʳ. — L'entrée, le stationnement et la circulation des voitures publiques ou particulières destinées, soit

Cette disposition s'appliquera notamment à l'entrée, au stationnement et à la circulation des voitures publiques ou particulières destinées, soit au transport des personnes, soit au transport des marchandises, dans les cours dépendant des gares de chemins de fer.

Les arrêtés ainsi pris par les préfets ne seront exécutoires qu'en vertu de l'approbation du Ministre des travaux publics.

Art. 2 (*). — Le chemin de fer et les ouvrages qui en dépendent seront constamment entretenus en bon état. La Compagnie devra faire connaître au Ministre des travaux publics, dans la forme que celui-ci jugera convenable, les mesures qu'elle aura prises pour cet entretien.

Les voies et autres installations des gares devront être convenablement disposées pour la sûreté des manœuvres et de la circulation des trains.

Dans le cas où les mesures prises seraient insuffisantes pour assurer le bon entretien du chemin de fer, la sûreté de la circulation et la sécurité publique, le Ministre, après avoir entendu la Compagnie, prescrira celles qu'il juge nécessaires.

Dans le cas où, par suite de l'insuffisance des installations, le service ne serait pas régulièrement assuré, il sera procédé conformément aux dispositions de l'article 65.

Art. 3 (*). — Il sera placé, partout où besoin sera, des agents en

---

(*) **Texte de l'Ordonnance du 15 novembre 1846 :**

au transport des personnes, soit au transport des marchandises, dans les cours dépendant des stations des chemins de fer, seront réglés par les arrêtés du préfet du département. Ces arrêtés ne seront exécutoires qu'en vertu de l'approbation du Ministre des travaux publics.

Section II. — *De la voie.* — Art. 2. — Le chemin de fer et les ouvrages qui en dépendent seront constamment entretenus en bon état.

La Compagnie devra faire connaître au Ministre des travaux publics les mesures qu'elle aura prises pour cet entretien.

Dans le cas où ces mesures seraient insuffisantes, le Ministre des travaux publics, après avoir entendu la Compagnie, prescrira celles qu'il jugera nécessaires.

Art. 3. — Il sera placé, partout où besoin sera, des gardiens, en nombre suffisant pour assurer la surveillance et la manœuvre des signaux, aiguilles et autres appareils de la voie ; en cas d'insuffisance, le nombre de ces agents sera fixé, la Compagnie entendue par le Ministre des travaux publics, qui pourra prescrire que ceux de ces agents dont le service intéressant la sécurité aurait une importance particulière ne soient employés à aucun autre travail.

Art. 4 (*). — Partout où un chemin de fer sera traversé à niveau par une voie de terre, il sera établi des barrières, sauf les exceptions autorisées par le Ministre des travaux publics, conformément aux lois.

Le mode, la garde et les conditions de service des barrières seront réglés par le Ministre des travaux publics, sur la proposition de la Compagnie.

Lorsque le Ministre autorisera la traversée à niveau du chemin de fer par un autre chemin de fer ou par un tramway, il arrêtera, après avoir entendu les deux Compagnies, les dispositions techniques à prendre pour l'établissement et l'exploitation de ces traversées.

Art. 5 (*). — Si l'établissement de contre-rails est jugé nécessaire dans l'intérêt de la sûreté publique, la Compagnie sera tenue d'en placer sur les points qui seront désignés par le Ministre des travaux publics.

Art. 6 (*). — Les gares et leurs abords devront être éclairés la nuit pendant la durée du service.

(*) **Texte de l'Ordonnance du 15 novembre 1846 :**

nombre suffisant, pour assurer la surveillance et la manœuvre des aiguilles des croisements et changements de voie ; en cas d'insuffisance, le nombre de ces gardiens sera fixé par le Ministre des travaux publics, la Compagnie entendue.

Art. 4. — Partout où un chemin de fer est traversé à niveau, soit par une route à voitures, soit par un chemin destiné au passage des piétons, il sera établi des barrières.

Le mode, la garde et les conditions de service des barrières, seront réglés par le Ministre des travaux publics, sur la proposition de la Compagnie.

Art. 5. — Même texte.

Art. 6. — Aussitôt après le coucher du soleil, et jusqu'après le pas-

Le Ministre des travaux publics fixera, la Compagnie entendue, les conditions dans lesquelles les passages à niveau et les tunnels, s'il y a lieu, devront être éclairés.

TITRE II (*)
Du matériel employé à l'exploitation.

Art. 7 (*). — Les locomotives, les tenders et les véhicules de toute espèce entrant dans la composition des trains seront construits, après autorisation du Ministre des travaux publics, suivant les meilleurs modèles, avec des matériaux de première qualité. La Compagnie devra produire, à l'appui de sa demande en autorisation, les plans, dessins et tous les documents indiqués par le Ministre.

Le Ministre déterminera les conditions auxquelles le matériel n'appartenant pas à la Compagnie exploitante pourra être admis à circuler sur le réseau de cette Compagnie.

Art. 8 (*). — Les locomotives, tenders ou véhicules de toute espèce entrant dans la composition des trains devront remplir les conditions que le Ministre des travaux publics jugera nécessaires pour assurer la sécurité des voyageurs et des agents pendant la circulation des trains et pendant leur formation.

Art. 9 (*). — Il sera tenu des états de service pour toutes les

---

(*) **Texte de l'Ordonnance du 15 novembre 1846 :**

sage du dernier train, les stations et leurs abords devront être éclairés.

Il en sera de même des passages à niveau pour lesquels l'Administration jugera cette mesure nécessaire.

TITRE II. — *Du matériel employé à l'exploitation.* — Art. 7.— Les machines locomotives ne pourront être mises en service qu'en vertu de l'autorisation de l'Administration, et après avoir été soumises à toutes les épreuves prescrites par les règlements en vigueur.

Lorsque, par suite de détérioration ou pour toute autre cause, l'interdiction d'une machine aura été prononcée, cette machine ne pourra être remise en service qu'en vertu d'une nouvelle autorisation.

Art. 8. — Les essieux des locomotives, des tenders et des voitures de toute espèce, entrant dans la composition des convois de voyageurs ou dans celles des trains mixtes de voyageurs et de marchandises, allant à grande vitesse, devront être en fer martelé de premier choix.

Art. 9. — Il sera tenu des états de service pour toutes les locomo-

locomotives. Ces états seront inscrits sur des registres qui devront être constamment à jour et indiquer, pour chaque machine, la date de sa mise en service, le travail qu'elle a accompli, les réparations ou modifications qu'elle a reçues et le renouvellement de ses diverses pièces.

Il sera tenu, en outre, pour les essieux de locomotives et tenders, des registres spéciaux sur lesquels, à côté du numéro d'ordre de chaque essieu, seront inscrits sa provenance, la date de sa mise en service, l'épreuve qu'il peut avoir subie, son travail, ses accidents et ses réparations.

Les registres mentionnés aux deux paragraphes ci-dessus seront représentés, à toute réquisition, aux ingénieurs et agents chargés de la surveillance du matériel et de l'exploitation.

Les essieux des véhicules de toute espèce porteront une marque au poinçon faisant connaître la provenance et la date de la fourniture.

Art. 10 (*). — Les locomotives ne pourront être mises en

(*) **Texte de l'Ordonnance du 15 novembre 1846 :**

tives. Ces états seront inscrits sur des registres qui devront être constamment à jour, et indiquer, à l'article de chaque machine, la date de sa mise en service, le travail qu'elle a accompli, les réparations ou modifications qu'elle a reçues, et le renouvellement de ses diverses pièces.

Il sera tenu, en outre, pour les essieux de locomotives, tenders et voitures de toute espèce, des registres spéciaux sur lesquels, à côté du numéro d'ordre de chaque essieu, seront inscrits sa provenance, la date de sa mise en service, l'épreuve qu'il peut avoir subie, son travail, ses accidents et ses réparations ; à cet effet, le numéro d'ordre sera poinçonné sur chaque essieu.

Les registres mentionnés aux deux paragraphes ci-dessus seront représentés, à toute réquisition, aux ingénieurs et agents chargés de la surveillance du matériel et de l'exploitation.

Art. 10. — Il est interdit de placer, dans un convoi comprenant des voitures de voyageurs, aucune locomotive, tender ou autre voiture d'une nature quelconque, montés sur des roues en fonte.

Toutefois, le Ministre des travaux publics pourra, par exception, autoriser l'emploi des roues en fonte cerclées en fer, dans les trains mixtes de voyageurs et de marchandises, et marchant à la vitesse d'au plus vingt-cinq kilomètres à l'heure.

service qu'en vertu de l'autorisation délivrée par le service du contrôle et après avoir été soumises à toutes les épreuves prescrites par les règlements en vigueur.

Art. 11 (*). — Les locomotives devront être pourvues, sauf exception autorisée par le Ministre des travaux publics, d'appareils ayant pour objet d'arrêter les fragments de combustible tombant de la grille et d'empêcher la sortie des flammèches par la cheminée, ainsi que de diminuer la production de fumées incommodes pour les voyageurs ou pour le voisinage.

Art. 12 (*). — Les voitures destinées au transport des voyageurs devront être commodes et présenter les dispositions que le Ministre des travaux publics jugera nécessaires pour assurer la sécurité des voyageurs.

Le Ministre déterminera, la Compagnie entendue, quelles devront être les dimensions minima de la place affectée à chaque voyageur.

Toute voiture à voyageurs portera, dans l'intérieur, l'indication en chiffres apparents du nombre des places.

Art. 13 (*). — Aucune voiture pour les voyageurs ne sera mise en service sans une autorisation délivrée par le service du contrôle, après qu'il aura été constaté que la voiture satisfait aux conditions de l'article précédent.

(*) **Texte de l'Ordonnance du 15 novembre 1846 :**

Art 11. — Les locomotives devront être pourvues d'appareils ayant pour objet d'arrêter les fragments de coke tombant de la grille et d'empêcher la sortie des flammèches par la cheminée.

Art. 12. — Les voitures destinées au transport des voyageurs seront d'une construction solide ; elles devront être commodes et pourvues de ce qui est nécessaire à la sûreté des voyageurs.

Les dimensions de la place affectée à chaque voyageur devront être d'au moins quarante-cinq centimètres en largeur, soixante-cinq centimètres en profondeur et un mètre quarante-cinq centimètres en hauteur ; cette disposition sera appliquée aux chemins de fer existants, dans un délai qui sera fixé, pour chaque chemin, par le Ministre des travaux publics.

Art. 13. — Aucune voiture pour les voyageurs ne sera mise en service sans une autorisation du Préfet, donnée sur le rapport d'une

L'autorisation de mise en service n'aura d'effet qu'après que l'estampille prescrite pour les voitures publiques par l'article 117 de la loi du 25 mars 1817 aura été délivrée par le directeur des contributions indirectes.

Art. 14 (*). — Les locomotives, les tenders et les véhicules de toute espèce devront porter : 1º la désignation, en toutes lettres ou par initiales, du chemin de fer auquel ils appartiennent ; 2º un numéro d'ordre. Les voitures de voyageurs porteront, en outre, l'indication de la classe de chaque compartiment et l'estampille délivrée par l'Administration des contributions indirectes. Ces diverses indications seront placées d'une manière apparente sur la caisse ou sur les côtés du châssis.

Art. 15 (*). — Les locomotives, tenders et véhicules de toute espèce et tout le matériel d'exploitation seront constamment maintenus dans un bon état d'entretien.

La Compagnie devra faire connaître au Ministre des travaux publics, dans la forme que celui-ci jugera convenable, les mesures adoptées par elle à cet égard ; en cas d'insuffisance, le Ministre, après avoir entendu les observations de la Compagnie, prescrira les dispositions qu'il jugera nécessaires au point de vue de la sécurité ou de l'hygiène publique.

Le Ministre, la Compagnie entendue, pourra faire retirer de

(*) **Texte de l'Ordonnance du 15 novembre 1846** :

commission constatant que la voiture satisfait aux conditions de l'article précédent.

L'autorisation de mise en service n'aura d'effet qu'après que l'estampille, prescrite pour les voitures publiques par l'article 117 de la loi du 25 mars 1817, aura été délivrée par le directeur des contributions indirectes.

Art. 14. — Toute voiture de voyageurs portera dans l'intérieur l'indication apparente du nombre des places.

Art. 15. — Les locomotives, tenders et voitures de toute espèce, devront porter : 1º le nom ou les initiales du chemin de fer auquel ils appartiennent ; 2º un numéro d'ordre. Les voitures de voyageurs porteront, en outre, l'estampille délivrée par l'Administration des contributions indirectes. Ces diverses indications seront placées d'une manière apparente sur la caisse ou sur les côtés des châssis.

la circulation les locomotives, tenders et autres véhicules qui ne se trouveraient pas dans des conditions suffisantes pour assurer la sécurité de l'exploitation, ou exclure d'un train déterminé les véhicules qui, pour une cause quelconque, n'offriraient pas les garanties voulues pour la sûreté de l'exploitation.

TITRE III (*)

De la composition des trains.

Art. 16 (*). — Tout train ordinaire de voyageurs devra contenir, en nombre suffisant, des voitures de chaque classe, à moins d'une autorisation spéciale du Ministre des travaux publics.

Art. 17 (*). — Chaque train de voyageurs, de marchandises ou mixte devra être accompagné :

1º D'un mécanicien et d'un chauffeur par machine ; le chauffeur devra être capable d'arrêter la machine, de l'alimenter et de manœuvrer les freins ;

2º Du nombre de conducteurs et de gardes-freins qui sera déterminé, suivant le nombre de véhicules, suivant les pentes et suivant les appareils d'arrêt ou de ralentissement, par le Ministre des Travaux publics, sur la proposition de la Compagnie.

Sur le dernier véhicule de chaque train ou sur l'un des véhicules placés à l'arrière, il y aura toujours un frein et un conducteur chargé de le manœuvrer.

(*) **Texte de l'Ordonnance du 15 novembre 1846** :

Art. 16. — Les machines, locomotives, tenders et voitures de toute espèce, et tout le matériel d'exploitation, seront constamment maintenus dans un bon état d'entretien.

La Compagnie devra faire connaître au Ministre des travaux publics les mesures adoptées par elle à cet égard, et, en cas d'insuffisance, le Ministre, après avoir entendu les observations de la Compagnie, prescrira les dispositions qu'il jugera nécessaires à la sûreté de la circulation.

TITRE III. — *De la composition des convois.* — Art. 17. — Tout convoi ordinaire de voyageurs devra contenir, en nombre suffisant, des voitures de chaque classe, à moins d'une autorisation spéciale du Ministre des travaux publics.

Lorsqu'il y aura plusieurs conducteurs dans un train, l'un d'entre eux devra toujours avoir autorité sur les autres.

Le maximum du nombre de véhicules pour chaque nature de trains transportant des voyageurs sera déterminé par le Ministre des travaux publics, sur la proposition de la Compagnie.

Art. 18 (*). — Par dérogation à l'article précédent, l'obligation d'avoir sur la machine un mécanicien et un chauffeur ne sera pas applicable aux trains légers, dont la mise en marche sera autorisée par le Ministre des travaux publics, sous la réserve que le conducteur chef du train se tiendra habituellement soit sur la machine, soit dans le premier véhicule du train, qu'il pourra dans tous les cas accéder facilement à la machine et qu'il sera en état de l'arrêter en cas de besoin.

En outre, lorsque les véhicules à voyageurs et à marchandises

---

(*) **Texte de l'Ordonnance du 15 novembre 1846 :**

Art. 18. — Chaque train de voyageurs devra être accompagné :

1º D'un mécanicien et d'un chauffeur par machine ; le chauffeur devra être capable d'arrêter la machine en cas de besoin ;

2º Du nombre de conducteurs gardes-freins qui sera déterminé pour chaque chemin, suivant les pentes et suivant le nombre de voitures, par le Ministre des travaux publics, sur la proposition de la Compagnie.

Sur la dernière voiture de chaque convoi ou sur l'une des voitures placées à l'arrière, il y aura toujours un frein, et un conducteur chargé de le manœuvrer.

Lorsqu'il y aura plusieurs conducteurs dans un convoi, l'un d'entre eux devra toujours avoir autorité sur les autres.

Un train de voyageurs ne pourra se composer de plus de vingt-quatre voitures à quatre roues. S'il entre des voitures à six roues dans la composition du convoi, le maximum du nombre de voitures sera déterminé par le Ministre.

Les dispositions des paragraphes précédents sont applicables aux trains mixtes de voyageurs et de marchandises, marchant à la vitesse des voyageurs.

Quant aux convois de marchandises qui transportent en même temps des voyageurs et des marchandises, et qui ne marchent pas à la vitesse ordinaire des voyageurs, les mesures spéciales et les conditions de sûreté auxquelles ils devront être assujettis seront déterminées par le Ministre, sur la proposition de la Compagnie.

dont se compose un train léger seront tous munis d'un frein continu, le Ministre pourra autoriser la suppression de l'obligation d'avoir, sur le dernier véhicule ou sur l'un des derniers véhicules, un conducteur spécial chargé de la manœuvre du frein.

Ne pourront être considérés comme trains légers que ceux dont les véhicules sont portés sur seize essieux au plus, non compris les essieux de la locomotive, s'il y en a une, et de son tender, mais y compris les essieux de la voiture motrice, si l'appareil moteur est contenu dans un des véhicules portant des voyageurs ou des marchandises.

Art. 19 (*). — Les locomotives devront être en tête des trains. Il ne pourra être dérogé à cette disposition que pour les manœuvres à exécuter dans les gares ou dans leur voisinage, pour les trains de service, et pour le cas de secours ou de renfort. Dans ces cas spéciaux, la vitesse ne devra pas dépasser les limites fixées par le Ministre des travaux publics.

Art. 20 (*). — Les trains de voyageurs ne devront être remorqués que par une seule locomotive, sauf les cas où l'emploi d'une machine de renfort deviendrait nécessaire, soit pour la montée d'une rampe de forte inclinaison, soit par suite d'une affluence extraordinaire de voyageurs, de l'état de l'atmosphère, d'un accident ou d'un retard exigeant l'emploi de secours, ou de tout

---

(*) **Texte de l'Ordonnance du 15 novembre 1846** :

Art. 19. — Les locomotives devront être en tête des trains.

Il ne pourra être dérogé à cette disposition que pour les manœuvres à exécuter dans le voisinage des stations, ou pour le cas de secours. Dans ces cas spéciaux, la vitesse ne devra pas dépasser vingt-cinq kilomètres par heure.

Art. 20. — Les convois de voyageurs ne devront être remorqués que par une seule locomotive, sauf les cas où l'emploi d'une machine de renfort deviendrait nécessaire, soit pour la montée d'une rampe de forte inclinaison, soit par suite d'une affluence extraordinaire de voyageurs, de l'état de l'atmosphère, d'un accident ou d'un retard exigeant l'emploi de secours, ou de tout autre cas analogue ou spécial, préalablement déterminé par le Ministre des travaux publics.

Il est, dans tous les cas, interdit d'atteler simultanément plus de

autre cas préalablement déterminé par le Ministre des travaux publics.

Il sera, dans tous les cas, sauf le cas de secours, interdit d'atteler simultanément plus de deux locomotives à un train de voyageurs.

La machine placée en tête devra régler la marche du train.

Il devra toujours y avoir en tête de chaque train, entre le tender et la première voiture de voyageurs, au moins un véhicule ne portant pas de voyageurs ; cette obligation ne s'applique ni aux trains légers, ni aux trains de secours, ni aux trains de composition spéciale qui en auront été dispensés par le Ministre des travaux publics.

Dans tous les cas où il sera attelé plus d'une locomotive à un train, mention en sera faite sur un registre à ce destiné, avec indication du motif de la mesure, de la gare où elle aura été jugée nécessaire et de l'heure à laquelle le train aura quitté cette gare.

Ce registre sera représenté, à toute réquisition, aux fonctionnaires et agents du contrôle.

Art. 21 (*). — Le Ministre des travaux publics, la Compagnie entendue, arrêtera les règles à suivre pour le transport des ma-

---

(') **Texte de l'Ordonnance du 15 novembre 1846** :
deux locomotives à un convoi de voyageurs.

La machine placée en tête devra régler la marche du train.

Il devra toujours y avoir en tête de chaque train, entre le tender et la première voiture de voyageurs, autant de voitures ne portant pas de voyageurs qu'il y aura de locomotives attelées.

Dans tous les cas où il sera attelé plus d'une locomotive à un train, mention en sera faite sur un registre à ce destiné, avec indication du motif de la mesure, de la station où elle aura été jugée nécessaire, et de l'heure à laquelle le train aura quitté cette station.

Ce registre sera représenté à toute réquisition aux fonctionnaires et agents de l'Administration publique chargés de la surveillance de l'exploitation.

Art. 21. — Il est défendu d'admettre dans les convois qui portent des voyageurs aucune matière pouvant donner lieu, soit à des explosions, soit à des incendies.

tières dangereuses (explosibles, inflammables, vénéneuses, etc.) et des matières infectes ; il déterminera notamment les cas dans lesquels le transport de ces marchandises dans un train de voyageurs est interdit.

Art. 22 (*). — Le Ministre des travaux publics déterminera, la Compagnie entendue, les précautions à prendre dans la formation des trains pour éviter, soit au départ ou à l'arrivée, soit pendant la marche, toute réaction dangereuse ou incommode entre les divers véhicules.

Art. 23 (*). — Le conducteur de tête et, sauf les exceptions autorisées par le Ministre, les gardes-freins seront mis en communication avec le mécanicien pour donner, en cas d'accident, le signal d'alarme par tel moyen qui sera autorisé par le Ministre des travaux publics, sur la proposition de la Compagnie.

Sauf les exceptions autorisées par le Ministre des travaux publics, les compartiments des voitures à voyageurs seront tous mis en communication avec le mécanicien ou le conducteur chef de train par un signal d'alarme en bon état de fonctionnement.

Art. 24 (*). — Pendant la nuit et pendant le jour, au passage des souterrains désignés par le Ministre des travaux publics, les fanaux des trains devront être allumés, et les voitures destinées aux voyageurs devront être éclairées intérieurement.

(*) Texte de l'Ordonnance du 15 novembre 1846 :

Art. 22. — Les voitures entrant dans la composition des trains de voyageurs seront liées entre elles par des moyens d'attache tels, que les tampons à ressorts de ces voitures soient toujours en contact. Les voitures des entrepreneurs de messageries ne pourront être admises dans la composition des trains qu'avec l'autorisation du Ministre des travaux publics, et que moyennant les conditions indiquées dans l'acte d'autorisation.

Art. 23. — Les conducteurs gardes-freins seront mis en communication avec le mécanicien, pour donner, en cas d'accident, le signal d'alarme, par tel moyen qui sera autorisé par le Ministre des travaux publics, sur la proposition de la Compagnie.

Art. 24. — Les trains devront être éclairés extérieurement pendant la nuit. En cas d'insuffisance du système d'éclairage, le Ministre des

Ces voitures devront être chauffées pendant la saison froide dans les conditions approuvées par le Ministre.

En cas d'insuffisance des mesures adoptées par la Compagnie en ce qui concerne l'éclairage ou le chauffage des trains et voitures, le Ministre prescrira, la Compagnie entendue, les dispositions qu'il jugera nécessaires.

Tout train transportant des voyageurs sera muni, sauf exception autorisée par le Ministre, d'une boîte de secours dont la composition sera approuvée par le Ministre.

TITRE IV (*)
Du départ, de la circulation et de l'arrivée des trains.

Art. 25 (*). — Le Ministre des travaux publics déterminera, sur la proposition de la Compagnie, pour les lignes à plusieurs voies, celles de ces voies qui seront affectées à la circulation de chaque sens, et, pour les lignes à une voie, les points de croisement.

Il ne pourra être dérogé, sous aucun prétexte, aux dispositions qui auront été prescrites par le Ministre, si ce n'est dans le cas où la voie serait interceptée, et, dans ce cas, le changement devra être fait avec les précautions spéciales qui seront indiquées par les règlements de la Compagnie dûment homologués.

(*) **Texte de l'Ordonnance du 15 novembre 1846 :**

travaux publics prescrira, la Compagnie entendue, les dispositions qu'il jugera nécessaires.

Les voitures fermées, destinées aux voyageurs, devront être éclairées intérieurement pendant la nuit et au passage des souterrains qui seront désignés par le Ministre.

TITRE IV. — *Du départ, de la circulation et de l'arrivée des convois.* — Art. 25. — Pour chaque chemin de fer, le Ministre des travaux publics déterminera, sur la proposition de la Compagnie, le sens du mouvement des trains et des machines isolées sur chaque voie, quand il y a plusieurs voies, ou les points de croisement quand il n'y en a qu'une.

Il ne pourra être dérogé, sous aucun prétexte, aux dispositions qui auront été prescrites par le Ministre, si ce n'est dans le cas où la voie serait interceptée, et, dans ce cas, le changement devra être fait avec les précautions indiquées en l'article 34 ci-après.

Art. 26 (*). — Avant le départ du train, le mécanicien s'assurera si toutes les parties de la locomotive et du tender sont en bon état.

En ce qui concerne les voitures et leurs freins, la même vérification sera faite dans les conditions déterminées par le règlement homologué de la Compagnie.

Le signal du départ ne sera donné que lorsque les portières seront fermées.

Le train ne devra être mis en marche qu'après le signal du départ.

Art. 27 (*). — Aucun train ne pourra partir d'une gare ni y arriver avant l'heure déterminée par l'horaire de la marche des trains.

Toutefois, pour l'arrivée, une tolérance pourra être accordée par le Ministre.

Les mesures propres à maintenir, entre les trains qui suivent, l'intervalle de temps ou d'espace nécessaire pour assurer la sé-

---

(*) **Texte de l'Ordonnance du 15 novembre 1846 :**

Art. 26. — Avant le départ du train, le mécanicien s'assurera si toutes les parties de la locomotive et du tender sont en bon état, si le frein de ce tender fonctionne convenablement.

La même vérification sera faite par les conducteurs gardes-freins, en ce qui concerne les voitures et les freins de ces voitures.

Le signal du départ ne sera donné que lorsque les portières seront fermées.

Le train ne devra être mis en marche qu'après le signal du départ.

Art. 27. — Aucun convoi ne pourra partir d'une station avant l'heure déterminée par le règlement de service.

Aucun convoi ne pourra également partir d'une station avant qu'il se soit écoulé, depuis le départ ou le passage du convoi précédent, le laps de temps qui aura été fixé par le Ministre des travaux publics, sur la proposition de la Compagnie.

Des signaux seront placés à l'entrée de la station pour indiquer aux mécaniciens des trains qui pourraient survenir, si le délai déterminé en vertu du paragraphe précédent est écoulé.

Dans l'intervalle des stations, des signaux seront établis, afin de donner le même avertissement au mécanicien sur les points où il ne

curité de la circulation seront déterminées par le Ministre des travaux publics, la Compagnie entendue.

Des signaux seront placés à l'entrée des gares, dans les gares et sur la voie, partout où cela sera jugé utile pour faire connaître aux mécaniciens s'ils doivent arrêter ou ralentir leur marche.

En cas d'insuffisance des signaux établis par la Compagnie, le Ministre prescrira, la Compagnie entendue, l'établissement de ceux qu'il jugera nécessaires.

Art. 28 (*). — Sauf le cas de force majeure ou de réparation de la voie, les trains ne pourront s'arrêter qu'aux gares ou aux lieux de stationnement autorisés.

Les voies affectées à la circulation des trains devront être couvertes par des signaux, ainsi qu'il est dit à l'article 32 ci-après, dans les cas où il y aura nécessité absolue d'y faire stationner momentanément des machines, des voitures ou des wagons.

Art. 29 (*). — Le Ministre des travaux publics déterminera, sur la proposition de la Compagnie, les mesures spéciales de précaution relatives à la circulation des trains sur les parties du chemin de fer qui offriraient un danger particulier.

Il déterminera également, sur la proposition de la Compagnie, la vitesse maximum que les trains de toute nature pourront prendre sur les diverses parties de chaque ligne.

(*) **Texte de l'Ordonnance du 15 novembre 1846 :**

peut pas voir devant lui à une distance suffisante. Dès que l'avertissement lui sera donné, le mécanicien devra ralentir la marche du train. En cas d'insuffisance des signaux établis par la Compagnie, le Ministre prescrira, la Compagnie entendue, l'établissement de ceux qu'il jugera nécessaires.

Art. 28. — Sauf le cas de force majeure ou de réparation de la voie, les trains ne pourront s'arrêter qu'aux gares ou lieux de stationnement autorisés pour le service des voyageurs ou des marchandises.

Les locomotives ou les voitures ne pourront stationner sur les voies du chemin de fer affectées à la circulation des trains.

Art. 29. — Le Ministre des travaux publics déterminera, sur la proposition de la Compagnie, les mesures spéciales de précaution relatives à la circulation des trains sur les plans inclinés et dans les souterrains à une ou à deux voies, à raison de leur longueur et de leur tracé.

Art. 30 (*). — Le Ministre des travaux publics prescrira, sur la proposition de la Compagnie, les mesures spéciales de précaution à prendre pour l'expédition et la marche des trains extraordinaires.

Dès que l'expédition d'un train extraordinaire aura été décidée, déclaration devra en être faite immédiatement aux agents du contrôle et aux fonctionnaires désignés par le Ministre des travaux publics, avec indication du motif de l'expédition du train et de son horaire.

Art. 31 (*). — Des agents chargés de l'entretien et de la surveillance de la voie seront placés sur la ligne en nombre suffisant pour assurer la libre circulation des trains.

Ces agents, seront pourvus, le jour et la nuit, de signaux d'arrêt et de ralentissement.

Des agents seront, en outre, placés à des endroits déterminés pour la manœuvre des signaux fixes et, s'il y a lieu, pour l'annonce des trains de proche en proche.

En cas d'insuffisance, le Ministre des travaux publics réglera le nombre des agents de ces diverses catégories, la Compagnie entendue.

(*) **Texte de l'Ordonnance du 15 novembre 1846 :**

Il déterminera également, sur la proposition de la Compagnie, la vitesse maximum que les trains de voyageurs pourront prendre sur les diverses parties de chaque ligne et la durée du trajet.

Art. 30. — Le Ministre des travaux publics prescrira, sur la proposition de la Compagnie, les mesures spéciales de précaution à prendre pour l'expédition et la marche des convois extraordinaires.

Dès que l'expédition d'un convoi extraordinaire aura été décidée, déclaration devra en être faite immédiatement au commissaire spécial de police, avec indication du motif de l'expédition du convoi et de l'heure du départ.

Art. 31. — Il sera placé le long du chemin, pendant le jour et pendant la nuit, soit pour l'entretien, soit pour la surveillance de la voie, des agents en nombre assez grand pour assurer la libre circulation des trains et la transmission des signaux ; en cas d'insuffisance, le Ministre des travaux publics en réglera le nombre, la Compagnie entendue.

Ces agents seront pourvus de signaux de jour et de nuit à l'aide desquels ils annonceront si la voie est libre et en bon état, si le mé-

Art. 32 (*). — Dans le cas où soit un train, soit une machine isolée s'arrêterait accidentellement sur la voie, des signaux de protection seront faits dans les conditions déterminées par les règlements de la Compagnie dûment homologués.

Les mécaniciens, les conducteurs-chefs et les conducteurs devront être munis pendant leur service des signaux indiqués par ces règlements.

Des précautions spéciales seront prises pour garantir la sécurité des trains, dans le cas où il deviendrait impossible de maintenir leur vitesse normale.

Art. 33 (*). — Lorsque les travaux de réparation effectués sur une voie seront de nature à en altérer momentanément la stabilité, ils devront être protégés par des signaux d'arrêt ou de ralentissement.

Art. 34 (*). — Lorsque, par suite d'un accident, de réparation ou de toute autre cause, la circulation devra s'effectuer momentanément sur une seule voie, il devra être placé un garde auprès des aiguilles de chacun des changements de voie extrêmes.

(*) **Texte de l'Ordonnance du 15 novembre 1846** :

canicien doit ralentir sa marche ou s'il doit arrêter immédiatement le train.

Ils devront, en outre, signaler de proche en proche l'arrivée des convois.

Art. 32. — Dans le cas où, soit un train, soit une machine isolée s'arrêterait sur la voie pour cause d'accident, le signal d'arrêt indiqué en l'article précédent devra être fait à cinq cents mètres au moins à l'arrière.

Les conducteurs principaux des convois et les mécaniciens conducteurs des machines isolées devront être munis d'un signal d'arrêt.

Art. 33. — Lorsque des ateliers de réparation seront établis sur une voie, des signaux devront indiquer si l'état de la voie ne permet pas le passage des trains, ou s'il suffit de ralentir la marche de la machine.

Art. 34. — Lorsque, par suite d'un accident, de réparation ou de toute autre cause, la circulation devra s'effectuer momentanément sur une voie, il devra être placé un garde auprès des aiguilles de chaque changement de voie.

Les gardes ne laisseront les trains s'engager dans la voie unique

Les gardes ne laisseront les trains s'engager dans la voie unique réservée à la circulation, que dans les conditions prescrites par les règlements homologués ou les ordres de service de la Compagnie.

Il sera donné connaissance au service du contrôle des mesures prises pour assurer la circulation sur la voie unique.

Art. 35 (*). — La Compagnie sera tenue de faire connaître au Ministre des travaux publics le système de signaux qu'elle aura adopté ou qu'elle se propose d'adopter pour les cas prévus par le présent titre. Le Ministre prescrira les modifications qu'il jugera nécessaires.

Art. 36 (*). — Le mécanicien devra porter constamment son attention sur l'état de la voie, arrêter ou ralentir la marche en cas d'obstacles, suivant les circonstances, se conformer aux signaux qui lui seront transmis et signaler au premier arrêt les anomalies qu'il aura remarquées ; il surveillera toutes les parties de la machine, la tension de la vapeur et le niveau d'eau de la chaudière. Il veillera à ce que rien n'embarrasse la manœuvre des freins dont il a la disposition.

Art. 37 (*). — Les mesures de précaution à observer par le

(*) **Texte de l'Ordonnance du 15 novembre 1846 :**

réservée à la circulation, qu'après s'être assurés qu'ils ne seront pas rencontrés par un train venant dans un sens opposé.

Il sera donné connaissance au commissaire spécial de police du signal ou de l'ordre de service adopté pour assurer la circulation sur la voie unique.

Art. 35. — La Compagnie sera tenue de faire connaître au Ministre des travaux publics le système des signaux qu'elle a adopté ou qu'elle se propose d'adopter pour les cas prévus par le présent titre. Le Ministre prescrira les modifications qu'il jugera nécessaires.

Art. 36. — Le mécanicien devra porter constamment son attention sur l'état de la voie, arrêter ou ralentir la marche en cas d'obstacles, suivant les circonstances, et se conformer aux signaux qui lui seront transmis ; il surveillera toutes les parties de la machine, la tension de la vapeur et le niveau d'eau de la chaudière. Il veillera à ce que rien n'embarrasse la manœuvre du frein du tender.

Art. 37. — A cinq cents mètres au moins avant d'arriver au point où

mécanicien aux approches et au passage des bifurcations, embranchements ou traversées de voies seront fixées par des règlements approuvés par le Ministre des travaux publics.

Aux points de bifurcation, des signaux devront indiquer le sens dans lequel les aiguilles sont placées.

A l'approche des gares où le train doit s'arrêter, le mécanicien devra prendre les dispositions convenables pour qu'il ne dépasse pas le point où les voyageurs doivent descendre.

Art. 38 (*). — Avant la mise en marche, à l'approche des gares, des passages à niveau en courbe, ainsi que des autres passages à niveau et bifurcations désignés par le Ministre des travaux publics, à l'entrée et à la sortie des tranchées en courbe et des souterrains, le mécanicien devra faire jouer le sifflet pour avertir de l'approche du train.

Il se servira également du sifflet comme moyen d'avertissement toutes les fois que la voie ne lui paraîtra pas complètement libre.

Le sifflet pourra être remplacé par un autre signal acoustique approuvé par le Ministre des travaux publics.

Art. 39 (2). — Aucune personne autre que le mécanicien et le

(*) **Texte de l'Ordonnance du 15 novembre 1846 :**

une ligne d'embranchement vient croiser la ligne principale, le mécanicien devra modérer la vitesse, de telle manière que le train puisse être complètement arrêté avant d'atteindre ce croisement, si les circonstances l'exigent.

Au point d'embranchement ci-dessus désigné, des signaux devront indiquer le sens dans lequel les aiguilles sont placées.

A l'approche des stations d'arrivée, le mécanicien devra faire les dispositions convenables pour que la vitesse acquise du train soit complètement amortie avant le point où les voyageurs doivent descendre, et de telle sorte qu'il soit nécessaire de remettre la machine en action pour atteindre ce point.

Art. 38. — A l'approche des stations, des passages à niveau, des courbes, des tranchées et des souterrains, le mécanicien devra faire jouer le sifflet à vapeur, pour avertir de l'approche du train.

Il se servira également du sifflet comme moyen d'avertissement, toutes les fois que la voie ne lui paraîtra pas complètement libre.

Art. 39. — Aucune personne, autre que le mécanicien et le chauf-

chauffeur ne pourra monter sur la locomotive ou sur le tender, à moins d'une permission spéciale et écrite du directeur du chemin de fer ou de son délégué.

Seront exceptés de cette interdiction les ingénieurs des ponts et chaussées et les ingénieurs des mines chargés du contrôle et les agents du contrôle technique. Les commissaires de surveillance administrative pourront également monter sur la locomotive ou le tender, en remettant au chef de la gare ou au conducteur principal du train une réquisition écrite et motivée.

Art. 40 (*). — Sur des points qui seront désignés par le Ministre des travaux publics, la Compagnie entendue, des machines de secours ou de réserve devront être constamment entretenues en feu et prêtes à partir.

Les règles relatives au service de ces machines seront déterminées par le Ministre, sur la proposition de la Compagnie.

Art. 41 (*). — Il y aura constamment, aux lieux de dépôt des machines, un wagon chargé de tous les agrès et outils nécessaires en cas d'accident.

Chaque train devra, d'ailleurs, être muni des outils les plus indispensables.

(*) **Texte de l'Ordonnance du 15 novembre 1846 :**

feur, ne pourra monter sur la locomotive ou sur le tender, à moins d'une permission spéciale et écrite du directeur de l'exploitation du chemin de fer.

Sont exceptés de cette interdiction les ingénieurs des ponts et chaussées, les ingénieurs des mines chargés de la surveillance et les commissaires spéciaux de police. Toutefois, ces derniers devront remettre au chef de la station ou au conducteur principal du convoi une réquisition écrite et motivée.

Art. 40. — Des machines dites *de secours* ou *de réserve* devront être entretenues constamment en feu et prêtes à partir, sur les points de chaque ligne qui seront désignés par le Ministre des travaux publics, sur la proposition de la Compagnie.

Les règles relatives au service de ces machines seront également déterminées par le Ministre, sur la proposition de la Compagnie.

Art. 41. — Il y aura constamment, au lieu de dépôt des machines, un wagon chargé de tous les agrès et outils nécessaires en cas d'accident.

Art. 42 (*). — Aux gares qui seront désignées par le Ministre des travaux publics, il sera tenu des registres sur lesquels on mentionnera les retards de trains excédant des limites déterminées par le Ministre. Ces registres indiqueront la nature et la composition des trains, les points extrêmes de leur parcours, le numéro des locomotives qui les ont remorqués, les heures de départ et d'arrivée, les causes et la durée du retard.

Ces registres seront représentés, à toute réquisition, aux agents du contrôle.

Art. 43 (*). — Les horaires fixant la marche des trains ordinaires de toute nature seront soumis par la Compagnie à l'approbation du Ministre des travaux publics ; à cet effet, avant leur mise en vigueur et dans les délais prescrits par le Ministre, la Compagnie les lui communiquera, ainsi qu'aux fonctionnaires désignés par lui et au service du contrôle.

(*) **Texte de l'Ordonnance du 15 novembre 1846 :**

Chaque train devra, d'ailleurs, être muni des outils les plus indispensables.

Art. 42. — Aux stations qui seront désignées par le Ministre des travaux publics, il sera tenu des registres sur lesquels on mentionnera les retards excédant dix minutes pour les parcours dont la longueur est inférieure à cinquante kilomètres, et quinze minutes pour les parcours de cinquante kilomètres et au-delà. Ces registres indiqueront la nature et la composition des trains, le nom des locomotives qui les ont remorqués, les heures de départ et d'arrivée, la cause et la durée du retard.

Ces registres seront représentés à toute réquisition aux ingénieurs, fonctionnaires et agents de l'Administration publique chargés de la surveillance du matériel et de l'exploitation.

Art. 43. — Des affiches placées dans les stations feront connaître au public les heures de départ des convois ordinaires de toute sorte, les stations qu'ils doivent desservir, les heures auxquelles ils doivent arriver à chacune des stations et en partir.

Quinze jours au moins avant d'être mis à exécution, ces ordres de service seront communiqués en même temps aux commissaires royaux, au Préfet du département et au Ministre des travaux publics, qui pourra prescrire les modifications nécessaires pour la sûreté de la circulation ou pour les besoins du public.

Si, à la date annoncée pour la mise en vigueur de nouveaux horaires, le ministre n'a pas notifié à la Compagnie son opposition, ces horaires pourront être appliqués à titre provisoire.

A toute époque, le Ministre des travaux publics pourra prescrire d'apporter aux horaires des trains les modifications ou additions qu'il jugera nécessaires pour la sûreté de la circulation ou les besoins du public.

Les horaires des trains transportant des voyageurs seront portés à la connaissance du public, avant leur mise en vigueur, par des affiches placées dans les gares, dans les conditions fixées par le Ministre des travaux publics. Ces affiches devront mentionner ceux des trains contenant des voitures de toutes classes pour lesquels la Compagnie sera dispensée de faire le service des messageries.

TITRE V (*)

De la perception des taxes et des frais accessoires.

Art. 44 (*). — Aucune taxe, de quelque nature qu'elle soit, ne pourra être perçue par la Compagnie qu'en vertu d'une homologation du Ministre des travaux publics.

Art. 45 (*). — Pour l'exécution de l'article qui précède, la Compagnie devra dresser un tableau des prix qu'elle a l'intention de percevoir, dans la limite du maximum autorisé par le cahier des charges, pour le transport des voyageurs, des bestiaux, marchandises et objets divers, et en transmettre en même temps

---

(*) Texte de l'Ordonnance du 15 novembre 1846 :

TITRE V. — *De la perception des taxes et des frais accessoires.* — Art. 44. — Aucune taxe, de quelque nature qu'elle soit, ne pourra être perçue par la Compagnie qu'en vertu d'une homologation du Ministre des travaux publics.

Les taxes perçues actuellement sur les chemins dont les concessions sont antérieures à 1835, et qui ne sont pas encore régularisées, devront l'être avant le 1er avril 1847.

Art. 45. — Pour l'exécution du paragraphe 1er de l'article qui précède, la Compagnie devra dresser un tableau des prix qu'elle a l'intention de percevoir, dans la limite du maximum autorisé par le cahier des charges, pour le transport des voyageurs, des bestiaux, marchandes expéditions au Ministre des travaux publics, aux préfets des départements traversés par le chemin de fer et au service de contrôle.

Art. 46. — La Compagnie devra, en outre, dans le plus court délai et dans les formes énoncées en l'article précédent, soumettre ses propositions au Ministre des travaux publics pour les prix de transport non déterminés par le cahier des charges et à l'égard desquels le Ministre est appelé à statuer.

Art. 47. — Quant aux frais accessoires, tels que ceux de chargement, de déchargement et d'entrepôt dans les gares et magasins du chemin de fer, et quant à toutes les taxes qui doivent être réglées annuellement, la Compagnie devra en soumettre le règlement à l'approbation du Ministre des travaux publics, dans le dixième mois de chaque année. Jusqu'à décision, les anciens tarifs continueront à être perçus.

Art. 48. — Les tableaux des taxes et des frais accessoires approuvés seront constamment affichés dans les lieux les plus apparents des gares et stations des chemins de fer.

Art. 49 (*). — Lorsque la Compagnie voudra apporter quelques changements aux prix autorisés, elle en donnera avis au Ministre des travaux publics, aux Préfets des départements traversés et au service de contrôle.

(*) **Texte de l'Ordonnance du 15 novembre 1846** :

dises et objets divers, et en transmettre en même temps des expéditions au Ministre des travaux publics, aux Préfets des département traversés par le chemin de fer, et aux commissaires royaux.

Art. 46. — Même texte.

Art. 47. — Même texte.

Art. 48. — Même texte.

Art. 49. — Lorsque la Compagnie voudra apporter quelques changements aux prix autorisés, elle en donnera avis au Ministre des travaux publics, aux Préfets des départements traversés et aux commissaires royaux.

Le public sera en même temps informé, par des affiches, des changements soumis à l'approbation du Ministre.

A l'expiration du mois à partir de la date de l'affiche, lesdites taxe

Le public sera en même temps informé, par des affiches, des changements soumis à l'approbation du Ministre.

A l'expiration du mois à partir de la date de l'affiche, lesdites taxes pourront être perçues si, dans cet intervalle, le Ministre des travaux publics les a homologuées.

Si des modifications à quelques-uns des prix affichés étaient prescrites par le Ministre, les prix modifiés devront être affichés de nouveau et ne pourront être mis en perception qu'un mois après la date de ces affiches.

Art. 50. — La Compagnie sera tenue d'effectuer avec soin, exactitude et célérité, et sans tour de faveur, les transports des marchandises, bestiaux et objets de toute nature qui lui seront confiés.

Au fur et à mesure que des colis, des bestiaux ou des objets quelconques arriveront au chemin de fer, enregistrement en sera fait immédiatement, avec mention du prix total dû pour le transport. Le transport s'effectuera dans l'ordre des inscriptions, à moins de délais demandés ou consentis par l'expéditeur, et qui seront mentionnés dans l'enregistrement.

Un récépissé devra être délivré à l'expéditeur, s'il le demande, sans préjudice, s'il y a lieu, de la lettre de voiture. Le récépissé énoncera la nature et le poids des colis, le prix total du transport et le délai dans lequel ce transport devra être effectué.

Les registres mentionnés au présent article seront représentés à toute réquisition des fonctionnaires et agents chargés de veiller à l'exécution du présent règlement.

(·) **Texte de l'Ordonnance du 15 novembre 1846** :

pourront être perçues, si, dans cet intervalle, le Ministre des travaux publics les a homologuées.

Si des modifications à quelques-uns des prix affichés étaient prescrites par le Ministre, les prix modifiés devront être affichés de nouveau et ne pourront être mis en perception qu'un mois après la date de ces affiches.

Art. 50. — Même texte.

TITRE VI *
Police et surveillance.

Art. 51 (*). — La surveillance de l'exploitation des chemins de fer s'exercera concurremment :

Par les ingénieurs des ponts et chaussées ou des mines, les conducteurs des ponts et chaussées, les contrôleurs des mines ;

Par les fonctionnaires du contrôle de l'exploitation commerciale ;

Par les commissaires de surveillance administrative ;

Et par les autres agents du contrôle.

Art. 52 (*) — Les attributions de ces agents et l'organisation du service de contrôle sont définies par les règlements spéciaux.

Art. 53 (*). — Les Compagnies seront tenues de représenter

(*) **Texte de l'Ordonnance du 15 novembre 1846 :**

TITRE VI. — *De la surveillance de l'exploitation.* — Art. 51. — La surveillance de l'exploitation des chemins de fer s'exercera concurremment :

Par les commissaires royaux ;

Par les ingénieurs des ponts et chaussées, les ingénieurs des mines et par les conducteurs, les garde-mines et autres agents sous leurs ordres ;

Par les commissaires spéciaux de police et les agents sous leurs ordres.

Art. 52. — Les commissaires royaux sont chargés :

De surveiller le mode d'application des tarifs approuvés et l'exécution des mesures prescrites pour la réception et l'enregistrement des colis, leur transport et leur remise aux destinataires ;

De veiller à l'exécution des mesures approuvées ou prescrites pour que le service des transports ne soit pas interrompu aux points extrêmes des lignes en communication l'une avec l'autre ;

De vérifier les conditions des traités qui seraient passés par les Compagnies avec les entreprises de transport par terre ou par eau, en correspondance avec les chemins de fer, et de signaler toutes les infractions au principe de l'égalité des taxes ;

De constater le mouvement de la circulation des voyageurs et des marchandises sur les chemins de fer, les dépenses d'entretien et d'exploitation, et les recettes.

Art. 53. — Pour l'exécution de l'article ci-dessus, les Compagnies

à toute réquisition, aux directeurs des services de contrôle ou à leurs délégués, leurs registres et pièces de dépenses et de recettes, leurs circulaires et ordres de service, les traités qu'elles ont passés avec d'autres entreprises de transport, et, en général, tous les documents nécessaires à l'exercice de la mission confiée aux services de contrôle.

Art. 54 (*). — Les Compagnies seront tenues de fournir des locaux convenables pour les commissaires de surveillance administrative.

Art. 55 (*). — Toutes les fois qu'il arrivera un accident sur le chemin de fer, il en sera fait immédiatement déclaration par la Compagnie ou par ses agents au commissaire de surveillance administrative de la circonscription.

Lorsque l'accident aura une certaine gravité, la Compagnie exploitante avisera, en outre, par la voie la plus rapide, le Ministre des travaux publics, le directeur du service de contrôle, le Préfet du département, les ingénieurs du contrôle de la voie et de l'exploitation.

Lorsqu'il se produira un fait de nature à donner ouverture à l'action publique, et, en tout cas, s'il y a mort ou blessure, cet avis devra être également transmis au procureur de la République.

Art. 56 (*). — Les Compagnies devront soumettre leurs règle-

(*) **Texte de l'Ordonnance du 15 novembre 1846** :
seront tenues de représenter à toute réquisition, aux commissaires royaux, leurs registres de dépenses et de recettes, et les registres mentionnés à l'article 50 ci-dessus.

Art. 54. — A l'égard des chemins de fer pour lesquels les Compagnies auraient obtenu de l'État soit un prêt avec intérêt privilégié, soit la garantie d'un minimum d'intérêt, ou pour lesquels l'État devrait entrer en partage des produits nets, les commissaires royaux exerceront toutes les autres attributions qui seront déterminées par les règlements spéciaux à intervenir dans chaque cas particulier.

Art. 55. — Les ingénieurs, les conducteurs et autres agents du service des ponts et chaussées seront spécialement chargés de surveiller l'état de la voie de fer, des terrassements et des ouvrages d'art, et des clôtures.

Art. 56. — Les ingénieurs des mines, les garde-mines et autres

ments relatifs au service à l'approbation du Ministre des travaux publics, qui prescrira les modifications qu'il jugera nécessaires.

Art. 57 (*). — Il est défendu à toute personne étrangère au service du chemin de fer :

1° De pénétrer, sans y être autorisée régulièrement, dans l'enceinte du chemin de fer, d'y circuler ou d'y stationner ;

2° D'y jeter ou déposer aucuns matériaux ni objets quelconques ;

3° D'y introduire des chevaux, bestiaux ou animaux d'aucune espèce ou de laisser s'y introduire ceux dont elle a la garde ;

4° D'y faire circuler ou stationner aucuns véhicules étrangers au service ;

4° De manœuvrer les appareils qui ne sont pas à la disposition du public, de les déranger ou d'en empêcher le fonctionnement ;

6° De dégrader les clôtures, barrières, talus, bâtiments et ouvrages d'art.

Art. 58 (*). — Il est défendu :

1° D'entrer dans les voitures sans avoir pris un billet, de se placer dans une voiture d'une classe supérieure à celle qui est indiquée par le billet et de prendre une place déjà régulièrement retenue par un autre voyageur ;

(*) **Texte de l'Ordonnance du 15 novembre 1846** :

agents du service des mines seront spécialement chargés de surveiller l'état des machines fixes et locomotives employées à la traction des convois, et, en général, de tout le matériel roulant servant à l'exploitation.

Ils pourront être suppléés par les ingénieurs, conducteurs et autres agents du service des ponts et chaussées, et réciproquement.

Art. 57. — Les commissaires spéciaux de police et les agents sous leurs ordres sont chargés particulièrement de surveiller la composition, le départ, l'arrivée, la marche et les stationnements des trains, l'entrée, le stationnement et la circulation des voitures dans les cours et stations, l'admission du public dans les gares et sur les quais des chemins de fer.

Art. 58. — Les Compagnies sont tenues de fournir des locaux convenables pour les commissaires spéciaux de police et les agents de surveillance.

2º D'entrer dans les voitures ou d'en sortir autrement que par la portière qui se trouve du côté où se fait le service du train ;

3º De passer d'une voiture dans une autre autrement que par les passages disposés à cet effet, de se pencher au dehors, d'occuper une place non destinée aux voyageurs ou de se placer indûment dans les compartiments ayant une destination spéciale ;

4º De se servir sans motif plausible du signal d'alarme mis à la disposition des voyageurs pour faire appel aux agents de la Compagnie.

Les voyageurs ne devront monter dans les voitures ou en descendre qu'aux gares et lorsque le train sera complètement arrêté.

Il est défendu de fumer dans les salles d'attente, ainsi que dans les voitures, exception faite des compartiments portant la plaque indicative : *fumeurs*.

Il est défendu de cracher ailleurs que dans les crachoirs disposés à cet effet.

Les voyageurs sont tenus d'obtempérer aux injonctions des agents de la Compagnie pour l'observation des dispositions mentionnées aux paragraphes ci-dessus.

Art. 59 (*). — Il est interdit d'admettre dans les voitures plus de voyageurs que ne le comporte le nombre de places indiqué, conformément à l'article 12 ci-dessus.

Art. 60 (*). — L'entrée des voitures est interdite :

1º A toute personne en état d'ivresse ;

2º A tous individus porteurs d'armes à feu chargées ou d'ob-

(*) **Texte de l'Ordonnance du 15 novembre 1846 :**

Art. 59. — Toutes les fois qu'il arrivera un accident sur le chemin de fer, il en sera fait immédiatement déclaration à l'autorité locale et au commissaire spécial de police, à la diligence du chef du convoi. Le Préfet du département, l'ingénieur des ponts et chaussées, et l'ingénieur des mines, chargés de la surveillance, et le commissaire royal, en seront immédiatement informés par les soins de la Compagnie.

Art. 60. — Les Compagnies devront soumettre à l'approbation du Ministre des travaux publics leurs règlements relatifs au service et à l'exploitation des chemins de fer.

jets qui, par leur nature, leur volume ou leur odeur, pourraient gêner ou incommoder les voyageurs.

Tout individu porteur d'une arme à feu doit, avant son admission sur les quais d'embarquement, faire constater que son arme n'est point chargée.

Toutefois, lorsqu'ils y sont obligés par leur service, les agents de la force publique peuvent conserver avec eux, dans les voitures, des armes à feu chargées, à condition de prendre place dans des compartiments réservés.

Pourront être exclues des compartiments affectés au public les personnes atteintes visiblement ou notoirement de maladies dont la contagion serait à redouter pour les voyageurs. Les compartiments dans lesquels elles auront pris place seront, dès l'arrivée, soumis à la désinfection.

Art. 61 (*). — Les personnes qui voudront expédier des matières de la nature de celles qui sont mentionnées à l'article 21 devront les déclarer au moment où elles les apporteront dans les gares du chemin de fer.

Art. 62 (*). — Aucun animal ne sera admis dans les voitures servant au transport des voyageurs.

Toutefois, la Compagnie pourra placer dans des compartiments spéciaux les voyageurs qui ne voudraient pas se séparer

---

(*) **Texte de l'Ordonnance du 15 novembre 1846** :

TITRE VII. — *Des mesures concernant les voyageurs et les personnes étrangères au service du chemin de fer.* — Art. 61. — Il est défendu à toute personne étrangère au service du chemin de fer :

1º De s'introduire dans l'enceinte du chemin de fer, d'y circuler ou stationner ;

2º D'y jeter ou déposer aucuns matériaux ni objets quelconques ;

3º D'y introduire des chevaux, bestiaux ou animaux d'aucune espèce ;

4º D'y faire circuler ou stationner aucunes voitures, wagons ou machines étrangères au service.

Art. 62. — Sont exceptés de la défense portée au premier paragraphe de l'article précédent, les maires et adjoints, les commissaires de police, les officiers de gendarmerie, les gendarmes et autres agents de la force publique, les préposés aux douanes, aux contributions indirectes

de leurs chiens, pourvu que ces animaux soient muselés, en quelque saison que ce soit.

En outre, des exceptions pourront être autorisées pour les animaux de petite taille convenablement enfermés.

Art. 63 (*). — Les cantonniers, garde-barrières et autres agents du chemin de fer, devront faire sortir immédiatement toute personne qui se serait introduite dans l'enceinte du chemin ou dans quelque portion que ce soit de ses dépendances où elle n'aurait pas le droit d'entrer.

En cas de résistance de la part des contrevenants, tout employé du chemin de fer pourra requérir l'assistance des agents de la force publique.

Les animaux abandonnés, qui seront trouvés dans l'enceinte du chemin de fer, seront saisis et mis en fourrière.

(*) **Texte de l'Ordonnance du 15 novembre 1846 :**

et aux octrois, les gardes champêtres et forestiers dans l'exercice de leurs fonctions et revêtus de leurs uniformes et de leurs insignes.

Dans tous les cas, les fonctionnaires et les agents désignés au paragraphe précédent seront tenus de se conformer aux mesures spéciales de précaution qui auront été déterminées par le Ministre, la Compagnie entendue.

Art. 63. — Il est défendu :

1° D'entrer dans les voitures sans avoir pris un billet, et de se placer dans une voiture d'une autre classe que celle qui est indiquée par le billet ;

2° D'entrer dans les voitures ou d'en sortir autrement que par la portière qui fait face au côté extérieur de la ligne du chemin de fer ;

3° De passer d'une voiture dans une autre, de se pencher au dehors.

Les voyageurs ne doivent sortir des voitures qu'aux stations, et lorsque le train est complètement arrêté.

Il est défendu de fumer dans les voitures ou sur les voitures et dans les gares ; toutefois, à la demande de la Compagnie, et moyennant des mesures spéciales de précaution, des dérogations à cette disposition pourront être autorisées.

Les voyageurs sont tenus d'obtempérer aux injonctions des agents de la Compagnie pour l'observation des dispositions mentionnées aux paragraphes ci-dessus.

TITRE VII (*)

Dispositions diverses.

Art. 64 (*). — Dans tous les cas où, conformément aux dispositions du présent décret, le Ministre des travaux publics devra statuer sur la proposition d'une Compagnie, la Compagnie sera tenue de lui soumettre cette proposition dans le délai qu'il aura déterminé, faute de quoi le Ministre pourra statuer directement.

Si le Ministre pense qu'il y a lieu de modifier la proposition de la Compagnie, il devra, sauf le cas d'urgence, entendre la Compagnie avant de prescrire les modifications.

Art. 65 (*). — Si les installations de certaines gares, leur personnel ou le matériel roulant sont insuffisants pour permettre à la Compagnie d'assurer dans les circonstances normales la marche régulière du service, en observant les conditions et délais déterminés par les règlements et les tarifs, la Compagnie, sur la mise en demeure qui lui sera adressée par le Ministre, devra prendre les mesures nécessaires pour y pourvoir.

Faute par elle d'avoir présenté au Ministre dans le délai imparti par la mise en demeure, des propositions ou des projets suffisants, le Ministre statuera directement.

Art. 66 (*). — Aucun crieur, vendeur ou distributeur d'objets quelconques ne pourra être admis par les Compagnies à exercer

---

(*) **Texte de l'Ordonnance du 15 novembre 1846** :

Art. 64. — Il est interdit d'admettre dans les voitures plus de voyageurs que ne le comporte le nombre des places indiqué conformément à l'article 14 ci-dessus.

Art. 65. — L'entrée des voitures est interdite :

1° A toute personne en état d'ivresse ;

2° A tous individus porteurs d'armes à feu chargées ou de paquets qui, par leur nature, leur volume ou leur odeur, pourraient gêner ou incommoder les voyageurs.

Tout individu porteur d'une arme à feu devra, avant son admission sur les quais d'embarquement, faire constater que son arme n'est point chargée.

Art. 66. — Les personnes qui voudront expédier des marchandises de la nature de celles qui sont mentionnées à l'article 21, devront les

sa profession dans les cours ou bâtiments des gares qu'en vertu d'une autorisation spéciale du préfet du département.

Art. 67 (*). — Les attributions données aux préfets des départements par le présent décret seront exercées par le préfet de police dans toute l'étendue de son ressort.

Art. 68 (*). — Le Ministre des travaux publics déterminera, la Compagnie entendue, les dispositions relatives à la durée du travail des agents qu'il jugera nécessaires à la sécurité de l'exploitation.

Art. 69 (*). — Tout agent employé sur les chemins de fer sera revêtu d'un uniforme ou porteur d'un signe distinctif.

(*) **Texte de l'Ordonnance du 15 novembre 1846 :**

déclarer au moment où elles les apporteront dans les stations du chemin de fer.

Des mesures spéciales de précaution seront prescrites, s'il y a lieu, pour le transport des dites marchandises, la Compagnie entendue.

Art. 67. — Aucun chien ne sera admis dans les voitures servant au transport des voyageurs ; toutefois, la Compagnie pourra placer dans des caisses de voitures spéciales les voyageurs qui ne voudraient pas se séparer de leurs chiens, pourvu que ces animaux soient muselés, en quelque saison que ce soit.

Art. 68. — Les cantonniers, garde-barrières et autres agents du chemin de fer devront faire sortir immédiatement toute personne qui se serait introduite dans l'enceinte du chemin, ou dans quelque portion que ce soit de ses dépendances où elle n'aurait pas le droit d'entrer.

En cas de résistance de la part des contrevenants, tout employé du chemin de fer pourra requérir l'assistance des agents de l'Administration et de la force publique.

Les chevaux ou bestiaux abandonnés, qui seront trouvés dans l'enceinte du chemin de fer, seront saisis et mis en fourrière.

TITRE VIII. — *Dispositions diverses.* — Art. 69. — Dans tous les cas où, conformément aux dispositions du présent règlement, le Ministre des travaux publics devra statuer sur la proposition d'une Compagnie, la Compagnie sera tenue de lui soumettre cette proposition dans le délai qu'il aura déterminé, faute de quoi le Ministre pourra statuer directement.

Si le Ministre pense qu'il y a lieu de modifier la proposition de la Compagnie, il devra, sauf les cas d'urgence, entendre la Compagnie avant de prescrire les modifications.

Art. 70 (*). — Nul ne peut être employé en qualité de mécanicien conducteur de train ou de chauffeur, s'il ne produit des certificats délivrés dans les formes qui seront déterminées par le Ministre des travaux publics.

Art. 71 (*). — Aux gares désignées par le Ministre, les Compagnies entretiendront les médicaments et moyens de secours nécessaires en cas d'accident.

Art. 72 (*). — Il sera tenu dans chaque gare un registre destiné à recevoir les réclamations des voyageurs, expéditeurs ou destinataires qui auraient des plaintes à former, soit contre la Compagnie, soit contre ses agents. Ce registre sera présenté à toute réquisition des voyageurs, expéditeurs ou destinataires, et communiqué sur place aux fonctionnaires et agents du contrôle.

Dès qu'une plainte aura été inscrite sur le registre, le chef de gare devra en envoyer copie au commissaire de surveillance administrative de la circonscription.

Art. 73 (*). — Les registres mentionnés aux articles 9, 20, 42 et 72 seront cotés et paraphés par le commissaire de surveillance administrative.

____

(*) **Texte de l'Ordonnance du 15 novembre 1846 :**

Art. 70. — Aucun crieur, vendeur ou distributeur d'objets quelconques ne pourra être admis par les Compagnies à exercer sa profession dans les cours ou bâtiments de stations et dans les salles d'attente destinées aux voyageurs, qu'en vertu d'une autorisation spéciale du Préfet du département.

Art. 71. — Lorsqu'un chemin de fer traverse plusieurs départements, les attributions conférées aux Préfets par le présent règlement pourront être centralisées en tout ou en partie dans les mains de l'un des Préfets des départements traversés.

Art. 72. — Les attributions données aux Préfets des départements par la présente ordonnance seront, conformément à l'arrêté du 3 brumaire an IX, exercées par le Préfet de police dans toute l'étendue du département de la Seine, et dans les communes de Saint-Cloud, Meudon et Sèvres, département de Seine-et-Oise.

Art. 73. — Tout agent employé sur les chemins de fer sera revêtu d'un uniforme ou porteur d'un signe distinctif, les cantonniers, garde-barrières et surveillants pourront être armés d'un sabre.

Art. 74 (*). — Des exemplaires du présent décret seront constamment affichés dans les gares, à la diligence des Compagnies.

Le conducteur principal d'un train en marche devra également être muni d'un exemplaire du décret.

Des extraits devront être délivrés, chacun pour ce qui le concerne, aux mécaniciens, chauffeurs, gardes-freins, cantonniers, gardes-barrières et autres agents employés sur le chemin de fer.

Des extraits, en ce qui concerne les règles à observer par les voyageurs pendant le trajet, devront être placés dans chaque compartiment.

Art. 75 (*). — Sur les lignes où il sera fait usage de l'énergie électrique pour la traction des trains, le Ministre des travaux publics pourra autoriser des dérogations au présent décret, justifiées par ce mode spécial de traction.

Art. 76 (*). — Seront constatées, poursuivies et réprimées conformément au titre III de la loi du 15 juillet 1845 sur la police des chemins de fer, les contraventions au présent décret, aux décisions rendues par le Ministre des travaux publics, et aux arrêtés pris sous son approbation, s'il y a lieu, par les Préfets, pour l'exécution dudit décret.

Art. 77 (*). — Pour l'application du présent décret aux chemins de fer d'intérêt local, les attributions conférées au Ministre

---

(*) **Texte de l'Ordonnance du 15 novembre 1846 :**

Art. 74. — Nul ne pourra être employé en qualité de mécanicien, conducteur de train, s'il ne produit des certificats de capacité délivrés dans les formes qui seront déterminées par le Ministre des travaux publics.

Art. 75. — Aux stations désignées par le Ministre, les Compagnies entretiendront les médicaments et moyens de secours nécessaires en cas d'accident.

Art. 76. — Il sera tenu dans chaque station un registre coté et paraphé, à Paris, par le Préfet de police ; ailleurs, par le Maire du lieu, lequel sera destiné à recevoir les réclamations des voyageurs qui auraient des plaintes à former, soit contre la Compagnie, soit contre ses agents. Ce registre sera présenté à toute réquisition des voyageurs.

Art. 77. — Les registres mentionnés aux articles 9, 20 et 42 ci-dessus seront cotés et paraphés par le commissaire ne police.

des travaux publics seront exercées par le Préfet, si elles ne sont déjà réservées, soit au Ministre, soit à d'autres autorités, par les lois et règlements.

Art. 78 (*). — Le présent décret ne sera pas applicable aux tramways, qui resteront soumis aux règlements d'administration publique pris en exécution de la loi du 11 juin 1880.

ARRÊTÉ MINISTÉRIEL DU 12 JUILLET 1879

modifié par Arrêté ministériel du 17 février 1898, sur le service des passages à niveau (1).

Le Ministre des travaux publics :

Vu l'article 4 de la loi du 15 juillet 1845,

Vu l'article 4 de l'ordonnance réglementaire du 15 novembre 1846,

---

(*) **Texte de l'Ordonnance du 15 novembre 1846 :**

Art. 78. — Des exemplaires du présent règlement seront constamment affichés, à la diligence des Compagnies, aux abords des bureaux des chemins de fer et dans les salles d'attente.

Le conducteur principal d'un train en marche devra également être muni d'un exemplaire du règlement.

Des extraits devront être délivrés, chacun pour ce qui le concerne, aux mécaniciens, chauffeurs, gardes-freins, cantonniers, garde-barrières et autres agents employés sur le chemin de fer.

Des extraits, en ce qui concerne les règles à observer par les voyageurs pendant le trajet, devront être placés dans chaque caisse de voiture.

Art. 79. — Seront constatées, poursuivies et réprimées, conformément au titre III de la loi du 15 juillet 1845, sur la police des chemins de fer, les contraventions au présent règlement, aux décisions rendues par le Ministre des travaux publics, et aux arrêtés pris, sous son approbation, par les Préfets, pour l'exécution du dit règlement.

Art. 80. — Notre Ministre secrétaire d'Etat des travaux publics est chargé de l'exécution de la présente ordonnance, qui sera insérée au *Bulletin des Lois*.

(1) Les règlements relatifs au service des passages à niveau ne sont pas uniformes pour toutes les Compagnies ; mais ils ne diffèrent pas, dans leurs dispositions essentielles, de l'Arrêté concernant la Compagnie des chemins de fer du Midi.

Vu, en ce qui concerne le service des passages à niveau des chemins de fer du Midi, les propositions de la Compagnie concessionnaire des dits chemins, ensemble les rapports des ingénieurs chargés du contrôle et de la surveillance du réseau,

Vu l'avis du comité de l'exploitation technique des chemins de fer,

Sur le rapport du Conseiller d'Etat, Directeur général des chemins de fer,

Arrête :

Art. 1er. — Les passages à niveau établis pour la traversée des lignes et embranchements composant le réseau des chemins de fer du Midi seront divisés en 6 catégories savoir :

1re *catégorie*. — Passages donnant accès à des voies d'une fréquentation exceptionnelle :

2e *catégorie*. — Passages communiquant à des voies d'une fréquentation ordinaire ;

3e *catégorie*. — Passages établis à la rencontre de voies de communication peu fréquentées ;

4e *catégorie*. — Passages à niveau établis sous conditions d'intermittence ;

5e *catégorie*. — Passages privés ;

6e *catégorie*. — Passages pour piétons.

Art. 2. — Le gardiennage et le service des passages à niveau s'effectueront de la manière suivante, à la diligence de la Compagnie concessionnaire, pour chacune des 6 catégories.

1re *catégorie*. — Sur les portions de lignes où il n'y a pas de train de nuit :

Pendant le jour, — barrières ouvertes et gardées à vue par un garde sédentaire ;

Pendant la nuit, — barrières ouvertes, éclairées mais non gardées.

Sur les portions de lignes où circulent des trains de nuit :

Pendant le jour, — barrières ouvertes et gardées à vue par un garde sédentaire ;

Pendant la nuit, — barrières fermées, éclairées, gardées à vue et ouvertes à toute réquisition par un garde sédentaire.

L'Administration se réserve d'apprécier, parmi les passages rangés dans la 1re catégorie, suivant les formes indiquées ci-après, ceux qui, à raison de leur importance spéciale devraient être considérés comme étant hors classe et soumis en conséquence à des conditions particulières, au double point de vue du service de la voie ferrée et de la sécurité de la circulation.

2e *catégorie*. — Sur les portions de lignes où il n'y a pas de train de nuit :

Pendant le jour, — barrières ouvertes et gardées à vue par un homme ou par une femme ;

Pendant la nuit, — barrières ouvertes, éclairées mais non gardées.

Sur les sections où existe un service de nuit :

Pendant le jour, — barrières ouvertes et gardées à vue par un homme ou par une femme ;

Pendant la nuit, — barrières fermées, éclairées, gardées à vue par un garde sédentaire qui devra les ouvrir à toute réquisition.

Sur les sections où il n'y a pas de service de nuit proprement dit, mais où le service de jour commence le matin de bonne heure et se termine assez tard dans la soirée, la surveillance du soir et et celle du matin pourront être faites par le garde-barrière de jour.

3e *catégorie*. — Sections où les trains ne circulent pas la nuit :

Pendant le jour, — barrières fermées et gardées par un homme ou par une femme chargés de les ouvrir à toute réquisition ;

Pendant la nuit, — barrières ouvertes et non gardées.

Sur les sections où existe un service de nuit :

Pendant le jour, — même surveillance que sur les autres sections ;

Pendant la nuit, — barrières fermées et pourvues d'un garde, homme ou femme, chargé de les ouvrir à toute réquisition ;

Ce gardien devra faire les signaux réglementaires au passage des trains de nuit, après 6 heures du matin et avant 9 heures du soir ; il pourra maintenir les barrières ouvertes pendant l'intervalle des trains à la condition de les garder à vue aussi longtemps qu'elles resteront ouvertes.

L'Administration se réserve de prescrire l'éclairage des passages de 3e catégorie dans les circonstances exceptionnelles résultant de foires, marchés, etc.

4e *catégorie*. — Sur tout le réseau et sans distinction de service de jour ou de nuit :

Barrières fermées. — Un gardien, homme ou femme, les ouvre sur la demande du public aux heures déterminées par l'Administration. Il peut néanmoins maintenir les barrières ouvertes pendant l'intervalle des trains, à la condition de les garder à vue aussi longtemps qu'elles resteront ouvertes.

Dans le cas où l'Administration reconnaîtrait utile de convertir les passages intermittents en passages permanents, la Compagnie, préalablement entendue, serait tenue de se conformer aux décisions qui lui seraient notifiées à cet égard.

5e *catégorie*. — Sur tout le réseau, et sans distinction de service de jour ou de nuit :

Barrières fermées. — A toute heure, et, avec la clef qu'ils possèdent, les ayants droit les ouvrent et demeurent responsables des conséquences que leur négligence ou leur inattention pourraient entraîner. Les gardes chargés de la surveillance et de l'entretien de la voie doivent refermer celles de ces barrières qui seraient demeurées ouvertes, et dénoncer ces négligences aux agents dont ils relèvent.

6e *catégorie*. — Sur tout le réseau, la traversée de la voie s'effectue, aux passages isolés, ou aux passages accolés aux barrières, aux risques et périls des passants et sous leur responsabilité.

Art. 3. — Les passages à niveau seront classés conformément aux dispositions qui précèdent, par un arrêté, pris par chaque préfet, dans son département, sur les propositions de la Compagnie et sur l'avis de l'ingénieur en chef du contrôle.

Cet arrêté déterminera, lorsqu'il y aura lieu, l'étendue du canton dont la surveillance pourra être confiée aux gardes, lorsque cette surveillance sera reconnue pouvoir se concilier avec le service régulier des barrières.

Les arrêtés préfectoraux pris en conséquence des dispositions ci-dessus seront soumis à notre approbation.

Art. 4. — L'arrêté ministériel du 29 juin 1860 est et demeure abrogé.

Art. 5. — Le présent arrêté sera notifié à la Compagnie des chemins de fer du Midi.

Les préfets des départements traversés par ce réseau, les fonc-tionnaires et agents du contrôle sont chargés d'en surveiller l'exécution.

DÉPÊCHES MINISTÉRIELLES DES 6 MARS ET 9 SEPTEMBRE 1897

Relatives à la transmission des procès-verbaux de contravention.

Paris, le 6 mars 1897.

M. le Garde des sceaux, Ministre de la justice et des cultes, a eu l'occasion de constater que des procès-verbaux dressés par les agents des Compagnies contre des voyageurs, soit pour fraude en matière de billets, soit pour mise en mouvement du signal d'alarme sans motif plausible, n'étaient pas transmis aux Parquets. Les Compagnies s'attribuant un premier droit de contrôle, s'abstiendraient de soumettre à l'appréciation du Ministère public une partie de ces procès-verbaux, lorsqu'elles auraient jugé et décidé elles-mêmes que l'action du Procureur de la République n'a point lieu de s'exercer.

Conformément à la demande de mon collègue, je dois appeler votre attention sur l'irrégularité d'une procédure qui, si elle se généralisait, constituerait une violation formelle de l'article 22 du Code d'instruction criminelle, aux termes duquel les Parquets sont chargés de la recherche et de la poursuite de tous les délits dont la connaissance appartient aux tribunaux de police correctionnelle ou aux cours d'assises. Veuillez donc prendre les dispositions nécessaires pour faire cesser ces irrégularités.

Paris, le 9 septembre 1897.

Il résulte d'une communication de M. le Garde des sceaux, Ministre de la justice, relative aux procès-verbaux pour fraude en matière de billets de chemins de fer, que les Compagnies apportent assez souvent, dans la transmission de ces procès-verbaux aux Parquets, un retard préjudiciable à l'examen rapide des affaires. C'est ainsi que l'une d'elles a fait dresser, à la date du 15 juin dernier seulement, un procès-verbal constatant une contravention commise le 4 février précédent. Dans l'intervalle, la Compagnie était entrée en pourparlers avec le délinquant pour obtenir le paiement de sa place, et ce n'est qu'après avoir reconnu l'inutilité de ses démarches, qu'elle s'est enfin décidée à dresser procès-verbal et à saisir le Parquet.

Il ne vous échappera pas qu'une telle manière de procéder présente des inconvénients au point de vue de l'exercice des poursuites ; elle peut d'ailleurs donner lieu à des incidents d'audience.

Je vous prie donc d'inviter vos agents à n'apporter, à l'avenir, aucun retard dans la rédaction des procès-verbaux de cette catégorie et dans leur transmission aux Parquets compétents.

IV. — POLICE SANITAIRE DES ANIMAUX

LOI DU 21 JUILLET 1881

Sur la police sanitaire des animaux.

Art. 16. — Tout entrepreneur de transports par terre ou par eau qui aura transporté des bestiaux devra, en tout temps, désinfecter dans les conditions prescrites par le règlement d'administration publique, les véhicules qui auront servi à cet usage.

Art. 27. — Les mesures sanitaires à prendre à la frontière sont ordonnées par les maires dans les communes rurales, par les commissaires de police dans les gares frontières et dans les ports de mer, conformément à l'avis du vétérinaire désigné par l'Administration pour la visite du bétail.

En attendant l'intervention de ces autorités, les agents des douanes peuvent être requis de prêter main-forte.

Art. 33 — Tout entrepreneur de transports qui aura contrevenu à l'obligation de désinfecter son matériel sera passible d'une amende de 100 francs à 1.000 francs.

Il sera puni d'un emprisonnement de six jours à deux mois, s'il est résulté de cette infraction une contagion parmi les autres animaux.

Art. 34. — Toute infraction aux dispositions de la présente loi non spécifiée dans les articles ci-dessus sera punie de 16 à 400 francs d'amende. Les contraventions aux dispositions du règlement d'administration publique rendu pour l'exécution de la présente loi seront, suivant les cas, passibles d'une amende de 1 franc à 200 francs qui sera prononcée par le juge de paix du canton.

Art. 35. — Si la condamnation pour infraction à l'une des dispositions de la présente loi remonte à moins d'une année, ou si cette infraction a été commise par des vétérinaires délégués, des gardes champêtres, des gardes forestiers, des officiers de police, à quelque titre que ce soit, les peines peuvent être portées au double du maximum fixé par les précédents articles.

Art. 36. — L'article 463 du Code pénal est applicable dans tous les cas prévus par les articles du présent titre.

Art. 37. — Les frais d'abatage, d'enfouissement, de transport, de quarantaine, de désinfection, ainsi que tous les autres frais auxquels peut donner lieu l'exécution des mesures prescrites en vertu de la présente loi, sont à la charge des propriétaires ou conducteurs d'animaux.

En cas de refus des propriétaires ou conducteurs d'animaux de se conformer aux injonctions de l'autorité administrative, il y est pourvu d'office à leur compte.

Les frais de ces opérations seront recouvrés sur un état dressé par le maire et rendu exécutoire par le sous-préfet. Les oppositions seront portées devant le juge de paix.

La désinfection des wagons de chemins de fer prescrite par l'article 16 a lieu par les soins des Compagnies ; les frais de cette désinfection sont fixés par le Ministre des travaux publics, les Compagnies entendues.

DÉCRET DU 22 JUIN 1882 MODIFIÉ PAR DÉCRET DU 2 DÉCEMBRE 1902

Portant règlement d'administration publique sur la police sanitaire des animaux.

Art. 93. — En tout temps, quel que soit l'état sanitaire, les wagons qui ont servi au transport des animaux sont nettoyés et désinfectés après déchargement.

Aussitôt le chargement effectué, il est apposé sur l'une des faces latérales du wagon, dans le cadre réservé à cet usage, une étiquette indiquant qu'il doit être désinfecté à l'arrivée. Après désinfection, cette étiquette est recouverte par une autre indiquant que le wagon a été désinfecté.

Ces étiquettes sont frappées du timbre à date et portent le nom de la gare où les opérations ont eu lieu.

Art. 94. — Les hangars servant à recevoir les animaux dans les gares de chemins de fer, les quais d'embarquement et de débarquement et les ponts mobiles sont nettoyés et désinfectés après chaque expédition ou chaque arrivée d'animaux.

ARRÊTÉ DU 26 MAI 1903

Concernant la désinfection du matériel employé au transport des animaux sur les voies ferrées.

La désinfection du matériel de chemin de fer affecté au transport des animaux et la surveillance des mesures édictées à cet effet sont réglées ainsi qu'il suit :

TITRE PREMIER
Désinfection.

Art. 1er. — Tout wagon ou box ayant servi à transporter des bêtes bovines et autres espèces de ruminants (moutons, chèvres, etc.), des chevaux, ânes, mulets et porcs ; tout fourgon ayant servi à transporter des animaux des espèces bovine, ovine, caprine et porcine, renfermés ou non dans des caisses, cages ou paniers, est désinfecté conformément aux règles ci-après.

Art. 2. — La désinfection est faite soit dans la gare destinataire, soit dans une gare voisine servant de centre de désinfection.

Toute gare désignée pour opérer la désinfection d'un véhicule ayant transporté des animaux doit être aménagée en conséquence et munie de l'outillage nécessaire.

Pour les fourgons, la désinfection peut n'avoir lieu que dans la gare terminus du train.

Art. 3. — Immédiatement après l'embarquement des animaux, il est collé extérieurement sur chaque wagon ou box et intérieurement dans chaque fourgon, une étiquette imprimée portant la mention suivante :

Gare de . . . . . (Nom de la gare expéditrice ou de transit).

A désinfecter à l'arrivée.

Lorsque la désinfection n'a pas lieu à la gare destinataire ou à la gare terminus, l'étiquette « *à désinfecter à l'arrivée* » est remplacée par une autre portant les mots « *à désinfecter par la gare de* . . . . . ».

Après la désinfection cette étiquette est remplacée par une autre portant :

Gare de . . . . . (Nom de la gare où la désinfection a été effectuée).

Désinfecté.

Toutes ces étiquettes doivent être frappées d'un timbre à date.

Art. 4. — Il est interdit aux Compagnies de mettre en chargement aucun wagon ou fourgon ayant contenu des bestiaux qui n'ait pas été désinfecté et qui ne porte pas l'étiquette « *désinfecté* ». Il est également interdit aux Compagnies d'accepter les emballages et objets ayant servi pour le transport des animaux des espèces bovine, ovine, caprine et porcine, lorsque ces emballages et objets n'ont pas été nettoyés à fond.

Art. 5. — La désinfection est faite au choix des Compagnies :

1° Soit avec du lait de chaux préparé au moment de l'emploi avec de la chaux vive dans la proportion de 10 pour 100 ;

2° Soit avec des hypochlorites de soude ou de potasse commerciaux étendus au dixième, c'est-à-dire un litre d'hypochlorite titrant au moins 5 degrés chlorométriques additionné de 9 litres d'eau ;

3° Soit avec de l'eau bouillante projetée à l'aide de la vapeur sous pression.

Lorsqu'il sera fait usage de la solution désinfectante, cette solution devra toujours être appliquée au moyen d'un fort brossage ou projetée sous pression à l'aide d'un pulvérisateur ou de tout autre appareil.

Le nettoyage et la désinfection comprennent les opérations ci-après ;

a) Retirer des wagons ou fourgons la litière et les déjections abondamment arrosées au préalable avec le désinfectant ;

b) Détacher du plancher et des parois, à l'aide d'un racloir ou d'un crochet appropriés, les matières adhérant à leur surface ou remplissant les joints, et balayer ces immondices ;

c) Enlever toutes les longes, cordes, etc., ayant servi à attacher les animaux ;

d) Après ces nettoyages, procéder avec de l'eau en pression au lavage et au brossage des volets et de leur entourage, des barreaux de claire-voie, des boucles et des anneaux qui servent à attacher les animaux, des parois et du plancher du wagon, en un mot de toutes les parties qui peuvent avoir été souillées par les déjections ou la bave des animaux transportés, de manière à ne laisser subsister aucune trace de déjection ou de litière. Le lavage doit s'étendre à l'intérieur et à l'extérieur des wagons ;

e) Lorsque le wagon ou fourgon s'est suffisamment ressuyé, soumettre à l'action de l'eau bouillante, ou du désinfectant appliqué comme il est dit ci-dessus, ou bien badigeonner au lait de chaux :

Plancher, parois, portes, volets et leur entourage, barreaux de claire-voie, boucles en fer, etc., en somme, toutes les parties de l'intérieur qui peuvent avoir été contaminées par la bave ou la déjection des animaux ;

f) Pour les wagons-écuries, le lavage doit porter non seulement sur les parois de ces wagons, mais aussi sur les râteliers, matelas des stalles et tous accessoires tels que : poitrails, licols, longes, sangles, etc.

La désinfection sera limitée aux parties qui peuvent être atteintes par la bouche de l'animal, râteliers et tous accessoires, poitrails, licols, longes, etc.

Art. 6.— Les Compagnies pourront être autorisées par le Ministre de l'agriculture, après avis du comité consultatif des épizooties, à employer pour la désinfection des produits autres que ceux ci-dessus désignés.

Art. 7. — Tout wagon ayant transporté des animaux devra être désinfecté quarante-huit heures au plus tard après le débarquement. Ce délai pourra être augmenté de vingt-quatre heures lorsque le wagon, n'étant pas désinfecté dans la gare destinataire, sera envoyé à une gare servant de centre de désinfection.

Art. 8. — Devront être nettoyés et désinfectés :

1° Les hangars et emplacements, quais et parcs à bestiaux servant à recevoir, dans les gares de chemins de fer, les animaux des espèces dénommées à l'article 1er ;

2° Les ponts mobiles et tout matériel ayant servi à l'embarquement et au débarquement.

Les déjections dont ils sont couverts sont arrosées avec le désinfectant : elles sont ensuite enlevées et il est procédé à un lavage à grande eau.

Les seaux, auges et autres ustensiles ayant servi pour l'alimentation et pour l'abreuvement doivent être également nettoyés et désinfectés.

Les voies où se font le nettoyage et la désinfection des wagons doivent être tenues en bon état, nettoyées et désinfectées après chaque opération.

Art. 9. — Les litières et fumiers extraits des wagons et les déjections ramassées dans les places occupées ou les voies parcourues par les animaux sont enlevés immédiatement et déposés dans un endroit inaccessible aux animaux.

Le tas de fumier ainsi formé doit être arrosé sur toute sa surface avec la solution désinfectante au moins une fois toutes les vingt-quatre heures qui suivent le premier dépôt ou tout nouvel apport ; ce fumier ne pourra pas séjourner dans les gares plus de quinze jours au maximum.

Dans tous les cas, les litières et fumiers ne pourront être livrés qu'après désinfection préalable faite par la gare de réception.

Art. 10. — Les taxes que les Compagnies de chemins de fer sont autorisées à percevoir, à titre de frais de désinfection, sont réglées par l'arrêté du Ministre des travaux publics portant fixation, en vertu de l'article 51 du cahier des charges, des frais accessoires sur les chemins de fer d'intérêt général.

Art. 11. — Le wagon dans lequel, au moment de la visite sanitaire à l'entrée en France, on constate la présence d'un ou de plusieurs animaux atteints de maladie contagieuse, ne peut pénétrer plus avant sur le territoire français s'il n'est soumis préa lablement à la désinfection. Cette opération a lieu sous la direction du vétérinaire préposé à la visite des animaux.

Quant aux animaux, il leur est fait application des dispositions du décret du 22 juin 1882 et de l'arrêté du 28 juillet 1888.

Les wagons vides ou chargés de marchandises quelconques venant de l'étranger et qui sont reconnus, au moment de leur arrivée sur le territoire français, avoir contenu des animaux et n'avoir pas été complètement désinfectés, sont refoulés à moins que la Compagnie française ne consente à les désinfecter à la gare frontière.

Les wagons venant de l'étranger avec un chargement d'animaux et qui sont reconnus, au moment de leur arrivée sur le territoire français, n'avoir pas été complètement désinfectés sont refoulés avec leur chargement.

TITRE II

Surveillance.

Art. 12. — La surveillance de la désinfection du matériel de chemins de fer est assurée :

1° Par les commissaires de surveillance administrative sous l'autorité immédiate des ingénieurs du contrôle de l'exploitation technique ;

2° Par les vétérinaires inspecteurs à la frontière et par les vétérinaires délégués, sous l'autorité des inspecteurs des services sanitaires des animaux au ministère de l'agriculture.

Art. 13. — Les fonctionnaires et les agents du service sanitaire porteurs d'une commission délivrée soit par le Ministre de l'agriculture, soit par les Préfets des départements, circulent librement dans les gares centres de désinfection et dans les gares ouvertes à l'expédition et à la réception des animaux.

Les améliorations ou modifications reconnues nécessaires sont signalées au Ministre de l'agriculture.

Art. 14. — Les inspecteurs des services sanitaires, les vétérinaires inspecteurs à la frontière et les vétérinaires délégués peuvent demander, au commissaire de surveillance administrative de la circonscription où ils opèrent, de les assister dans leurs tournées d'inspection.

Ils peuvent aussi lui dénoncer verbalement ou par écrit, si le commissaire n'est pas présent à la visite, les infractions constatées.

Le commissaire de surveillance administrative dresse procès-verbal de ces faits, en mentionnant qu'il agit à la requête de l'inspecteur, du vétérinaire inspecteur à la frontière, ou du vétérinaire délégué dont il donne le nom et l'adresse ; puis il procède à l'enquête nécessaire.

Art. 15. — Les procès-verbaux de constatation des infractions sont rédigés en double expédition : l'une adressée au Procureur de la République, l'autre à l'ingénieur en chef du contrôle de l'exploitation technique.

Le Ministre de l'agriculture est informé, par la voie hiérarchique, du résultat des enquêtes et des suites données à l'affaire, tant au point de vue administratif que judiciaire.

Art. 16. — L'arrêté ministériel du 1er avril 1898 est abrogé.

Le présent arrêté sera notifié aux compagnies de chemins de fer pour être appliqué à partir du 1er septembre 1903.

Il sera publié et affiché.

Les Préfets, les fonctionnaires du contrôle ainsi que les fonctionnaires et agents du service sanitaire délégués par le Ministre de l'agriculture et par les Préfets sont chargés de veiller à son exécution.

DÉPÊCHE MINISTÉRIELLE DU 18 AVRIL 1903

Sur les infractions aux lois et règlements concernant la police sanitaire des animaux.

Paris, le 18 avril 1903.

J'ai appelé l'attention de M. le Garde des sceaux sur ce fait que les agents des Compagnies de chemins de fer inculpés d'infractions à l'Arrêté ministériel du 1er avril 1898 (1), concernant la

(1) Cet arrêté a été abrogé et remplacé par celui du 26 mai 1903.

désinfection du matériel employé au transport des animaux par voie ferrée, sont déférés par les Parquets, tantôt aux tribunaux correctionnels, tantôt aux tribunaux de simple police suivant que les poursuites sont basées sur l'article 33 ou sur l'article 34 de la loi du 21 juillet 1881 relative à la police sanitaire des animaux.

Mon collègue a reconnu que les entrepreneurs de transports seuls tombent sous le coup de l'article 33 de la loi précitée, tandis que la disposition finale de l'article 34, où se trouve édictée la sanction aux infractions à l'article 93 du règlement d'administration publique du 22 juin 1882 demeure exclusivement applicable aux agents. Ces derniers ne pourront donc être traduits qu'en simple police.

Des instructions dans ce sens ont été données aux Parquets.

V. — CAHIER DES CHARGES.

CAHIER DES CHARGES DU 1er AOUT 1857

Relatif à la concession de chemins de fer à la Compagnie du Midi (1).

TITRE Ier

Tracé et construction des chemins.

Art. 1er. — La concession de la Compagnie des chemins de fer du Midi et du canal latéral à la Garonne comprend les lignes ci-après, savoir :

1o De Bordeaux à Cette, avec embranchements de Narbonne à Perpignan, et d'Agde à Pézenas et Clermont ;

2o De Lamothe à Bayonne, avec embranchements sur Mont-de-Marsan ;

3o La section de La Teste à Arcachon ;

4o De Toulouse à Bayonne, avec embranchements sur Foix et sur Dax ;

5o D'Agen à Tarbes ;

6o De Mont-de-Marsan à ou près Rabastens ;

7o Le raccordement du chemin de fer de Paris à Bordeaux avec les chemins du Midi, pour moitié de la concession ;

8o Le canal latéral à la Garonne, de Toulouse à Castets.

Les tracés des lignes et embranchements exécutés ou en cours d'exécution sont maintenus conformément aux projets approuvés.

Les tracés des lignes à exécuter sont définis ainsi qu'il suit :

(1) Le cahier des charges des autres Compagnies de chemins de fer d'intérêt général ne diffère de celui de la Compagnie des chemins de fer du Midi, qu'en ce qui concerne la désignation des lignes concédées et les délais d'exécution des travaux.

La ligne de Toulouse à Bayonne passera par ou près Saint-Martory, Saint-Gaudens, Montréjeau, franchira le plateau de Lannemezan, passera par ou près Tarbes, en desservant la ville de Bagnères-de-Bigorre, soit directement, soit par un embranchement partant de Tarbes, passera à ou près Pau, Ramous, Peyrehorade, et aboutira à Bayonne en un point qui sera déterminé par l'Administration sur la rive gauche de l'Adour.

L'embranchement sur Foix se détachera de la ligne précédente à ou près Saint-Simon, suivra la vallée de l'Ariège en passant par ou près Saverdun et Pamiers, et aboutira à Foix en un point qui sera déterminé par l'Administration.

L'embranchement sur Dax se séparera de la ligne de Toulouse à Bayonne à ou près Ramous, et se réunira à ou près la station de Dax à la ligne de Lamothe à Bayonne.

La ligne d'Agen à Tarbes se détachera du chemin de fer de Bordeaux à Cette en un point à déterminer près d'Agen, suivra la vallée du Gers, passera à ou près Lectoure, Auch et Rabastens, et se réunira à ou près Tarbes à la ligne ci-dessus définie de Toulouse à Bayonne.

La ligne de Mont-de-Marsan à ou près Rabastens se détachera de l'embranchement de Morcenx à Mont-de-Marsan en un point qui sera déterminé ultérieurement, passera à ou près Cazères, Aire, Riscle, Maubourguet, et aboutira à la ligne d'Agen à Tarbes en un point à déterminer à ou près Rabastens.

L'exploitation de la Compagnie comprend, en sus des lignes énoncées ci-dessus, la ligne de Bordeaux à La Teste, qu'elle a prise à bail pour toute la durée de la concession de cette dernière ligne, en vertu du traité en date du 27 septembre 1852, ledit traité mentionné à l'article 1er des statuts de la Compagnie, approuvés par décret du 6 novembre 1852.

Le canal latéral à la Garonne reste soumis aux dispositions du titre II du cahier des charges annexé à la loi du 8 juillet 1852.

Art. 2. — Les délais pour l'achèvement des lignes et embranchements en cours d'exécution, ou à construire, sont réglés ainsi qu'il suit :

Pour l'embranchement d'Agde à Pézenas, au 16 août 1859, et pour le prolongement jusqu'à Clermont, au 16 août 1861.

Pour le prolongement de l'embranchement de Narbonne à Perpignan, sur la rive droite de la Têt, au 1er janvier 1859.

Pour la ligne de Toulouse à Bayonne, avec embranchements sur Foix et sur Dax, pour celle d'Agen à Tarbes, et pour celle de Mont-de-Marsan à ou près Rabastens, à huit années, à partir du décret de concession.

Les lignes et embranchements ci-dessus dénommés devront être livrés à l'exploitation, sur toute leur étendue, à l'expiration des délais respectivement fixés pour leur achèvement.

Art. 3. — Aucun travail ne pourra être entrepris, pour l'établissement des chemins de fer et de leurs dépendances, qu'avec l'autorisation de l'Administration supérieure ; à cet effet, les projets de tous les travaux à exécuter seront dressés en double expédition et soumis à l'approbation du Ministre, qui prescrira, s'il y a lieu, d'y introduire telles modifications que de droit ; l'une de ces expéditions sera remise à la Compagnie avec le visa du Ministre, l'autre demeurera entre les mains de l'Administration.

Avant comme pendant l'exécution, la Compagnie aura la faculté de proposer aux projets approuvés les modifications qu'elle jugerait utiles; mais ces modifications ne pourront être exécutées que moyennant l'approbation de l'Administration supérieure.

Art. 4. — La Compagnie pourra prendre copie de tous les plans, nivellements et devis qui pourraient avoir été antérieurement dressés aux frais de l'État.

Art. 5. — Le tracé et le profil du chemin de fer seront arrêtés sur la production d'un projet d'ensemble comprenant, pour chaque ligne ou pour chaque section de ligne,

1° Un plan général à l'échelle de un dix millième ;

2° Un profil en long à l'échelle de un cinq millième pour les longueurs et de un millième pour les hauteurs, dont les cotes seront rapportées au niveau moyen de la mer pris pour plan de comparaison ; au-dessous de ce profil, on indiquera, au moyen de trois lignes horizontales disposées à cet effet, savoir :

A. Les distances kilométriques du chemin de fer, comptées à partir de son origine ;

B. La longueur et l'inclinaison de chaque pente ou rampe ;

C. La longueur des parties droites et le développement des parties courbes du tracé, en faisant connaître le rayon correspondant à chacune de ces dernières ;

3° Un certain nombre de profils en travers, y compris le profil type de la voie ;

4° Un mémoire dans lequel seront justifiées toutes les dispositions essentielles du projet, et un devis descriptif dans lequel seront reproduites, sous forme de tableaux, les indications relatives aux déclivités et aux courbes déjà données sur le profil en long ;

5° La position des gares et stations projetées, celle des cours d'eau et des voies de communication traversés par le chemin de fer, des passages, soit à niveau, soit en dessus, soit en dessous de la voie ferrée, devront être indiquées tant sur le plan que sur le profil en long ; le tout sans préjudice des projets à fournir pour chacun de ces ouvrages.

Art. 6. — Les terrains seront acquis, et les ouvrages d'art seront exécutés immédiatement pour deux voies.

Les terrassements pourront être exécutés, et les rails pourront être posés pour une voie seulement, sauf l'établissement d'un certain nombre de gares d'évitement (1).

La Compagnie sera tenue d'ailleurs d'établir la deuxième voie, soit sur la totalité du chemin, soit sur les parties qui lui seront désignées, lorsque l'insuffisance d'une seule voie, par suite du développement de la circulation, aura été constatée par l'Administration.

Les terrains acquis par la Compagnie pour l'établissement de la seconde voie ne pourront recevoir une autre destination.

Art. 7. — La largeur de la voie entre les bords intérieurs des rails devra être de un mètre quarante-quatre centimètres (1m,44) à un mètre quarante-cinq (1m, 45). Dans les parties à deux voies,

(1) Les dispositions de l'article 6 ont été modifiées comme suit, par l'article 5 de la Convention du 1er mai 1863 :

Les terrains seront acquis pour deux voies ; les terrassements et les ouvrages d'art pourront n'être exécutés que pour une voie.

la largeur de l'entrevoie, mesurée entre les bords extérieurs des rails, sera de deux mètres (2m.00).

La largeur des accotements, c'est-à-dire des parties comprises de chaque côté, entre le bord extérieur du rail et l'arête supérieure du ballast, sera de un mètre (1 m,00) au moins.

On ménagera au pied de chaque talus du ballast une banquette de cinquante centimètres (0 m, 50) de largeur.

La Compagnie établira le long du chemin de fer les fossés ou rigoles qui seront jugés nécessaires pour l'asséchement de la voie et pour l'écoulement des eaux.

Les dimensions de ces fossés ou rigoles seront déterminées par l'Administration, suivant les circonstances locales, sur les propositions de la Compagnie.

Art. 8. — Les alignements seront raccordés entre eux par des courbes dont le rayon ne pourra être inférieur à trois cent cinquante mètres (1). Une partie droite de cent mètres au moins de longueur devra être ménagée entre deux courbes consécutives, lorsqu'elles seront dirigées en sens contraire.

Le maximum de l'inclinaison des pentes et rampes est fixé à dix millimètres par mètre. Ce maximum pourra, cependant, être élevé exceptionnellement avec l'approbation spéciale de l'Administration (2).

Une partie horizontale de cent mètres au moins devra être ménagée entre deux fortes déclivités consécutives, lorsque ces déclivités se succèderont en sens contraires, et de manière à verser leurs eaux au même point.

Les déclivités correspondant aux courbes de faible rayon devront être réduites autant que faire se pourra.

La Compagnie aura la faculté de proposer aux dispositions de cet article et à celles de l'article précédent les modifications qui lui paraîtraient utiles ; mais ces modifications ne pourront être

---

(1) Le rayon des courbes pourra être réduit à trois cents mètres. (*Article 5 de la Convention du 1er mai 1863.*)

(2) Le maximum de l'inclinaison des pentes et rampes est fixé à quinze millimètres par mètre. (*Article 5 de la Convention du 1er mai 1863.*)

exécutées que moyennant l'approbation préalable de l'Administration supérieure.

Art. 9. — Le nombre, l'étendue et l'emplacement des gares d'évitement seront déterminés par l'Administration, la Compagnie entendue.

Le nombre des voies sera augmenté, s'il y a lieu, dans les gares et aux abords de ces gares, conformément aux décisions qui seront prises par l'Administration, la Compagnie entendue.

Le nombre et l'emplacement des stations de voyageurs et des gares de marchandises seront également déterminés par l'Administration, sur les propositions de la Compagnie, après une enquête spéciale.

La Compagnie sera tenue, préalablement à tout commencement d'exécution, de soumettre à l'Administration le projet desdites gares, lequel se composera :

1º D'un plan à l'échelle d'un cinq centième, indiquant les voies, les quais, les bâtiments et leur distribution intérieure, ainsi que les dispositions de leurs abords ;

2º D'une élévation des bâtiments à l'échelle de un centimètre pour mètre ;

3º D'un mémoire descriptif dans lequel les dispositions essentielles du projet seront justifiées.

Art. 10. — A moins d'obstacles locaux dont l'appréciation appartiendra à l'Administration, le chemin de fer à la rencontre des routes impériales ou départementales, devra passer, soit au-dessus, soit au-dessous de ces routes.

Les croisements de niveau seront tolérés pour les chemins vicinaux, ruraux ou particuliers.

Art. 11. — Lorsque le chemin de fer devra passer au-dessus d'une route impériale ou départementale, ou d'un chemin vicinal, l'ouverture du viaduc sera fixée par l'Administration, en tenant compte des circonstances locales ; mais cette ouverture ne pourra, dans aucun cas, être inférieure à huit mètres (8 m, 00) pour la route impériale, à sept mètres (7 m, 00) pour la route départementale, à cinq mètres (5 m, 00) pour un chemin vicinal de grande communication, et à quatre mètres (4 m, 00) pour un simple chemin vicinal.

Pour les viaducs de forme cintrée, la hauteur sous clef, à partir du sol de la route, sera de cinq mètres (5 m, 00) au moins. Pour ceux qui seront formés de poutres horizontales en bois ou en fer, la hauteur sous poutre sera de quatre mètres trente centimètres (4 m, 30) au moins.

La largeur entre les parapets sera au moins de huit mètres (8 m, 00). La hauteur de ces parapets sera fixée par l'Administration, et ne pourra dans aucun cas, être inférieure à quatre-vingts centimètres (0 m, 80).

Art. 12. — Lorsque le chemin de fer devra passer au-dessous d'une route impériale ou départementale, ou d'un chemin vicinal, la largeur entre les parapets du pont qui supportera la route ou le chemin sera fixée par l'Administration, en tenant compte des circonstances locales ; mais cette largeur ne pourra, dans aucun cas, être inférieure à huit mètres (8 m, 00) pour la route impériale, à sept mètres (7 m,00) pour la route départementale, à cinq mètres (5 m,00) pour un chemin vicinal de grande communication, et à quatre mètres (4 m,00) pour un simple chemin vicinal.

L'ouverture du pont entre les culées sera au moins de huit mètres (8 m, 00) et la distance verticale ménagée au-dessus des rails extérieurs de chaque voie pour le passage des trains ne sera pas inférieure à quatre mètres quatre-vingts centimètres (4 m, 80) au moins.

Art. 13. — Dans le cas où des routes impériales ou départementales, ou des chemins vicinaux, ruraux ou particuliers seraient traversés à leur niveau par le chemin de fer, les rails devront être posés sans aucune saillie ni dépression sur la surface de ces routes, et de telle sorte qu'il n'en résulte aucune gêne pour la circulation des voitures.

Le croisement à niveau du chemin de fer et des routes ne pourra s'effectuer sous un angle moindre de quarante-cinq degrés.

Chaque passage à niveau sera muni de barrières ; il y sera, en outre, établi une maison de garde, toutes les fois que l'utilité en sera reconnue par l'Administration.

La Compagnie devra soumettre à l'approbation de l'Administration les projets types de ces barrières.

Art. 14. — Lorsqu'il y aura lieu de modifier l'emplacement ou le profil des routes existantes, l'inclinaison des pentes et rampes sur les routes modifiées ne pourra excéder trois centimètres (0 m, 03) par mètre pour les routes impériales et départementales, et cinq centimètres (0 m, 05) pour les chemins vicinaux. L'Administration restera libre, toutefois, d'apprécier les circonstances qui pourraient motiver une dérogation à cette clause, comme à celle qui est relative à l'angle de croisement des passages à niveau.

Art. 15. — La Compagnie sera tenue de rétablir et d'assurer à ses frais l'écoulement de toutes les eaux dont le cours serait arrêté, suspendu ou modifié par ses travaux.

Les viaducs à construire à la rencontre des rivières, des canaux et des cours d'eau quelconques, auront au moins huit mètres (8 m, 00) de largeur entre les parapets sur les chemins à deux voies, et quatre mètres cinquante centimètres (4 m, 50) sur les chemins à une voie. La hauteur de ces parapets sera fixée par l'Administration et ne pourra être inférieure à quatre-vingts centimètres (0 m, 80).

La hauteur et le débouché du viaduc seront déterminés, dans chaque cas particulier, par l'Administration, suivant les circonstances locales.

Art. 16. — Les souterrains à établir pour le passage du chemin de fer auront au moins huit mètres (8 m, 00) de largeur entre les pieds droits au niveau des rails, et six mètres (6 m,00) de hauteur sous clef, au-dessus de la surface des rails. La distance verticale entre l'intrados et le dessus des rails extérieurs de chaque voie ne sera pas inférieure à quatre mètres quatre-vingts centimètres (4 m, 80). L'ouverture des puits d'aérage et de construction des souterrains sera entourée d'une margelle en maçonnerie de deux mètres (2 m, 00) de hauteur. Cette ouverture ne pourra être établie sur aucune voie publique.

Art. 16 *bis*. — Les articles 7, 8, 11, 12, 13, 14, 15 et 16 ci-dessus, relatifs aux conditions d'établissement du chemin de fer ne s'appliquent pas aux voies, travaux et ouvrages d'art des lignes qui sont actuellement en exploitation ou en construction et pour lesquelles les dispositions des projets approuvés sont maintenues.

Les parties de seconde voie et autres ouvrages qu'il pourra être nécessaire d'établir ultérieurement sur ces lignes seront exécutées conformément aux dispositions des projets précédemment approuvés pour les mêmes lignes.

Art. 17. — A la rencontre des cours d'eau flottables ou navigables, la Compagnie sera tenue de prendre toutes les mesures et de payer tous les frais nécessaires pour que le service de la navigation ou du flottage n'éprouve ni interruption ni entrave pendant l'exécution des travaux.

A la rencontre des routes impériales et départementales et des autres chemins publics, il sera construit des chemins et ponts provisoires, par les soins et aux frais de la Compagnie, partout où cela sera jugé nécessaire pour que la circulation n'éprouve ni interruption ni gêne.

Avant que les communications existantes puissent être interceptées, une reconnaissance sera faite par les ingénieurs de la localité, à l'effet de constater si les ouvrages provisoires présentent une solidité suffisante et s'ils peuvent assurer le service de la circulation.

Un délai sera fixé par l'Administration pour l'exécution des travaux définitifs destinés à rétablir les communications interceptées.

Art. 18. — La Compagnie n'emploiera, dans l'exécution des ouvrages, que des matériaux de bonne qualité ; elle sera tenue de se conformer à toutes les règles de l'art, de manière à obtenir une construction parfaitement solide.

Tous les aqueducs, ponceaux, ponts et viaducs à construire à la rencontre des divers cours d'eau et des chemins publics ou particuliers, seront en maçonnerie ou en fer, sauf les cas d'exception qui pourront être admis par l'Administration.

Art. 19. — Les voies seront établies d'une manière solide et avec des matériaux de bonne qualité.

Le poids des rails sera au moins de trente-cinq kilogrammes par mètre courant sur les voies de circulation, si ces rails sont posés sur traverses, et de trente kilogrammes, dans le cas où ils seraient posés sur longrines.

Le poids des rails pourra être réduit au-dessous des chiffres ci-dessus fixés pour les embranchements et pour les parties de seconde voie à poser sur les sections des lignes actuelles où le poids des rails est inférieur à trente-cinq kilogrammes (35^k).

Art. 20. — Le chemin de fer sera séparé des propriétés riveraines par des murs, haies ou toute autre clôture dont le mode et les dispositions seront autorisés par l'Administration, sur la proposition de la Compagnie.

Art. 21. — Tous les terrains nécessaires pour l'établissement du chemin de fer et de ses dépendances, pour la déviation des voies de communication et des cours d'eau déplacés, et, en général, pour l'exécution des travaux, quels qu'ils soient, auxquels cet établissement pourra donner lieu, seront achetés et payés par la Compagnie concessionnaire.

Les indemnités pour occupation temporaire ou pour détérioration de terrains, pour chômage, modification ou destruction d'usines, et pour tous dommages quelconques résultant dés travaux, seront supportées et payées par la Compagnie.

Art. 22. — L'entreprise étant d'utilité publique, la Compagnie est investie, pour l'exécution des travaux dépendant de sa concession, de tous les droits que les lois et règlements confèrent à l'Administration, en matière de travaux publics, soit pour l'acquisition des terrains par voie d'expropriation, soit pour l'extraction, le transport et le dépôt des terres, matériaux, etc. ; et elle demeure en même temps soumise à toutes les obligations qui dérivent, pour l'Administration de ces lois et règlements.

Art. 23. — Dans les limites de la zone frontière et dans le rayon de servitude des enceintes fortifiées, la Compagnie sera tenue, pour l'étude et l'exécution de ses projets, de se soumettre à l'accomplissement de toutes les formalités et de toutes les conditions exigées par les lois, décrets et règlements concernant les travaux mixtes.

Art. 24. — Si la ligne du chemin de fer traverse un sol déjà concédé pour l'exploitation d'une mine, l'Administration déterminera les mesures à prendre pour que l'établissement du chemin de fer ne nuise pas à l'exploitation de la mine, et réciproquement pour que, le cas échéant, l'exploitation de la mine ne compromette pas l'existence du chemin de fer.

Les travaux de consolidation à faire dans l'intérieur de la mine, à raison de la traversée du chemin de fer, et tous les dommages résultant de cette traversée pour les concessionnaires de la mine, seront à la charge de la Compagnie.

Art. 25. — Si le chemin de fer doit s'étendre sur des terrains renfermant des carrières, ou les traverser souterrainement, il ne pourra être livré à la circulation avant que les excavations qui pourraient en compromettre la solidité n'aient été remblayées ou consolidées. L'Administration déterminera la nature et l'étendue des travaux qu'il conviendra d'entreprendre à cet effet, et qui seront d'ailleurs exécutés par les soins et aux frais de la Compagnie.

Art. 26. — Pour l'exécution des travaux, la Compagnie se soumettra aux décisions ministérielles concernant l'interdiction du travail les dimanches et jours fériés.

Art. 27 (1). — La Compagnie exécutera les travaux par des

----

(1) Dans les nouveaux cahiers des charges, l'article 27 est libellé comme suit :

Les travaux seront exécutés sous le contrôle et la surveillance de l'Administration.

Les travaux devront être adjugés par lots et sur séries de prix, soit avec publicité et concurrence, soit sur soumissions cachetées, entre entrepreneurs agréés à l'avance ; toutefois si le Conseil d'Administration juge convenable, pour une fourniture déterminée, de procéder par voie de régie ou de traité direct, il devra, préalablement à toute exécution, obtenir de l'Assemblée générale des actionnaires, l'approbation, soit de la régie, soit du traité.

Tout marché à forfait, avec ou sans séries de prix, passé avec un même entrepreneur, soit pour l'exécution des terrassements et ouvrages d'art, soit pour l'ensemble du chemin de fer pour la construction d'une ou plusieurs sections de ce chemin est, dans tous les cas, for-

moyens et des agents à son choix, mais en restant soumise au contrôle et à la surveillance de l'Administration.

Ce contrôle et cette surveillance auront pour objet d'empêcher la Compagnie de s'écarter des dispositions prescrites par le présent cahier des charges et de celles qui résulteront des projets approuvés.

Art. 28. — A mesure que les travaux seront terminés sur des parties de chemin de fer susceptibles d'être livrées utilement à la circulation, il sera procédé, sur la demande de la Compagnie, à la reconnaissance, et, s'il y a lieu, à la réception provisoire de ces travaux par un ou plusieurs commissaires que l'Administration désignera.

Sur le vu du procès-verbal de cette reconnaissance, l'Administration autorisera, s'il y a lieu, la mise en exploitation des parties dont il s'agit ; après cette autorisation, la Compagnie pourra mettre les dites parties en service et y percevoir les taxes ci-après déterminées. Toutefois, ces réceptions partielles ne deviendront définitives que par la réception générale et définitive du chemin de fer.

Art. 29. — Après l'achèvement total des travaux, et dans le délai qui sera fixé par l'Administration, la Compagnie fera faire, à ses frais, un bornage contradictoire et un plan cadastral du chemin de fer et de ses dépendances. Elle fera dresser également à ses frais, et contradictoirement avec l'Administration, un état descriptif de tous les ouvrages d'art qui ont été exécutés ; le dit état accompagné d'un atlas contenant les dessins cotés de tous les dits ouvrages.

Une expédition dûment certifiée des procès-verbaux de bornage, du plan cadastral, de l'état descriptif et de l'atlas, sera dressée aux frais de la Compagnie et déposée dans les archives du ministère.

mellement interdit.

Le contrôle et la surveillance de l'Administration auront pour objet d'empêcher la Compagnie de s'écarter des dispositions prescrites par le présent cahier des charges et spécialement par le présent article et de celles qui résulteront des projets approuvés.

Les terrains acquis par la Compagnie, postérieurement au bornage général, en vue de satisfaire aux besoins de l'exploitation, et qui, par cela même, deviendront partie intégrante du chemin de fer, donneront lieu, au fur et à mesure de leur acquisition, à des bornages supplémentaires, et seront ajoutés sur le plan cadastral; addition sera également faite sur l'atlas de tous les ouvrages d'art exécutés postérieurement à sa rédaction.

TITRE II

Entretien et exploitation.

Art. 30. — Le chemin de fer et toutes ses dépendances seront constamment entretenus en bon état, de manière que la circulation y soit toujours facile et sûre.

Les frais d'entretien et ceux auxquels donneront lieu les réparations ordinaires et extraordinaires seront entièrement à la charge de la Compagnie.

Si le chemin de fer, une fois achevé, n'est pas constamment entretenu en bon état, il y sera pourvu d'office, à la diligence de l'Administration et aux frais de la Compagnie, sans préjudice, s'il y a lieu, de l'application des dispositions indiquées ci-après dans l'article 40.

Le montant des avances faites sera recouvré au moyen de rôles que le préfet rendra exécutoires.

Art. 31. — La Compagnie sera tenue d'établir, à ses frais, partout où besoin sera, des gardiens en nombre suffisant pour assurer la sécurité du passage des trains sur la voie, et celle de la circulation ordinaire sur les points où le chemin de fer sera traversé à niveau par des routes ou chemins.

Art. 32. — Les machines locomotives seront construites sur les meilleurs modèles; elles devront consumer leur fumée et satisfaire d'ailleurs à toutes les conditions prescrites ou à prescrire par l'Administration pour la mise en service de ce genre de machines.

Les voitures de voyageurs devront également être faites d'après les meilleurs modèles, et satisfaire à toutes les conditions réglées ou à régler pour les voitures servant au transport des voyageurs sur les chemins de fer ; elles seront suspendues sur ressorts et garnies de banquettes.

Il y en aura de trois classes au moins.

Les voitures de première classe seront couvertes, garnies et fermées à glaces ;

Celles de deuxième classe seront couvertes, fermées à glaces, et auront des banquettes rembourrées ;

Celles de troisième classe seront couvertes, fermées à vitres et munies de banquettes à dossier (1).

L'intérieur de chacun des compartiments de toute classe contiendra l'indication du nombre des places de ce compartiment.

L'Administration pourra exiger qu'un compartiment de chaque classe soit réservé, dans les trains de voyageurs, aux femmes voyageant seules.

Les voitures de voyageurs, les wagons destinés au transport des marchandises, des chaises de poste, des chevaux ou des bestiaux, les plates-formes, et, en général, toutes les parties du matériel roulant seront de bonne et solide construction.

La Compagnie sera tenue, pour la mise en service de ce matériel, de se soumettre à tous les règlements sur la matière.

Les machines locomotives, tenders, voitures et wagons de toute espèce, plates-formes, composant le matériel roulant, seront constamment entretenus en bon état.

Art. 33. — Des règlements d'administration publique, rendus après que la Compagnie aura été entendue, détermineront les mesures et les dispositions nécessaires pour assurer la police et l'exploitation du chemin de fer, ainsi que la conservation des ouvrages qui en dépendent.

---

(1) Les nouveaux cahiers des charges portent la rédaction suivante :

1° Les voitures de première classe seront couvertes, garnies, fermées à glaces, munies de rideaux ;

2° Celles de deuxième classe seront couvertes, fermées à glaces, munies de rideaux, et auront des banquettes rembourrées ;

3° Celles de troisième classe seront couvertes, fermées à vitres, munies soit de rideaux, soit de persiennes et auront des banquettes à dossier. Los dossiers et les banquettes devront être inclinés, et les dossiers seront élevés à la hauteur de la tête des voyageurs.

Toutes les dépenses qu'entraînera l'exécution des mesures prescrites en vertu de ces règlements seront à la charge de la Compagnie.

La Compagnie sera tenue de soumettre à l'approbation de l'Administration les règlements relatifs au service et à l'exploitation du chemin de fer.

Les règlements dont il s'agit dans les deux paragraphes précédents seront obligatoires, non seulement pour la Compagnie concessionnaire, mais encore pour toutes celles qui obtiendraient ultérieurement l'autorisation d'établir des lignes de chemin de fer d'embranchement ou de prolongement, et, en général, pour toutes les personnes qui emprunteraient l'usage du chemin de fer.

Le Ministre déterminera, sur la proposition de la Compagnie, le minimum et le maximum de vitesse des convois de voyageurs et de marchandises, et des convois spéciaux des postes, ainsi que de la durée du trajet.

Art. 34. — Pour tout ce qui concerne l'entretien et les réparations du chemin de fer et de ses dépendances, l'entretien du matériel et le service de l'exploitation, la Compagnie sera soumise au contrôle et à la surveillance de l'Administration.

En outre de la surveillance ordinaire, l'Administration déléguera, aussi souvent qu'elle le jugera utile, un ou plusieurs commissaires pour reconnaître et constater l'état du chemin de fer, de ses dépendances et du matériel.

TITRE III

Durée, rachat et déchéance de la concession.

Art. 35. — La durée de la concession, pour les différentes lignes mentionnées à l'article 1er du présent cahier des charges, sera de quatre-vingt dix-neuf ans (99 ans). Elle commencera à courir le premier janvier mil huit cent soixante-deux (1er janvier 1862), et finira le trente et un décembre mil neuf cent soixante (31 décembre 1960).

Art. 36. — A l'époque fixée pour l'expiration de la concession, et par le seul fait de cette expiration, le Gouvernement sera subrogé à tous les droits de la Compagnie sur le chemin de fer et ses dépendances, et il entrera immédiatement en jouissance de tous ses produits.

La Compagnie sera tenue de lui remettre en bon état d'entretien le chemin de fer et tous les immeubles qui en dépendent, quelle qu'en soit l'origine, tels que les bâtiments des gares et stations, les remises, ateliers ou dépôts, les maisons de garde, etc. Il en sera de même de tous les objets immobiliers dépendant également du dit chemin, tels que les barrières et clôtures, les voies, changements de voies, plaques tournantes, réservoirs d'eau, grues hydrauliques, machines fixes, etc.

Dans les cinq dernières années qui précéderont le terme de la concession, le Gouvernement aura le droit de saisir les revenus du chemin de fer, et de les employer à rétablir en bon état le chemin de fer et ses dépendances, si la Compagnie ne se mettait pas en mesure de satisfaire pleinement et entièrement à cette obligation.

En ce qui concerne les objets mobiliers, tels que le matériel roulant, les matériaux, combustibles et approvisionnements de tout genre, le mobilier des stations, l'outillage des ateliers et des gares, l'Etat sera tenu, si la Compagnie le requiert, de reprendre tous ces objets sur l'estimation qui en sera faite à dire d'experts, et réciproquement, si l'Etat le requiert, la Compagnie sera tenue de les céder de la même manière.

Toutefois, l'Etat ne pourra être tenu de reprendre que les approvisionnements nécessaires à l'exploitation du chemin pendant six mois.

Art. 37 (1). — A toute époque, après l'expiration des quinze

(1) Les dispositions de l'article 37 ont été modifiées comme suit par l'article 17 de la convention du 9 juin 1883 :

Si le Gouvernement exerce le droit, qui lui est réservé par l'article 37 du cahier des charges, de racheter la concession entière, la Compagnie pourra demander que toute ligne, dont la mise en exploitation remonterait à moins de quinze ans, soit évaluée, non d'après son produit net, mais d'après le prix réel de premier établissement.

En outre de l'annuité et des remboursements prévus à l'article 37 du cahier des charges, la Compagnie aura droit au remboursement des dépenses complémentaires (autres que celles du matériel roulant rem-

premières années de la concession, le Gouvernement aura la faculté de racheter la concession entière du chemin de fer.

Pour régler le prix du rachat, on relèvera les produits nets annuels obtenus par la Compagnie pendant les sept années qui auront précédé celle où le rachat sera effectué, on en déduira les produits nets des deux plus faibles années, et l'on établira le produit net moyen des cinq autres années.

Ce produit net moyen formera le montant d'une annuité qui sera due et payée à la Compagnie pendant chacune des années restant à courir sur la durée de la concession.

Dans aucun cas, le montant de l'annuité ne sera inférieur au produit net de la dernière des sept années prises pour terme de comparaison.

La Compagnie recevra, en outre, dans les trois mois qui suivront le rachat, les remboursements auxquels elle aurait droit à l'expiration de la concession, selon l'article 36 ci-dessus.

Art. 38. — La Compagnie est dispensée de tout cautionnement à raison de la concession des lignes nouvelles.

Art. 39. — Faute par la Compagnie d'avoir terminé les travaux dans le délai fixé par l'article 2, faute aussi par elle d'avoir rempli les diverses obligations qui lui sont imposées par le présent cahier des charges, elle encourra la déchéance, et il sera pourvu, tant à la continuation et à l'achèvement des travaux qu'à l'exécution des autres engagements contractés par la Compagnie, au moyen d'une adjudication que l'on ouvrira sur une mise à prix des ouvrages exécutés, des matériaux approvisionnés et des parties du chemin de fer déjà livrées à l'exploitation.

boursables en vertu de l'article 37 précité) exécutées par elle à partir du 1er janvier 1884, avec l'approbation du Ministre des Travaux publics, sur toutes les lignes de son réseau, sauf déduction d'un quinzième pour chaque année écoulée depuis la clôture de l'exercice dans lequel auront été effectuées les dépenses.

L'annuité à payer à la Compagnie, en vertu de l'article 37 du cahier des charges, ne pourra être inférieure à l'ensemble des sommes mentionnées aux paragraphes 1 et 2 de l'article 13 ci-dessus, déduction faite des charges d'intérêt et d'amortissement des sommes remboursées en exécution de l'alinéa précédent du présent article.

Les soumissions pourront être inférieures à la mise à prix.

La nouvelle Compagnie sera soumise aux clauses du présent cahier des charges, et la Compagnie évincée recevra d'elle le prix que la nouvelle adjudication aura fixé.

Si l'adjudication ouverte n'amène aucun résultat, une seconde adjudication sera tentée sur les mêmes bases, après un délai de trois mois ; si cette seconde tentative reste également sans résultat, la Compagnie sera définitivement déchue de tous droits, et alors les ouvrages exécutés, les matériaux approvisionnés et les parties de chemin de fer déjà livrées à l'exploitation appartiendront à l'État.

Art. 40. — Si l'exploitation du chemin de fer vient à être interrompue en totalité ou en partie, l'Administration prendra immédiatement, aux frais et risques de la Compagnie, les mesures nécessaires pour assurer provisoirement le service.

Si, dans les trois mois de l'organisation du service provisoire, la Compagnie n'a pas valablement justifié qu'elle est en état de reprendre et de continuer l'exploitation, et si elle ne l'a pas effectivement reprise, la déchéance pourra être prononcée par le Ministre. Cette déchéance prononcée, le chemin de fer et toutes ses dépendances seront mis en adjudication, et il sera procédé ainsi qu'il est dit à l'article précédent.

Art. 41. — Les dispositions des trois articles qui précèdent cesseraient d'être applicables, et la déchéance ne serait pas encourue dans le cas où le concessionnaire n'aurait pu remplir ses obligations par suite de circonstances de force majeure dûment constatée.

TITRE IV

**Taxes et conditions relatives au transport des voyageurs
et des marchandises.**

Art. 42. — Pour indemniser la Compagnie des travaux et dépenses qu'elle s'engage à faire par le présent cahier des charges, et, sous la condition expresse qu'elle en remplira exactement toutes les obligations, le Gouvernement lui accorde l'autorisation de percevoir, pendant toute la durée de la concession, les droits de péage et les prix de transport ci-après déterminés :

TARIF	PRIX		
1° Par tête et par kilomètre.	de péage	de transport	TOTAUX
GRANDE VITESSE.	fr. c.	fr. c.	fr. c.
Voyageurs. Voitures couvertes, garnies et fermées à glaces (1re classe). . . .	0 067	0 033	0 10
Voitures couvertes, fermées à glaces, et à banquettes rembourrées (2e classe)	0 05	0 025	0 075
Voitures couvertes, fermées à vitres (3e classe)	0 037	0 018	0 055
Enfants. Au-dessous de trois ans, les enfants ne payent rien à la condition d'être portés sur les genoux des personnes qui les accompagnent. De trois à sept ans, ils payent demi-place et ont droit à une place distincte ; toutefois dans un même compartiment, deux enfants ne pourront occuper que la place d'un voyageur . . . . . Au-dessus de sept ans ils payent place entière			
Chiens transportés dans les trains de voyageurs. . . . . (Sans que la perception puisse être inférieure à 0^f 30^c).	0 010	0 005	0 015
PETITE VITESSE.			
Bœufs, vaches, taureaux, chevaux, mulets, bêtes de trait	0 07	0 03	0 10
Veaux et porcs	0 025	0 015	0 04
Moutons, brebis, agneaux, chèvres. . . . . . . (Lorsque les animaux ci-dessus dénommés seront, sur la demande des expéditeurs, transportés à la vitesse des trains de voyageurs, les prix seront doublés.)	0 01	0 01	0 02
2° Par tonne et par kilomètre.			
MARCHANDISES TRANSPORTÉES A GRANDE VITESSE.			
Huîtres, poissons frais, denrées, excédents de bagages et marchandises de toute classe transportés à la vitesse des trains de voyageurs.	0 20	0 16	0 36
MARCHANDISES TRANSPORTÉES A PETITE VITESSE.			
Première classe. — Spiritueux, huiles, bois de menuiserie, de teinture et autres bois exotiques, produits chimiques non dénommés, œufs, viande fraîche, gibier, sucre, café, drogues, épiceries, tissus, denrées coloniales, objets manufacturés, armes	0 09	0 07	0 16

	PRIX		
	de péage	de transport	TOTAUX
	fr. c.	fr. c.	fr. c.
Deuxième classe. — Blés, grains, farines, légumes farineux, riz, maïs, châtaignes et autres denrées alimentaires non dénommées, chaux et plâtre, charbon de bois, bois à brûler dit de *corde*, perches, chevrons, planches, madriers, bois de charpente, marbre en bloc, albâtre, bitumes, cotons, laines, vins, vinaigres, boissons, bière, levure sèche, coke, fers, cuivres, plomb et autres métaux ouvrés ou non, fontes moulées.	0 08	0 06	0 14
Troisième classe (1). — Houille, marne, cendres, fumiers et engrais, pierres à chaux et à plâtre, pavés et matériaux pour la construction et la réparation des routes, pierres de tailles et produits de carrières, minerais de fer et autres, fonte brute, sel, moellons, meulières, cailloux, sable, argiles, briques, ardoises	0 06	0 04	0 10

3° Voitures et Matériel roulant transportés à petite vitesse.

Par pièce et par kilomètre.

	de péage	de transport	TOTAUX
Wagon ou chariot pouvant porter de 3 à 6 tonnes	0 09	0 06	0 15
Wagon ou chariot pouvant porter plus de 6 tonnes	0 12	0 08	0 20
Locomotive pesant de 12 à 18 tonnes (ne traînant pas de convoi)	1 80	1 20	3 00

(1) Les dispositions de l'article 42 ont été modifiées comme suit par l'article 6 de la convention du 1ᵉʳ mai 1863 :

		PRIX		
		de péage	de transport	TOTAL
		fr. c.	fr. c.	fr. c.
Troisième classe. — Pierres de taille et produits de carrières, minerais autres que le minerai de fer, fonte brute, sel, moellons, meulières, argiles, briques, ardoises.		0.06	0.04	0.10
Quatrième classe. — Houille, marne, cendres, fumiers, engrais, pierres à chaux et à plâtre, pavés et matériaux pour la construction et la réparation des routes, minerais de fer, cailloux et sable.	Pour les parcours de 0 à 100 kilom. (sans que la taxe puisse être supérieure à 5 f.	0.05	0.03	0.08
	Pour les parcours de 101 à 300 kilom. (sans que la taxe puisse être supérieure à 12 francs.	0.03	0.02	0.05
	Au delà de 300 kilom.	0.025	0.015	0.04

| | PRIX | | |
	de péage	de transport	TOTAUX
	fr. c.	fr. c.	fr. c.
Locomotive pesant plus de 18 tonnes (ne traînant pas de convoi)	2 25	1 50	3 75
Tender de 7 à 10 tonnes	0 90	0 60	1 50
Tender de plus de 10 tonnes.	1 35	0 90	2 25

Les machines locomotives sont considérées comme ne traînant pas de convoi, lorsque le convoi remorqué, soit de voyageurs, soit de marchandises, ne comportera pas un péage au moins égal à celui qui serait perçu sur la locomotive avec son tender marchant sans rien traîner.

Le prix à payer pour un wagon chargé ne pourra jamais être inférieur à celui qui serait dû pour un wagon marchant à vide.

	de péage	de transport	TOTAUX
Voitures à deux ou quatre roues, à un fond et à une seule banquette dans l'intérieur. . . .	0 15	0 10	0 25
Voitures à quatre roues, à deux fonds et à deux banquettes dans l'intérieur, omnibus, diligences, etc.	0 18	0 14	0 32

Lorsque, sur la demande des expéditeurs, les transports auront lieu à la vitesse des trains de voyageurs, les prix ci-dessus seront doublés.

Dans ce cas, deux personnes pourront, sans supplément de prix, voyager dans les voitures à une banquette, et trois dans les voitures à deux banquettes, omnibus, diligences, etc. ; les voyageurs excédant ce nombre payeront le prix des places de deuxième classe.

	de péage	de transport	TOTAUX
Voitures de déménagement à deux ou à quatre roues, à vide.	0 12	0 08	0 20
Ces voitures, lorsqu'elles seront chargées, payeront en sus des prix ci-dessus, par tonne de chargement et par kilomètre.	0 08	0 06	0 14

4° Service des Pompes funèbres et transport des Cercueils.

GRANDE VITESSE.

	de péage	de transport	TOTAUX
Une voiture des pompes funèbres, renfermant un ou plusieurs cercueils, sera transportée aux mêmes prix et conditions qu'une voiture à quatre roues, à deux fonds et à deux banquettes	0 36	0 24	0 60
Chaque cercueil confié à l'administration du chemin de fer, sera transporté, dans un compartiment isolé, au prix de	0 18	0 12	0 30

Les prix déterminés ci-dessus pour les transports à grande vitesse ne comprennent pas l'impôt dû à l'État.

Il est expressément entendu que les prix de transport ne seront dus à la Compagnie qu'autant qu'elle effectuerait elle-même ces transports à ses frais et par ses propres moyens ; dans le cas contraire, elle n'aura droit qu'aux prix fixés pour le péage.

La perception aura lieu d'après le nombre de kilomètres parcourus. Tout kilomètre entamé sera payé comme s'il avait été parcouru en entier.

Si la distance parcourue est inférieure à six kilomètres, elle sera comptée pour six kilomètres.

Le poids de la tonne est de mille kilogrammes.

Les fractions de poids ne seront comptées, tant pour la grande que pour la petite vitesse, que par centième de tonne ou par dix kilogrammes, etc.

Ainsi, tout poids compris entre zéro et dix kilogrammes payera comme dix kilogrammes ; entre dix et vingt kilogrammes, comme vingt kilogrammes, etc.

Toutefois, pour les excédents de bagages et marchandises à grande vitesse, les coupures seront établies : 1° de zéro à cinq kilogrammes ; 2° au-dessus de cinq jusqu'à dix kilogrammes ; 3° au-dessus de dix kilogrammes par fraction indivisible de dix kilogrammes.

Quelle que soit la distance parcourue, le prix d'une expédition quelconque, soit en grande, soit en petite vitesse, ne pourra être moindre de quarante centimes.

Dans le cas où le prix de l'hectolitre de blé s'élèverait sur le marché régulateur de Bordeaux à vingt francs ou au-dessus, le Gouvernement pourra exiger de la Compagnie que le tarif du transport des blés, grains, riz, maïs, farines et légumes farineux, péage compris, ne puisse s'élever au maximum qu'à sept centimes par tonne et par kilomètre.

Art. 43. — A moins d'une autorisation spéciale et révocable de l'Administration, tout train régulier de voyageurs devra contenir des voitures de toute classe en nombre suffisant pour toutes les personnes qui se présenteraient dans les bureaux du chemin de fer.

Dans chaque train de voyageurs, la Compagnie aura la faculté de placer des voitures à compartiments spéciaux pour lesquels il sera établi des prix particuliers que l'Administration fixera sur la proposition de la Compagnie ; mais le nombre des places à donner dans ces compartiments ne pourra dépasser le cinquième du nombre total des places du train.

Art. 44. — Tout voyageur dont le bagage ne pèsera pas plus de trente kilogrammes n'aura à payer, pour le port de ce bagage, aucun supplément du prix de sa place.

Cette franchise ne s'appliquera pas aux enfants transportés gratuitement, et elle sera réduite à vingt kilogrammes pour les enfants transportés à moitié prix.

Art. 45. — Les animaux, denrées, marchandises, effets et autres objets non désignés dans le tarif seront rangés, pour les droits à percevoir, dans les classes avec lesquelles ils auront le plus d'analogie, sans que jamais (sauf les exceptions formulées aux articles 46 et 47 ci-après) aucune marchandise non dénommée puisse être soumise à une taxe supérieure à celle de la première classe du tarif ci-dessus.

Les assimilations de classes pourront être provisoirement réglées par la Compagnie, mais elles seront soumises immédiatement à l'Administration, qui prononcera définitivement.

Art. 46. — Les droits de péage et les prix de transport déterminés au tarif ne sont point applicables à toute masse indivisible pesant plus de trois mille kilogrammes (3,000 k.).

Néanmoins, la Compagnie ne pourra se refuser à transporter les masses indivisibles pesant de trois mille à cinq mille kilogrammes ; mais les droits de péage et les prix de transport seront augmentés de moitié.

La Compagnie ne pourra être contrainte à transporter les masses pesant plus de cinq mille kilogrammes (5,000 k.).

Si, nonobstant la disposition qui précède, la Compagnie transporte des masses indivisibles pesant plus de cinq mille kilogrammes, elle devra, pendant trois mois au moins, accorder les mêmes facilités à tous ceux qui en feraient la demande.

Dans ce cas, les prix de transport seront fixés par l'Administration, sur la proposition de la Compagnie.

Art. 47. — Les prix de transport déterminés au tarif ne sont point applicables :

1° Aux denrées et objets qui ne sont pas nommément énoncés dans le tarif, et qui ne pèseraient pas deux cents kilogrammes sous le volume d'un mètre cube ;

2° Aux matières inflammables ou explosibles, aux animaux et objets dangereux pour lesquels des règlements de police prescriraient des précautions spéciales ;

3° Aux animaux dont la valeur déclarée excéderait cinq mille francs ;

4° À l'or et à l'argent, soit en lingots, soit monnayés ou travaillés, au plaqué d'or ou d'argent, au mercure et au platine, ainsi qu'aux bijoux, dentelles, pierres précieuses, objets d'art et autres valeurs ;

5° Et, en général, à tous paquets, colis ou excédents de bagages, pesant isolément quarante kilogrammes et au-dessous.

Toutefois, les prix de transport déterminés au tarif sont applicables à tous paquets ou colis, quoique emballés à part, s'ils font partie d'envois pesant ensemble plus de quarante kilogrammes d'objets envoyés par une même personne à une même personne. Il en sera de même pour les excédents de bagages qui pèseraient ensemble ou isolément plus de quarante kilogrammes.

Le bénéfice de la disposition énoncée dans le paragraphe précédent, en ce qui concerne les paquets et colis, ne peut être invoqué par les entrepreneurs de messageries et de roulages et autres intermédiaires de transport, à moins que les articles par eux envoyés ne soient réunis en un seul colis.

Dans les cinq cas ci-dessus spécifiés, les prix de transport seront arrêtés annuellement par l'Administration, tant pour la grande que pour la petite vitesse, sur la proposition de la Compagnie.

En ce qui concerne les paquets ou colis mentionnés au paragraphe 5 ci-dessus, les prix de transport devront être calculés de telle manière qu'en aucun cas un de ces paquets ou colis ne puisse payer un prix plus élevé qu'un article de même nature pesant plus de quarante kilogrammes.

Art. 48. — Dans le cas où la Compagnie jugerait convenable, soit pour le parcours total, soit pour les parcours partiels de la voie de fer, d'abaisser, avec ou sans conditions, au-dessous des limites déterminées par le tarif, les taxes qu'elle est autorisée à percevoir, les taxes abaissées ne pourront être relevées qu'après un délai de trois mois au moins pour les voyageurs, et d'un an pour les marchandises.

Toute modification de tarif proposée par la Compagnie sera annoncée un mois d'avance par des affiches.

La perception des tarifs modifiés ne pourra avoir lieu qu'avec l'homologation de l'Administration supérieure, conformément aux dispositions de l'ordonnance du 15 novembre 1846.

La perception des taxes devra se faire indistinctement et sans aucune faveur.

Tout traité particulier qui aurait pour effet d'accorder à un ou plusieurs expéditeurs une réduction sur les tarifs approuvés demeure formellement interdit.

Toutefois, cette disposition n'est pas applicable aux traités qui pourraient intervenir entre le Gouvernement et la Compagnie dans l'intérêt des services publics, ni aux réductions ou remises qui seraient accordées par la Compagnie aux indigents.

En cas d'abaissement des tarifs, la réduction portera proportionnellement sur le péage et sur le transport.

Art. 49. — La Compagnie sera tenue d'effectuer constamment avec soin, exactitude et célérité, et sans tour de faveur, le transport des voyageurs, bestiaux, denrées, marchandises et objets quelconques qui lui seront confiés.

Les colis, bestiaux et objets quelconques seront inscrits, à la gare d'où ils partent et à la gare où ils arrivent, sur des registres spéciaux au fur et à mesure de leur réception ; mention sera faite, sur les registres de la gare de départ, du prix total dû pour leur transport.

Pour les marchandises ayant une même destination, les expéditions auront lieu suivant l'ordre de leur inscription à la gare de départ.

Toute expédition de marchandise sera constatée, si l'expédi-

teur le demande, par une lettre de voiture, dont un exemplaire
restera aux mains de la Compagnie et l'autre aux mains de l'expéditeur. Dans le cas où l'expéditeur ne demanderait pas de lettre de voiture, la Compagnie sera tenue de lui délivrer un récépissé qui énoncera la nature et le poids du colis, le prix total du
transport, et le délai dans lequel ce transport devra être effectué.

Art. 50. — Les animaux, denrées, marchandises et objets
quelconques, seront expédiés et livrés de gare en gare, dans les
délais résultant des conditions ci-après exprimées :

1° Les animaux, denrées, marchandises et objets quelconques
à grande vitesse, seront expédiés par le premier train de voyageurs comprenant des voitures de toutes classes, et correspondant avec leur destination, pourvu qu'ils aient été présentés à
l'enregistrement trois heures avant le départ de ce train.

Ils seront mis à la disposition des destinataires, à la gare, dans
le délai de deux heures après l'arrivée du même train.

2° Les animaux, denrées, marchandises et objets quelconques
à petite vitesse, seront expédiés dans le jour qui suivra celui de
la remise ; toutefois, l'Administration supérieure pourra étendre
ce délai à deux jours.

Le maximum de durée du trajet sera fixé par l'Administration,
sur la proposition de la Compagnie, sans que ce maximum puisse
excéder vingt-quatre heures par fraction indivisible de cent vingt-
cinq kilomètres.

Les colis seront, dans tous les cas, mis à la disposition des
destinataires dans le jour qui suivra celui de leur arrivée en
gare.

Le délai total résultant des trois paragraphes ci-dessus sera
seul obligatoire pour la Compagnie.

Il pourra être établi un tarif réduit approuvé par le Ministre
pour tout expéditeur qui acceptera des délais plus longs que
ceux déterminés ci-dessus pour la petite vitesse.

Pour le transport des marchandises, il pourra être établi, sur
la proposition de la Compagnie, un délai moyen entre ceux de la
grande et de la petite vitesse. Le prix correspondant à ce délai

7

sera un prix intermédiaire entre ceux de la grande et de la petite vitesse.

L'Administration supérieure déterminera, par des règlements spéciaux les heures d'ouverture et de fermeture des gares et stations, tant en hiver qu'en été, ainsi que les dispositions relatives aux denrées apportées par les trains de nuit et destinées à l'approvisionnement des marchés des villes.

Lorsque la marchandise devra passer d'une ligne sur une autre sans solution de continuité, les délais de livraison et d'expédition u point de jonction seront fixés par l'Administration, sur la proposition de la Compagnie.

Art. 51. — Les frais accessoires non mentionnés dans les tarifs tels que ceux d'enregistrement, de chargement, de déchargement et de magasinage dans les gares et magasins du chemin de fer, seront fixés annuellement par l'Administration, sur la proposition de la Compagnie.

Art. 52. — La Compagnie sera tenue de faire, soit par elle-même, soit par un intermédiaire dont elle répondra, le factage et le camionnage pour la remise, au domicile des destinataires, de toutes les marchandises qui lui sont confiées.

Le factage et le camionnage ne seront point obligatoires en dehors du rayon de l'octroi, non plus que pour les gares qui desserviraient, soit une population agglomérée de moins de cinq mille habitants, soit un centre de population de cinq mille habitants situé à plus de cinq kilomètres de la gare du chemin de fer.

Les tarifs à percevoir seront fixés par l'Administration, sur la proposition de la Compagnie. Ils seront applicables à tout le monde sans distinction.

Toutefois, les expéditeurs et destinataires resteront libres de faire eux-mêmes et à leurs frais le factage et le camionnage des marchandises.

Art. 53. — A moins d'une autorisation spéciale de l'Administration, il est interdit à la Compagnie, conformément à l'article 14 de la loi du 15 juillet 1845, de faire directement ou indirectement, avec des entreprises de transport, de voyageurs ou de marchandises par terre ou par eau, sous quelque dénomination ou forme

que ce puisse être, des arrangements qui ne seraient pas consentis en faveur de toutes les entreprises desservant les mêmes
voies de communication.

L'Administration, agissant en vertu de l'article 33 ci-dessus,
prescrira les mesures à prendre pour assurer la plus complète
égalité entre les diverses entreprises de transport dans leurs rapports avec le chemin de fer.

TITRE V

Stipulations relatives à divers services publics.

Art. 54. — Les militaires ou marins voyageant en corps, aussi
bien que les militaires ou marins voyageant isolément pour cause
de service, envoyés en congé limité ou en permission, ou ren-
trant dans leurs foyers après libération ne seront assujettis, eux,
leurs chevaux et leurs bagages, qu'au quart de la taxe du tarif
fixé par le présent cahier des charges.

Si le Gouvernement avait besoin de diriger des troupes et un
matériel militaire ou naval sur l'un des points desservis par le
chemin de fer, la Compagnie serait tenue de mettre immédiatement à sa disposition, pour la moitié de la taxe du même tarif,
tous ses moyens de transport.

Art. 55. — Les fonctionnaires et agents chargés de l'inspection, du contrôle et de la surveillance du chemin de fer, seront
transportés gratuitement dans les voitures de la Compagnie.

La même faculté est accordée aux agents des contributions
indirectes et des douanes chargés de la surveillance des chemins
de fer dans l'intérêt de la perception de l'impôt.

Art. 56. — Le service des lettres et dépêches sera fait comme
il suit :

1º A chacun des trains de voyageurs et de marchandises cir-
culant aux heures ordinaires de l'exploitation, la Compagnie sera
tenue de réserver gratuitement deux compartiments spéciaux
d'une voiture de deuxième classe, ou un espace équivalent, pour
recevoir les lettres, les dépêches et les agents nécessaires au
service des postes, le surplus de la voiture restant à la disposition de la Compagnie.

2° Si le volume des dépêches ou la nature du service rend insuffisante la capacité de deux compartiments à deux banquettes, de sorte qu'il y ait lieu de substituer une voiture spéciale aux wagons ordinaires, le transport de cette voiture sera également gratuit.

Lorsque la Compagnie voudra changer les heures de départ de ses convois ordinaires, elle sera tenue d'en avertir l'Administration des postes quinze jours à l'avance ;

3° Un train spécial régulier, dit *train journalier de la poste*, sera mis gratuitement chaque jour, à l'aller et au retour, à la disposition du Ministre des finances, pour le transport des dépêches sur toute l'étendue de la ligne ;

4° L'étendue du parcours, les heures de départ et d'arrivée, soit de jour, soit de nuit, la marche et les stationnements de ce convoi, sont réglés par le Ministre de l'agriculture, du commerce et des travaux publics, et le Ministre des finances, la Compagnie entendue ;

5° Indépendamment de ce train, il pourra y avoir tous les jours, à l'aller et au retour, un ou plusieurs convois spéciaux, dont la marche sera réglée comme il est dit ci-dessus. La rétribution payée à la Compagnie pour chaque convoi ne pourra excéder soixante et quinze centimes par kilomètre parcouru pour la première voiture et vingt-cinq centimes pour chaque voiture en sus de la première ;

6° La Compagnie pourra placer dans les convois spéciaux de la poste des voitures de toutes classes, pour le transport, à son profit, des voyageurs et des marchandises ;

7° La Compagnie ne pourra être tenue d'établir des convois spéciaux ou de changer les heures de départ, la marche ou le stationnement de ces convois, qu'autant que l'Administration l'aura prévenue, par écrit, quinze jours à l'avance ;

8° Néanmoins, toutes les fois qu'en dehors des services réguliers l'Administration requerra l'expédition d'un convoi extraordinaire, soit de jour, soit de nuit, cette expédition devra être faite immédiatement, sauf l'observation des règlements de police.

Le prix sera ultérieurement réglé de gré à gré ou à dire d'experts, entre l'Administration et la Compagnie ;

9° L'Administration des postes fera construire à ses frais les voitures qu'il pourra être nécessaire d'affecter spécialement au transport et à la manutention des dépêches. Elle réglera la forme et les dimensions de ces voitures, sauf l'approbation, par le Ministre de l'agriculture, du commerce et des travaux publics, des dispositions qui intéressent la régularité et la sécurité de la circulation. Elles seront montées sur châssis et sur roues. Leur poids ne dépassera pas huit mille kilogrammes, chargement compris. L'Administration des postes fera entretenir à ses frais ses voitures spéciales ; toutefois, l'entretien des châssis et des roues sera à la charge de la Compagnie ;

10° La Compagnie ne pourra réclamer aucune augmentation des prix ci-dessus indiqués, lorsqu'il sera nécessaire d'employer des plates-formes au transport des malles-postes ou des voitures spéciales en réparation ;

11° La vitesse moyenne des convois spéciaux mis à la disposition de l'Administration des postes ne pourra être moindre de quarante kilomètres à l'heure, temps d'arrêt compris ; l'Administration pourra consentir une vitesse moindre, soit à raison des pentes, soit à raison des courbes à parcourir, ou bien exiger une plus grande vitesse, dans le cas où la Compagnie obtiendrait plus tard, dans la marche de son service, une vitesse supérieure ;

12° La Compagnie sera tenue de transporter gratuitement par tous les convois de voyageurs, tout agent des postes chargé d'une mission ou d'un service accidentel et porteur d'un ordre de service régulier, délivré à Paris par le directeur général des postes. Il sera accordé à l'agent des postes en mission une place de voiture de deuxième classe, ou de première classe, si le convoi ne comporte pas de voitures de deuxième classe ;

13° La Compagnie sera tenue de fournir à chacun des points extrêmes de la ligne, ainsi qu'aux principales stations intermédiaires qui seront désignées par l'Administration des postes, un emplacement sur lequel l'Administration pourra faire construire des bureaux de poste ou d'entrepôts des dépêches et des han-

gars pour le chargement et le déchargement des malles-postes.
Les dimensions de cet emplacement seront au maximum de
soixante-quatre mètres carrés dans les gares des départements,
et du double à Paris ;

14° La valeur locative du terrain ainsi fourni par la Compagnie
lui sera payée de gré à gré ou à dire d'experts ;

15° La position sera choisie de manière que les bâtiments qui
y seront construits aux frais de l'Administration des postes ne
puissent entraver en rien le service de la Compagnie ;

16° L'Administration se réserve le droit d'établir à ses frais,
sans indemnité, mais aussi sans responsabilité pour la Compagnie, tous poteaux ou appareils nécessaires à l'échange des dépêches sans arrêt de train, à la condition que ces appareils, par
leur nature ou leur position, n'apportent pas d'entraves aux
différents services de la ligne ou des stations ;

17° Les employés chargés de la surveillance du service, les
agents préposés à l'échange ou à l'entrepôt des dépêches, auront accès dans les gares ou stations pour l'exécution de leur
service, en se conformant aux règlements de police intérieure
de la Compagnie.

Art. 57. — La Compagnie sera tenue à toute réquisition, de
faire partir par convoi ordinaire, les wagons ou voitures cellulaires employés au transport des prévenus, accusés ou condamnés.

Les wagons et les voitures employés au service dont il s'agit
seront construits aux frais de l'État ou des départements ; leurs
formes et dimensions seront déterminées de concert par le Ministre de l'intérieur et par le Ministre de l'agriculture, du commerce et des travaux publics, la Compagnie entendue.

Les employés de l'Administration, les gardiens et les prisonniers placés dans les wagons ou voitures cellulaires ne seront
assujettis qu'à la moitié de la taxe applicable aux places de troisième classe, telle qu'elle est fixée par le présent cahier des
charges.

Les gendarmes placés dans les mêmes voitures ne payeront
que le quart de la même taxe.

Le transport des wagons et des voitures sera gratuit.

Dans le cas où l'Administration voudrait, pour le transport des prisonniers, faire usage des voitures de la Compagnie, celle-ci serait tenue de mettre à sa disposition un ou plusieurs compartiments spéciaux de voitures de deuxième classe à deux banquettes. Le prix de location en sera fixé à raison de vingt centimes (0 fr. 20),par compartiment et par kilomètre.

Les dispositions qui précèdent seront applicables au transport des jeunes délinquants recueillis par l'Administration pour être transférés dans des établissements d'éducation.

Art. 58. — Le Gouvernement se réserve la faculté de faire, le long des voies, toutes les constructions, de poser tous les appareils nécessaires à l'établissement d'une ligne télégraphique, sans nuire au service du chemin de fer.

Sur la demande de l'Administration des lignes télégraphiques, il sera réservé, dans les gares des villes et des localités qui seront désignées ultérieurement, le terrain nécessaire à l'établissement des maisonnettes destinées à recevoir le bureau télégraphique et son matériel.

La Compagnie concessionnaire sera tenue de faire garder par ses agents les fils et les appareils des lignes électriques, de donner aux employés télégraphiques connaissance de tous les accidents qui pourraient survenir et de leur en faire connaître les causes. En cas de rupture du fil télégraphique, les employés de la Compagnie auront à raccrocher provisoirement les bouts séparés, d'après les instructions qui leur seront données à cet effet.

Les agents de la télégraphie voyageant pour le service de la ligne électrique auront le droit de circuler gratuitement dans les voitures du chemin de fer.

En cas de rupture du fil télégraphique ou d'accidents graves, une locomotive sera mise immédiatement à la disposition de l'inspecteur télégraphique de la ligne pour le transporter sur le lieu de l'accident avec les hommes et les matériaux nécessaires à la réparation. Ce transport sera gratuit, et il devra être effectué dans des conditions telles qu'il ne puisse entraver en rien la circulation publique.

Dans le cas où les déplacements de fils, appareils ou poteaux, deviendraient nécessaires par suite de travaux exécutés sur le chemin, ces déplacements auraient lieu, aux frais de la Compagnie, par les soins de l'Administration des lignes télégraphiques.

La Compagnie pourra être autorisée et au besoin requise par le Ministre de l'agriculture, du commerce et des travaux publics, agissant de concert avec le Ministre de l'intérieur, d'établir à ses frais les fils et appareils télégraphiques destinés à transmettre les signaux nécessaires pour la sûreté et la régularité de son exploitation.

Elle pourra, avec l'autorisation du Ministre de l'intérieur, se servir des poteaux de la ligne télégraphique de l'État, lorsqu'une semblable ligne existera le long de la voie.

La Compagnie sera tenue de se soumettre à tous les règlements d'administration publique concernant l'établissement et l'emploi de ces appareils, ainsi que l'organisation, aux frais de la Compagnie, du contrôle de ce service par les agents de l'Etat.

TITRE VI
Clauses diverses.

Art. 59. — Dans le cas où le Gouvernement ordonnerait ou autoriserait la construction de routes impériales, départementales ou vicinales, de chemins de fer ou de canaux qui traverseraient la ligne objet de la présente concession, la Compagnie ne pourra s'opposer à ces travaux ; mais toutes les dispositions nécessaires seront prises pour qu'il n'en résulte aucun obstacle à la construction ou au service du chemin de fer, ni aucuns frais pour la Compagnie.

Art. 60. — Toute exécution ou autorisation ultérieure de route, de canal, de chemin de fer, de travaux de navigation, dans la contrée où est situé le chemin de fer objet de la présente concession, ou dans toute autre contrée voisine ou éloignée, ne pourra donner ouverture à aucune demande d'indemnité de la part de la Compagnie.

Art. 61. — Le Gouvernement se réserve expressément le droit d'accorder de nouvelles concessions de chemins de fer s'embranchant sur le chemin qui fait l'objet du présent cahier des charges, ou qui seraient établis en prolongement du même chemin.

La Compagnie ne pourra mettre aucun obstacle à ces embranchements, ni réclamer, à l'occasion de leur établissement, aucune indemnité quelconque, pourvu qu'il n'en résulte aucun obstacle à la circulation, ni aucuns frais particuliers pour la Compagnie.

Les Compagnies concessionnaires de chemins de fer d'embranchement ou de prolongement auront la faculté, moyennant les tarifs ci-dessus déterminés et l'observation des règlements de police et de service établis ou à établir, de faire circuler leurs voitures, wagons et machines, sur les chemins de fer objet de la présente concession, pour lesquels cette faculté sera réciproque à l'égard des dits embranchements et prolongements (1).

Dans le cas où les diverses Compagnies ne pourraient s'entendre entre elles sur l'exercice de cette faculté, le Gouvernement statuerait sur les difficultés qui s'élèveraient entre elles à cet égard.

Dans le cas où une Compagnie d'embranchement ou de prolongement joignant les lignes qui font l'objet de la présente concession n'userait pas de la faculté de circuler sur ces lignes, comme aussi dans le cas où la Compagnie concessionnaire de ces dernières lignes ne voudrait pas circuler sur les prolongements et embranchements, les Compagnies seraient tenues de s'arranger entre elles, de manière que le service de transport ne soit jamais interrompu aux points de jonction des diverses lignes (2).

(1-2) Les nouveaux cahiers des charges contiennent les dispositions suivantes :

1° Dans ce cas, lesdites Compagnies ne paieront le prix du péage que pour le nombre de kilomètres réellement parcourus, un kilomètre entamé étant d'ailleurs considéré comme parcouru.

2° Dans le cas où le service des chemins de fer d'embranchement devrait être établi dans les gares de la Compagnie, la redevance à payer à ladite Compagnie sera réglée d'un commun accord entre les deux Compagnies intéressées, et, en cas de dissentiment, par voie d'arbitrage. — En cas de désaccord sur le principe ou l'exercice de

Celle des Compagnies qui sera dans le cas de se servir d'un matériel qui ne sera pas sa propriété payera une indemnité en rapport avec l'usage et la détérioration de ce matériel. Dans le cas où les Compagnies ne se mettraient pas d'accord sur la quotité de l'indemnité ou sur les moyens d'assurer la continuation du service sur toute la ligne, le Gouvernement y pourvoirait d'office et prescrirait toutes les mesures nécessaires.

La Compagnie pourra être assujettie, par les décrets qui seront ultérieurement rendus pour l'exploitation des chemins de fer de prolongement ou d'embranchement joignant celui qui lui est concédé, à accorder aux Compagnies de ces chemins une réduction de péage ainsi calculée :

1° Si le prolongement ou l'embranchement n'a pas plus de cent kilomètres, dix pour cent (10 0/0) du prix perçu par la Compagnie ;

2° Si le prolongement ou l'embranchement excède cent kilomètres, quinze pour cent (15 0/0) ;

3° Si le prolongement ou l'embranchement excède deux cents kilomètres, vingt pour cent (20 0/0) ;

4° Si le prolongement ou l'embranchement excède trois cents kilomètres, vingt-cinq pour cent (25 0/0).

Art. 62. — La Compagnie sera tenue de s'entendre avec tout propriétaire de mines ou d'usines qui, offrant de se soumettre aux conditions prescrites, demanderait un embranchement ; à défaut d'accord, le Gouvernement statuera sur la demande, la Compagnie entendue.

Les embranchements seront construits aux frais des propriétaires de mines et d'usines, et de manière à ce qu'il ne résulte de leur établissement aucune entrave à la circulation générale, aucune cause d'avarie pour le matériel, ni aucuns frais particuliers pour la Compagnie.

Leur entretien devra être fait avec soin aux frais de leurs propriétaires et sous le contrôle de l'Administration. La Compagnie aura le droit de faire surveiller par ses agents cet entretien ainsi que l'emploi de son matériel sur les embranchements.

l'usage commun des dites gares, il sera statué par le Ministre, les deux Compagnies entendues.

L'Administration pourra, à toutes époques, prescrire les modifications qui seraient jugées utiles dans la soudure, le tracé ou l'établissement de la voie des dits embranchements, et les changements seront opérés aux frais des propriétaires.

L'Administration pourra même, après avoir entendu les propriétaires, ordonner l'enlèvement temporaire des aiguilles de soudure, dans le cas où les établissements embranchés viendraient à suspendre en tout ou en partie leurs transports.

La Compagnie sera tenue d'envoyer ses wagons sur tous les embranchements autorisés, destinés à faire communiquer des établissements de mines ou d'usines avec la ligne principale du chemin de fer.

La Compagnie amènera ses wagons à l'entrée des embranchements.

Les expéditeurs ou destinataires feront conduire les wagons dans leurs établissements pour les charger ou décharger, et les ramèneront au point de jonction avec la ligne principale, le tout à leurs frais. Les wagons ne pourront, d'ailleurs, être employés qu'au transport d'objets et marchandises destinés à la ligne principale du chemin de fer.

Le temps pendant lequel les wagons séjourneront sur les embranchements particuliers ne pourra excéder six heures lorsque l'embranchement n'aura pas plus d'un kilomètre. Le temps sera augmenté d'une demi-heure par kilomètre en sus du premier, non compris les heures de la nuit, depuis le coucher jusqu'au lever du soleil.

Dans le cas où les limites de temps seraient dépassées nonobstant l'avertissement spécial donné par la Compagnie, elle pourra exiger une indemnité égale à la valeur du droit du loyer des wagons, pour chaque période de retard après l'avertissement.

Les traitements des gardiens d'aiguille et des barrières des embranchements autorisés par l'Administration seront à la charge des propriétaires des embranchements. Ces gardiens seront nommés et payés par la Compagnie, et les frais qui en résulteront lui seront remboursés par les dits propriétaires.

En cas de difficulté, il sera statué par l'Administration, la Compagnie entendue.

Les propriétaires d'embranchements seront responsables des avaries que le matériel pourrait éprouver pendant son parcours ou son séjour sur ces lignes.

Dans le cas d'inexécution d'une ou de plusieurs des conditions énoncées ci-dessus, le préfet pourra, sur la plainte de la Compagnie et après avoir entendu le propriétaire de l'embranchement, ordonner par un arrêté la suspension du service et faire supprimer la soudure, sauf recours à l'Administration supérieure et sans préjudice de tous les dommages-intérêts que la Compagnie serait en droit de répéter pour la non-exécution de ces conditions.

Pour indemniser la Compagnie de la fourniture et l'envoi de son matériel sur les embranchements, elle est autorisée à percevoir un prix fixe de douze centimes (0 fr. 12) par tonne pour le premier kilomètre, et, en outre, quatre centimes par tonne (0 fr. 04) et par kilomètre en sus du premier, lorsque la longueur de l'embranchement excédera un kilomètre.

Tout kilomètre entamé sera payé comme s'il avait été parcouru en entier.

Le chargement et le déchargement sur les embranchements s'opéreront aux frais des expéditeurs ou destinataires, soit qu'ils les fassent eux-mêmes, soit que la Compagnie du chemin de fer consente à les opérer.

Dans ce dernier cas, ces frais feront l'objet d'un règlement arrêté par l'Administration supérieure, sur la proposition de la Compagnie.

Tout wagon envoyé par la Compagnie sur un embranchement devra être payé comme wagon complet, lors même qu'il ne serait pas complètement chargé.

La surcharge, s'il y en a, sera payée, au prix du tarif légal et au prorata du poids réel. La Compagnie sera en droit de refuser les chargements qui dépasseraient le maximum de trois mille cinq cents kilogrammes déterminé en raison des dimensions actuelles des wagons. Le maximum sera revisé par l'Administration, de manière à être toujours en rapport avec la capacité des wagons.

Les wagons seront pesés à la station d'arrivée par les soins et aux frais de la Compagnie.

Art. 63. — La contribution foncière sera établie en raison de la surface des terrains occupés par le chemin de fer et ses dépendances ; la cote en sera calculée, comme pour les canaux, conformément à la loi du 25 avril 1803.

Les bâtiments et magasins dépendants de l'exploitation du chemin de fer seront assimilés aux propriétés bâties de la localité. Toutes les contributions auxquelles ces édifices pourront être soumis seront, aussi bien que la contribution foncière, à la charge de la Compagnie.

Art. 64. — Les agents et gardes que la Compagnie établira, soit pour la perception des droits, soit pour la surveillance et la police du chemin de fer et de ses dépendances, pourront être assermentés et seront, dans ce cas, assimilés aux gardes-champêtres.

Art. 65. — Un règlement d'administration publique désignera, la Compagnie entendue, les emplois dont la moitié devra être réservée aux anciens militaires de l'armée de terre et de mer libérés du service.

Art. 66. — Il sera institué près de la Compagnie un ou plusieurs inspecteurs ou commissaires, spécialement chargés de surveiller les opérations de la Compagnie, pour tout ce qui ne rentre pas dans les attributions des ingénieurs de l'État.

Art 67. — Les frais de visite, de surveillance et de réception des travaux et les frais de contrôle de l'exploitation seront supportés par la Compagnie. Ces frais comprendront le traitement des inspecteurs ou commissaires dont il a été question dans l'article précédent.

Afin de pourvoir à ces frais, la Compagnie sera tenue de verser chaque année à la caisse centrale du trésor public une somme de cent vingt francs par chaque kilomètre de chemin de fer concédé. Toutefois, cette somme sera réduite à cinquante francs par kilomètre pour les sections non encore livrées à l'exploitation.

Dans les dites sommes n'est pas comprise celle qui sera déterminée en exécution de l'article 58 ci-dessus, pour frais de contrôle du service télégraphique de la Compagnie par les agents de l'Etat.

Si la Compagnie ne verse pas les sommes ci-dessus réglées aux époques qui auront été fixées, le préfet rendra un rôle exécutoire, et le montant en sera recouvré comme en matière de contributions publiques.

Art. 68. — La Compagnie devra faire élection de domicile à Paris.

Dans le cas où elle ne l'aurait pas fait, toute notification ou signification à elle adressée sera valable lorsqu'elle sera faite au secrétariat général de la préfecture de la Seine.

Art. 69. — Les contestations qui s'élèveraient entre la Compagnie et l'Administration au sujet de l'exécution et de l'interprétation des clauses du présent cahier des charges, seront jugées administrativement par le Conseil de préfecture du département de la Seine, sauf recours au Conseil d'Etat.

Art. 70. — Le présent cahier des charges et la convention du 1er août 1857 ne seront passibles que du droit fixe d'un franc.

LOI DU 13 AVRIL 1898

Portant fixation du budget de l'exercice 1898.

Art. 87. — A partir du 1er mai 1898, tout décret portant concession d'un chemin de fer d'intérêt général ou d'un tramway à marchandises imposera au concessionnaire l'obligation d'étendre aux propriétaires ou concessionnaires de magasins généraux et aux concessionnaires de l'outillage public des ports maritimes ou de navigation intérieure, le droit d'embranchement reconnu aux propriétaires de mines et d'usines, dans les conditions stipulées à l'article 62 du cahier des charges des concessions de chemins de fer d'intérêt général annexé à la loi du 4 décembre 1875 et à l'article 61 du cahier des charges des concessions de tramways établis en exécution de la loi du 11 juin 1880.

VI. — FRAIS ACCESSOIRES

ARRÊTÉ MINISTÉRIEL DU 27 OCTOBRE 1900

Modifié par arrêtés des 21 décembre 1900 et 28 février 1903, concernant la fixation des frais accessoires sur les chemins de fer d'intérêt général.

Art. 1er. — Les frais accessoires d'enregistrement, de manutention, de pesage, de magasinage, etc., tant pour la grande que pour la petite vitesse, sont fixés ainsi qu'il suit, pour l'année 1901, sur les chemins de fer d'intérêt général :

TITRE I

Grande vitesse

CHAPITRE PREMIER. — *Bagages, articles de messagerie, marchandises, denrées, lait, finances, valeurs, objets d'art, chiens.*

Art. 2. — *Enregistrement.* — Il est perçu, pour l'enregistrement des bagages, articles de messagerie, marchandises, denrées, lait, finances, valeurs, objets d'art et chiens, un droit fixe de 0 fr. 10 par expédition.

Pour les expéditions empruntant plusieurs lignes concédées à des Compagnies différentes, ce droit est perçu seulement à la gare expéditrice.

Art. 3. — *Manutention.* — Il est perçu, pour la manutention (chargement et déchargement) des bagages, articles de messageries, marchandises, denrées et lait :

Un droit de 1 fr. 50 par tonne.

La perception a lieu par fraction indivisible de 10 kilogrammes.

Sont exempts de tout droit de manutention :

1° Les expéditions dont le poids ne dépasse pas 40 kilogrammes ;

2° Les articles taxés à la valeur ;

3° Les chiens.

Art. 4. — *Pesage*. — Il est perçu, pour toute marchandise qui, sur la demande de l'expéditeur ou du destinataire, serait soumise à un pesage en dehors de celui que les Compagnies doivent faire à leurs frais, au départ, pour établir la taxe :

Un droit de 0 fr. 10 par fraction indivisible de 100 kilogrammes et par chaque pesage supplémentaire.

Dans ce cas, les Compagnies doivent, sur la demande des intéressés, délivrer gratuitement un bulletin constatant le poids des marchandises pesées.

La taxe du pesage supplémentaire n'est pas exigible si ce pesage constate une erreur commise au préjudice de l'expéditeur ou du destinataire.

Art. 5. — *Comptage*. — Lorsque, sur la demande de l'expéditeur, il est procédé au comptage des pièces composant une expédition qui comporte plus de 50 pièces à la tonne et que le nombre des pièces expédiées est supérieur à 10, il est perçu une taxe fixe de 0 fr. 15 pour chaque groupe ou fraction de groupe de 20 pièces, avec minimum de 1 franc et maximum de 3 francs par wagon, quand il s'agit d'une expédition par wagon complet.

En aucun cas, il ne peut être réclamé de taxe de comptage, lorsque les colis portent chacun une marque et un numéro distinct mentionnés sur la déclaration d'expédition.

Art. 6. — *Magasinage*. — Lorsque les articles de messagerie, marchandises, denrées et lait adressés en gare ne sont pas enlevés pour quelque cause que ce soit dans les délais déterminés à l'article 31, il est perçu pour le magasinage :

Un droit fixé, par fraction indivisible de 100 kilogrammes, à :

0 fr.05 pour la première période de 24 heures ;

0 » 05 pour la deuxième période de 24 heures ;

0 » 05 pour la troisième période de 24 heures ;

0 » 10 pour chaque période de 24 heures en sus ;

Le même droit de magasinage est perçu par fraction indivisible de 1.000 francs et par 24 heures pour les articles à la valeur placés dans les mêmes conditions.

Dans les deux cas ci-dessus, le minimum de la perception est fixé à 0 fr. 10.

Les droits ci-dessus fixés sont également applicables aux articles de messagerie, marchandises, denrées, lait et articles à la valeur adressés à domicile et dont le destinataire serait absent ou inconnu, ou refuserait de prendre livraison à la condition qu'avis de ces circonstances sera adressé immédiatement par les Compagnies à l'expéditeur ou au cédant.

Dans ce cas, les frais de retour des colis à la gare sont à la charge de la marchandise.

Les chiens dont il n'est pas pris livraison à l'arrivée sont mis en fourrière, aux frais, risques et périls de qui de droit.

Les frais de fourrière sont acquittés sur justification des dépenses.

Art. 7. — *Dépôt des bagages*. — Il est perçu, pour la garde des bagages déposés dans les gares, sous la responsabilité des Compagnies, soit avant le départ, soit après l'arrivée des trains :

Un droit fixé, par article, à :

0 fr.05 pour la première période de 24 heures ;

0 » 05 pour la deuxième période de 24 heures ;

0 » 05 pour la troisième période de 24 heures ;

0 » 10 pour la quatrième période de 24 heures ;

0 » 15 pour la cinquième période de 24 heures ;

0 » 20 pour chaque période de 24 heures en sus des précédentes.

En ce qui concerne les objets énumérés ci-après : glaces et pianos ; petites voitures, telles que voitures d'enfants et de malades, voitures de marchands ambulants, brouettes, petits chariots et fauteuils roulants ; bicyclettes, tandems, tricycles, voitures automobiles ; machines et mécaniques, telles que machines à coudre, meules à aiguiser, appareils de chauffage, appareils distillatoires, tours et autres machines-outils ; emballages vides non démontés ; échelles et pièces de bois ou de fer de plus de 2 mètres de longueur ; denrées non emballées ; pots de fleurs, arbres et arbustes ; les taxes inscrites au tableau sont doublées lorsque ces objets restent à la consigne après avoir été transportés comme bagages, ou lorsqu'ils y ont été déposés par une personne qui, au moment du retrait, présentera un billet de place ou une carte équivalente. Elles sont quadruplées lorsque le déposant ne présente pas cette pièce justificative.

Dans tous les cas, le minimum de la perception est fixé à 0 fr. 10.

La Compagnie peut refuser le dépôt des objets dont la longueur dépasse les dimensions du matériel.

Le dépôt, avant le départ, est constaté par la délivrance d'un bulletin ; le dépôt, après l'arrivée, est constaté, soit par la délivrance d'un bulletin, soit par la conservation, entre les mains du voyageur, du bulletin délivré au départ.

Dans ce dernier cas, l'heure d'entrée des bagages au dépôt est constatée par les registres de la Compagnie.

Les Compagnies peuvent être autorisées, sur leur demande, à étendre la taxe et les dispositions ci-dessus à leurs bureaux d'omnibus placés dans l'intérieur des villes. Les autorisations précédemment accordées sont maintenues.

Sont exempts de droit de garde ou de dépôt les bagages des voyageurs forcés de s'arrêter dans les gares de bifurcation pour attendre le départ du premier train qui doit les conduire à destination.

Lorsque l'encombrement des magasins affectés au dépôt des bagages dans une gare a été constaté par le Commissaire de surveillance administrative, la Compagnie est autorisée à faire camionner d'office (1) tout bagage qui ne serait pas retiré dans le délai déterminé ci-après :

Trois jours pour les gares de Paris, cinq jours pour les gares désignées par le Ministre des travaux publics, huit jours pour les autres gares.

Ce délai commence à courir :

(1) Les modèles de bulletin de bagage et de bulletin de consigne devront être modifiés de manière à mentionner la disposition concernant le camionnage d'office.

Pour les bagages accompagnés ou non, qui n'ont pas été retirés à l'arrivée du train, à dater du lendemain de cette arrivée.

Pour les colis mis à la consigne au départ, à dater du jour de dépôt.

Le camionnage est fait au domicile indiqué sur les bagages et colis, si ceux-ci portent l'indication d'une adresse privée dans la localité, et dans un magasin public, dans le cas contraire.

Les frais de camionnage sont calculés d'après les tarifs fixés par le Ministre (*Décret du 11 août* 1902).

CHAPITRE II. — *Voitures, pompes funèbres, animaux.*

Art. 8. — *Enregistrement.* — Il est perçu, pour l'enregistrement des voitures, des cercueils et des animaux :

Un droit fixe de 0 fr. 10 par expédition.

Pour les voitures, cercueils et animaux empruntant plusieurs lignes concédées à des Compagnies différentes, ce droit est perçu seulement à la gare expéditrice.

Art. 9. — *Manutention.* — Il est perçu, pour la manutention (chargement et déchargement) des voitures, des cercueils et des animaux, les droits ci-après :

Voitures. . . . . 2 fr.   par pièce.

Cercueils. . . . . 2 »   —

Bœufs, vaches, taureaux, chevaux, mulets, ânes, poulains, bêtes de trait, biches, cerfs et daims . . . . 1 »   par tête.

Veaux, porcs et chevreuils. . . . . 0 » 40   —

Moutons, brebis, agneaux et chèvres. . . 0 » 20   —

Art. 10. — *Magasinage.* — Lorsque les voitures ne sont pas enlevées, pour quelque cause que ce soit, dans les délais déterminés à l'article 31, il est perçu pour le stationnement :

Un droit fixe de 1 franc par voiture et par 24 heures.

En cas de non-enlèvement des cercueils, il sera perçu, à partir de l'arrivée :

Un droit de 5 francs par cercueil et par 24 heures.

Les animaux dont il n'est pas pris livraison à l'arrivée sont mis en fourrière, aux frais, risques et périls de qui de droit.

Les frais de fourrière sont acquittés sur justification des dépenses.

Art. 11. — Les animaux en caisses, en cages ou en paniers, transportés et taxés au poids conformément aux dispositions des tarifs homologués, sont soumis, en ce qui concerne les frais accessoires, aux mêmes prix et conditions que les articles de messagerie et marchandises à grande vitesse.

TITRE II

Petite vitesse.

CHAPITRE PREMIER. — *Marchandises.*

Art. 12. — *Enregistrement.* — Il est perçu pour l'enregistrement des marchandises :

Un droit fixe de 0 fr. 10 par expédition.

Pour les marchandises empruntant plusieurs lignes concédées à des Compagnies différentes, ce droit sera perçu seulement à la gare expéditrice.

Art. 13. — *Manutention.* — Il est perçu, pour la manutention des marchandises de toute nature, les droits suivants :

1 fr. 50 par tonne pour les marchandises transportées sans condition de tonnage ;

1 franc par tonne pour les marchandises transportées par expédition de 4.000 kilogrammes et au-dessus ou par wagon complet, quel que soit le tarif appliqué, sauf stipulation contraire dans les tarifs spéciaux dûment homologués.

La perception a lieu par fraction indivisible de 10 kilogrammes.

Ces droits se décomposent ainsi :

Pour les marchandises transportées sans conditions de tonnage :

Prix par tonne, applicables par fractions indivisibles de 10 kilos.

1° Frais de chargement au départ.	0 fr. 40
2° Frais de déchargement à l'arrivée.	0 » 40
3° Frais de gare au départ	0 » 35
4° Frais de gare à l'arrivée.	0 » 35

Pour les marchandises transportées par expédition de 4.000 kilogrammes et au-dessus ou par wagon complet :

Prix par tonne, applicable par fractions indivisibles de 10 kilos.

1° Frais de chargement au départ. . . . . 0 fr. 30
2° Frais de déchargement à l'arrivée. . . . . 0 » 30
3° Frais de gare au départ . . . . 0 » 20
4° Frais de gare à l'arrivée . . . . 0 » 20

Les droits de manutention ci-dessus fixés sont appliqués quel que soit le mode employé pour le chargement et le déchargement (main d'homme, grue, couloir, plateau, bascules, etc.).

Pour les marchandises transportées par expédition de 4.000 kilogrammes et au-dessus ou par wagon complet, et lorsque le chargement ou le déchargement de ces marchandises sont laissés par les tarifs aux soins des expéditeurs et des destinataires, il est déduit des frais de manutention :

0 fr. 30 par tonne pour chaque opération de chargement ou de déchargement.

Les droits de gare sont dus dans tous les cas. Ces droits sont perçus, pour les marchandises en provenance ou à destination des embranchements particuliers, savoir :

0 fr. 20 à la première gare de départ située sur la ligne principale ou *vice versa*;

0 fr. 20 à la gare destinataire ou *vice versa*.

Sont exemptes de tout droit de chargement, de déchargement et de gare, les expéditions dont le poids ne dépasse pas 40 kilogrammes.

Art. 14. — *Location au public des grues et appareils de levage.* — Lorsque le chargement ou le déchargement d'une marchandise est effectué par l'expéditeur ou le destinataire, la Compagnie doit, dans les gares où il existe des appareils de levage d'une force suffisante et lorsqu'ils ne sont pas occupés par son propre service ou en réparation, les mettre à la disposition des intéressés, sur leur demande, moyennant les taxes ci-après :

1° Appareils manœuvrés à bras, sans le concours des agents de la Compagnie : 0 fr. 15 par tonne et par opération de chargement ou de déchargement, avec minimum de perception de 0 fr. 25 par demi-heure indivisible ;

2° Appareils à moteur mécanique : 0 fr. 30 par tonne et par opération, avec minimum de perception de 1 franc par demi-heure indivisible. Ces prix comprennent le salaire du mécanicien et la fourniture de la force motrice nécessaire au fonctionnement de la grue.

Le temps consacré à la manœuvre des wagons n'est pas compté dans la supputation du délai servant au calcul du minimum de perception.

Les appareils ne sont mis à la disposition des expéditeurs et des destinataires que sous la condition formelle que la manutention aura lieu par leurs soins et à leurs frais, risques et périls, dans les conditions du droit commun.

Art. 15. — *Transmission et transbordement.* — Il est perçu aux gares de jonction d'un chemin de fer avec un autre chemin de fer concédé à une Compagnie différente et avec lequel l'échange du matériel est possible, un droit de 0 fr. 40 par tonne, applicable par fraction indivisible de 10 kilogrammes et à partager par moitié entre les deux Compagnies, pour les marchandises transitant d'une ligne sur une autre. Ce droit n'est pas dû aux points de jonction des embranchements particuliers.

Lorsque la transmission se fait entre deux lignes entre lesquelles l'échange du matériel est impossible, il est perçu, au lieu du droit de 0 fr. 40 indiqué, un droit de 0 fr. 70 par tonne, applicable par fraction indivisible de 10 kilogrammes, à partager comme suit :

0 fr. 40 de frais de gare à partager entre les deux Compagnies ;

0 fr. 30 pour la Compagnie qui effectue les opérations du transbordement.

A moins de dispositions contraires dans les actes de concession, il n'est perçu aucun droit de transbordement aux points de jonction de lignes entre lesquelles l'échange du matériel est impossible, lorsque ces lignes sont exploitées par une même Compagnie ou un même concessionnaire.

Sont exemptes de tous frais de transmission ou de transbordement les expéditions dont le poids ne dépasse pas 40 kilogrammes.

Aux droits de transmission et de transbordement fixés au présent article, il n'est rien ajouté pour les frais de manutention prévus à l'article 13, qui ne peuvent entrer en compte qu'une seule fois, savoir : les frais de chargement et de gare pour les opérations effectuées à l'expédition primitive, les frais de déchargement et de gare pour les opérations effectuées à l'arrivée définitive.

Art. 16. — *Pesage*. — Il est perçu, pour toute marchandise qui, sur la demande de l'expéditeur ou du destinataire, serait soumise à un pesage en dehors de celui que les Compagnies doivent faire à leurs frais, au départ, pour établir la taxe : un droit de 0 fr. 10 par fraction indivisible de 100 kilogrammes et par chaque pesage supplémentaire.

Lorsque le pesage a lieu par camion ou voiture ou par wagon complet passé à la bascule, ce droit est de :

0 fr. 30 par tonne indivisible, avec un minimum de 0 fr. 75 et un maximum de 2 francs par voiture ou camion ; un minimum de 1 franc par wagon et un maximum de 2 francs par wagon de 10 tonnes et au-dessous, de 3 francs par wagon de plus de 10 tonnes.

Dans ce cas, les Compagnies doivent, sur la demande des intéressés, délivrer gratuitement un bulletin constatant le poids des marchandises pesées.

La taxe du pesage supplémentaire n'est pas exigible si ce pesage constate une erreur commise au préjudice de l'expéditeur ou du destinataire.

Art. 17. — *Comptage*. — Lorsque, sur la demande de l'expéditeur, il est procédé au comptage des pièces composant une expédition qui comporte plus de 20 pièces à la tonne et que le nombre des pièces expédiées est supérieur à 10, il est perçu une taxe fixe de 0 fr. 15 pour chaque groupe ou fraction de groupe de 20 pièces, avec minimum de 1 franc et maximum de 3 francs par wagon, quand il s'agit d'une expédition par wagon complet.

En aucun cas, il ne peut être réclamé de taxe de comptage lorsque les colis portent chacun une marque et un numéro distinct mentionnés sur la déclaration d'expédition.

Art. 18. — *Magasinage.* — Lorsque les marchandises adressées en gare ne sont pas enlevées, pour quelque cause que ce soit, dans les délais déterminés par l'article 31, il est perçu, pour le magasinage, un droit fixé, par fraction indivisible de 100 kilogrammes, à :

0 fr. 05 pour la première période de 24 heures ;

0 » 05 pour la deuxième période de 24 heures ;

0 » 05 pour la troisième période de 24 heures ;

0 » 10 pour la quatrième période de 24 heures ;

0 » 15 pour la cinquième période de 24 heures ;

0 » 20 pour chaque période de 24 heures en sus des précédentes.

Dans tous les cas, le minimum de perception est fixé à 0 fr. 10.

Les droits ci-dessus fixés sont également applicables aux marchandises adressées à domicile et dont le destinataire serait absent ou inconnu, ou refuserait de prendre livraison à la condition qu'avis de ces circonstances sera adressé immédiatement par les Compagnies à l'expéditeur ou au cédant.

Dans ce cas, les frais de retour des colis à la gare sont à la charge de la marchandise.

Les mêmes droits de magasinage seront perçus au départ et dès l'expiration des 24 heures qui suivront la remise en gare, pour les marchandises que les Compagnies consentiraient, sur la demande de l'expéditeur, à conserver sur leurs quais ou dans leurs magasins au delà de ce délai, les Compagnies n'étant tenues d'ailleurs d'accepter que les marchandises prêtes à être expédiées.

CHAPITRE II. — *Voitures, animaux.*

Art. 19. — *Enregistrement.* — Il est perçu, pour l'enregistrement des voitures et des animaux :

Un droit fixe de 0 fr. 10 par expédition.

Pour les voitures et les animaux empruntant plusieurs lignes concédées à des Compagnies différentes, ce droit sera seulement perçu à la gare expéditrice.

Art. 20. — *Manutention.* — Il est perçu, pour la manutention des voitures et animaux, les droits ci-après :

Voitures. . . . . 2 fr.   par pièce.

Bœufs, vaches, taureaux, chevaux, mulets, ânes, poulains, bêtes de trait, biches, cerfs et daims. . . . . 1 fr.   par tête.

Veaux, porcs et chevreuils . . . . 0 » 40   —

Moutons, brebis, agneaux et chèvres. . . 0 » 20   —

Ces droits se décomposent ainsi :

Voitures.

Frais de chargement au départ . . . . . 1 fr.   par pièce.

Frais de déchargement à l'arrivée. . . . 1 »   —

Bœufs, vaches, etc.

Frais de chargement au départ. . . . . . 0 fr. 50 par tête.

Frais de déchargement à l'arrivée . . . . 0 » 50   —

Veaux, porcs, chevreuils.

Frais de chargement au départ . . . . . 0 fr. 20 par tête.

Frais de déchargement à l'arrivée . . . . 0 » 20   —

Moutons, brebis, etc.

Frais de chargement au départ . . . . . 0 fr. 10 par tête.

Frais de déchargement à l'arrivée . . . . 0 » 10   —

Le chargement et le déchargement des animaux dangereux, pour lesquels des règlements de police prescriraient des précautions spéciales, sont effectués par les soins et aux frais des expéditeurs ou des destinataires. Il n'est rien perçu pour cette double opération.

Les voitures et les animaux ne sont soumis à aucun droit de gare.

Art. 21. — *Transmission.* — Il est perçu aux gares de jonction d'un chemin de fer avec un autre chemin de fer concédé à une Administration différente avec lequel l'échange du matériel est possible, les droits ci-après, à partager par moitié entre les deux Administrations :

Voitures. . . . . 1 fr.　　par pièce.

Bœufs, vaches, chevaux, etc. . . . . 0 » 40 par tête.

Veaux, porcs et chevreuils . . . . 0 » 20　　—

Moutons, brebis, agneaux et chèvres. . . 0 » 10　　—

Aux droits de transmission ainsi fixés, il n'est rien ajouté pour les frais de manutention (chargement et déchargement) dans les gares de jonction.

Toutefois, lorsque la transmission se fait entre deux lignes entre lesquelles l'échange du matériel est impossible, il est perçu, pour le transbordement, les frais de chargement et de déchargement fixés à l'article précédent, sans qu'aucun droit de transmission y soit ajouté.

Le transbordement des animaux dangereux est effectué par les soins et aux frais des intéressés et il n'est rien perçu pour cette opération. Mais en cas de transmission sans transbordement d'un réseau à un autre, il est perçu 0 fr. 40 par tête d'animal pour frais de transmission.

Art. 22. — *Magasinage.* — Il est perçu, pour le stationnement des voitures qui ne sont pas enlevées, pour quelque cause que ce soit, dans les délais déterminés à l'article 31 :

Un droit de 1 franc par voiture et par 24 heures.

Les animaux dont il n'est pas pris livraison à l'arrivée sont mis en fourrière aux frais, risques et périls de qui de droit.

Les frais de fourrière sont acquittés sur justification des dépenses.

Art. 23. — Les animaux en caisses, en cages ou paniers, transportés et taxés au poids conformément aux dispositions des tarifs homologués, sont soumis, en ce qui concerne les frais accessoires, aux mêmes prix et conditions que les marchandises à petite vitesse.

CHAPITRE III. — *Matériel roulant.*

Art. 24. — *Enregistrement.* — Il est perçu, pour l'enregistrement du matériel roulant:

Un droit fixe de 0 fr. 10 par expédition.

Pour le matériel roulant empruntant plusieurs lignes concédées à des Compagnies différentes, ce droit sera perçu seulement à la gare expéditrice.

Art. 25. — *Manutention.* — Au départ, le matériel roulant est déchargé des chariots qui l'ont apporté aux gares de chemins de fer et placé sur les rails; à l'arrivée, il est chargé sur les chariots qui doivent l'emporter; le tout par les soins, aux frais, risques et périls des expéditeurs et des destinataires, et il n'est rien perçu pour cette double opération, ni pour les opérations de gare.

Art. 26. — *Pesage.* — Il est perçu, pour le matériel roulant qui, sur la demande de l'expéditeur ou du destinataire, serait soumis à un pesage en dehors de celui que les Compagnies doivent faire à leurs frais, au départ, pour établir la taxe, les droits ci-après, par véhicule et par chaque pesage supplémentaire :

    Pour les wagons et chariots. . . . . . . 1 fr. 50

    Pour les locomotives et tenders. . . . . . 3 »

Dans ce cas, les Compagnies doivent, sur la demande des intéressés, délivrer gratuitement un bulletin constatant le poids du matériel pesé.

La taxe du pesage supplémentaire n'est pas exigible si ce pesage constate une erreur commise au préjudice de l'expéditeur ou du destinataire.

Art. 27. — *Magasinage.* — Il est perçu, pour le stationnement des wagons, chariots, locomotives et tenders qui ne sont pas enlevés, pour quelque cause que ce soit, dans les délais déterminés à l'article 31, un droit de 5 francs par véhicule et par 24 heures.

Chapitre IV. — *Chargement, déchargement et stationnement des wagons dont la manutention est faite par les particuliers.*

Art. 28. — *Chargement des wagons.* — Le chargement des wagons doit être complètement effectué dans le courant de la journée où ils ont été mis à la disposition de l'expéditeur, pourvu que l'avis ait été adressé à l'intéressé de façon à lui être parvenu la veille avant six heures du soir et que les wagons aient été mis à sa disposition dès l'heure réglementaire de l'ouverture de la gare. Quand l'une ou l'autre de ces conditions n'a pas été remplie, le délai assigné à l'expéditeur pour le chargement est augmenté de 24 heures.

Passé les délais ci-dessus, il est perçu un droit de stationnement par wagon, entamé ou non entamé, quelle qu'en soit la contenance, et par jour de retard, fixé à :

10 francs par wagon pour chacune des trois premières périodes de 24 heures ;

12 francs par wagon pour chaque période de 24 heures en sus des trois premières.

Toutefois, si le nombre des wagons remis un même jour à l'expéditeur dépasse le chiffre maximum figurant dans les demandes formulées pour une des cinq journées précédentes, le délai de chargement ne peut commencer à courir, chaque jour, que pour un nombre de wagons égal à ce maximum, et le droit de stationnement n'est perçu que sur la différence entre ce nombre et celui des wagons chargés. L'excédent est supposé remis le lendemain pour le calcul des délais de chargement et des taxes de stationnement, sauf nouveau report si le maximum afférent au lendemain se trouvait ainsi dépassé.

Art. 29. — *Déchargement des wagons.* — La Compagnie est tenue de mettre les wagons à la disposition des destinataires au plus tard le lendemain de l'envoi de la lettre d'avis, à l'heure réglementaire d'ouverture de la gare.

Les wagons doivent être complètement déchargés dans le courant de la journée où ils ont été mis à la disposition du destinataire, pourvu que l'avis ait été adressé à l'intéressé de façon à lui parvenir la veille avant six heures du soir. Dans le cas contraire, le délai assigné au destinataire pour le déchargement est augmenté de 24 heures.

Lorsque le nombre des wagons annoncés par des avis du même jour est de plus de dix, le destinataire n'est tenu d'opérer dans la même journée que le déchargement de dix wagons ; il a un jour de plus pour le déchargement du surplus des wagons, quel qu'en soit le nombre, à moins que l'expédition complète n'ait été faite simultanément à la demande de l'expéditeur ou du destinataire. Passé les délais ci-dessus, les Compagnies peuvent ou faire le déchargement et percevoir pour cette opération 0 fr. 30 par tonne, sans préjudice des droits ordinaires de magasinage pour les marchandises déchargées, ou laisser les marchandises sur les wagons, en percevant, à l'expiration des délais, un droit de stationnement par wagon, quelle qu'en soit la contenance, et par jour de retard, fixé à :

10 francs par wagon pour chacune des trois premières périodes de 24 heures ;

12 francs par wagon pour chaque période de 24 heures en sus des trois premières.

Art. 30. — *Wagons appartenant à des particuliers.* — Les mêmes règles sont applicables au chargement et au déchargement des wagons appartenant à des particuliers.

Toutefois les droits de stationnement sont réduits à :

5 francs par wagon pour chacune des trois premières périodes de 24 heures.

6 francs par wagon pour chaque période de 24 heures en sus des trois premières.

TITRE III

Dispositions communes.

Art. 31. — *Délais de livraison et d'enlèvement des marchandises.* — La Compagnie est tenue de mettre les articles de messagerie, marchandises, denrées, finances, voitures, pompes funèbres, animaux, matériel roulant, etc., adressés en gare, à la disposition du destinataire au plus tard le lendemain de l'envoi de l'avis d'arrivée, à l'heure réglementaire d'ouverture de la gare.

Les marchandises doivent être enlevées dans le courant de la journée où elles ont été mises à la disposition du destinataire, pourvu que l'avis ait été adressé à l'intéressé de façon à lui parvenir la veille avant six heures du soir pour les transports par wagons dont la manutention est faite par les particuliers, et avant midi, pour les expéditions partielles et les chargements complets manutentionnés par la Compagnie. Dans le cas contraire, le délai assigné au destinataire pour l'enlèvement est augmenté de 24 heures.

Les dispositions du présent article ne portent pas atteinte à l'obligation qui incombe à la Compagnie de tenir les marchandises à la disposition du destinataire à l'expiration du délai qui lui est imparti pour le transport par le cahier des charges et par les actes intervenus pour son exécution.

Art. 32. — *Envoi des avis d'arrivée des marchandises.* — L'avis adressé au destinataire pour faire courir le délai d'enlèvement fixé par l'article 31 peut être donné, au choix de la Compagnie, soit par la poste, soit par le télégraphe, soit par téléphone, soit par message téléphoné, soit par exprès, sans que les frais qui sont à la charge du destinataire dépassent en aucun cas 0 fr. 15. Toutefois, si le destinataire a réclamé l'emploi d'un télégramme, d'un message téléphoné ou d'une lettre recommandée, en s'engageant à supporter le surcroît de taxe correspondant, cet emploi est obligatoire pour la Compagnie.

En cas d'avis téléphonique, les communications faites par la Compagnie sont constatées par l'inscription sur un registre spécial tenu par elle. Ce registre mentionne le nom de l'abonné interpellé et celui de la personne qui a répondu à l'appel, ainsi que le jour, l'heure et l'objet de la communication. Il est coté et paraphé par le commissaire de surveillance administrative des chemins de fer et soumis aux vérifications du contrôle.

Conformément à l'article 31, si l'avis n'est pas adressé à l'intéressé de façon à lui parvenir avant midi ou six heures, les délais sont prolongés de 24 heures. Le jour et l'heure où l'avis a dû parvenir sont déterminés par l'heure de la remise à la poste pour les lettres, de la remise au télégraphe pour les télégrammes, de la communication avec la cabine téléphonique pour les messages téléphonés. En cas d'envoi par exprès, la remise de l'avis est constatée par un émargement que le destinataire est tenu de donner.

Art. 33. — *Avis concernant les manutentions à faire par les particuliers.* — Les règles énoncées à l'article précédent pour l'envoi des avis d'arrivée des marchandises sont applicables aux avis à donner par la Compagnie à l'expéditeur ou au destinataire pour le chargement et le déchargement des wagons.

Art. 34. — *Avis de souffrance à adresser à l'expéditeur*. — La Compagnie ne peut percevoir les majorations de taxes pour magasinage ou stationnement prolongé qu'à charge, par la gare destinataire, d'aviser directement l'expéditeur le jour où commence la majoration.

A défaut d'envoi de cet avis, la taxe de 0 fr. 05 par 100 kilogrammes et par jour, ou celle de 10 francs par wagon et par jour, restent seules applicables. L'envoi de la lettre d'avis à l'expéditeur donne lieu à la perception d'une taxe de 0 fr. 15.

Art. 35. — *Camionnage d'office*. — Les Compagnies sont autorisées à faire camionner d'office toute marchandise adressée en gare qui ne serait pas enlevée dans un délai de quarante-huit heures, à dater de l'expiration du délai imparti pour son enlèvement par les arrêtés ministériels en vigueur.

Le camionnage est fait au domicile du destinataire, s'il est connu, et dans un magasin public, dans le cas contraire.

Les frais de camionnage sont calculés d'après les tarifs fixés par le Ministre des travaux publics (Décret du 11 août 1902).

Art. 36. — *Jours fériés*. — Les dimanches et jours fériés ne sont pas comptés dans la supputation des délais fixés pour la mise à la disposition des destinataires et pour l'enlèvement des marchandises, animaux et objets divers ou pour le chargement et le déchargement des wagons.

Art. 37. — *Désinfection des wagons*. — Il est perçu, à titre de frais de désinfection, lorsque cette désinfection est prescrite par les règlements, les taxes ci-après :

0 fr. 40 par cheval, poulain, âne, mulet ;

0 fr. 30 par bœuf, taureau, vache, biche, cerf, daim ;

0 fr. 15 par veau, porc ou chevreuil ;

0 fr. 05 par mouton, agneau, brebis, chèvre.

Toutefois, pour les transports d'un même expéditeur, la taxe ne peut dépasser 2 francs par wagon à un seul plancher et 3 francs par wagon à deux planchers.

La taxe de 2 francs par wagon à un seul plancher et de 3 francs par wagon à deux planchers est perçue lorsque, sur la demande de l'expéditeur, un wagon est spécialement affecté à ces animaux, quel qu'en soit le nombre.

Une taxe de 2 francs par wagon est due pour la désinfection des wagons ayant servi au transport des matières infectes dans les cas où la désinfection est prescrite par les règlements.

Quel que soit le nombre des Compagnies qui concourent au transport, la taxe n'est perçue qu'une seule fois, à moins qu'il n'y ait transbordement ; le transbordement ne peut être imposé aux expéditeurs qu'aux gares frontières et aux gares de jonction de deux lignes entre lesquelles l'échange du matériel est impossible.

Les taxes ci-dessus déterminées sont également dues quand les animaux énumérés au paragraphe 1er sont transportés en caisses, en cages ou en paniers.

Art. 38. — Les dispositions qui précèdent ne font pas obstacle à l'application de prix et conditions plus avantageux pour le public en vertu de tarifs homologués ou qui le seraient ultérieurement.

Art. 39. — Le présent arrêté sera notifié aux Compagnies de chemins de fer.

Il sera publié et affiché pendant un mois avant sa mise en vigueur.

Les préfets, les fonctionnaires et agents du contrôle sont chargés d'en surveiller l'exécution.

VII. — TRANSPORTS

CODE CIVIL

Des voituriers par terre et par eau.

Art. 1782. — Les voituriers par terre et par eau sont assujettis pour la garde et la conservation des choses qui leur sont confiées, aux mêmes obligations que les aubergistes dont il est parlé au titre du Dépôt et du Séquestre.

Art. 1783. — Ils répondent non seulement de ce qu'ils ont déjà reçu dans leur bâtiment ou voiture, mais encore de ce qui leur a été remis sur le port ou dans l'entrepôt pour être placé dans leur bâtiment ou voiture.

Art. 1784. — Ils sont responsables de la perte et des avaries des choses qui leur sont confiées, à moins qu'ils ne prouvent qu'elles ont été perdues et avariées par cas fortuit ou force majeure.

Art. 1785. — Les entrepreneurs de voitures publiques par terre et par eau et ceux des roulages publics doivent tenir registre de l'argent, des effets et des paquets dont ils se chargent.

Art. 1786. — Les entrepreneurs et directeurs de voitures et roulages publics, les maîtres de barques et navires sont en outre assujettis à des règlements particuliers qui font la loi entre eux et les autres citoyens.

Des privilèges sur certains meubles.

Art. 2102. — Les créances privilégiées sur certains meubles sont:

. . . .

6° Les frais de voiture et les dépenses accessoires sur la chose voiturée.

CODE DE COMMERCE

Du voiturier.

Art. 103. — Le voiturier est garant de la perte des objets à transporter, hors les cas de la force majeure. Il est garant des avaries autres que celles qui proviennent du vice propre de la chose ou de la force majeure.

Art. 104. — Si, par l'effet de la force majeure, le transport n'est pas effectué dans le délai convenu, il n'y a pas lieu à indemnité contre le voiturier pour cause de retard.

Art. 105. — La réception des objets transportés et le paiement du prix de la voiture éteignent toute action contre le voiturier pour avarie ou perte partielle, si dans les trois jours, non compris les jours fériés, qui suivent celui de cette réception et de ce paiement, le destinataire n'a pas notifié au voiturier par acte extrajudiciaire ou par lettre recommandée sa protestation motivée. Toutes stipulations contraires sont nulles et de nul effet. Cette dernière disposition n'est pas applicable aux transports internationaux.

Art. 106. — En cas de refus ou contestation pour la réception des objets transportés, leur état est vérifié et constaté par des experts nommés par le président du tribunal de commerce ou, à son défaut, par le juge de paix, et par ordonnance au pied d'une requête. Le dépôt ou séquestre, et ensuite le transport dans un dépôt public peut en être ordonné. La vente peut en être ordonnée en faveur du voiturier, jusqu'à concurrence du prix de la voiture.

Art. 107. — Les dispositions contenues dans le présent titre sont communes aux maîtres de bateaux, entrepreneurs de diligences et voitures publiques.

Art. 108. — Les actions pour avaries, pertes ou retard, auxquelles peut donner lieu contre le voiturier le contrat de transport, sont prescrites dans le délai d'un an, sans préjudice des cas de fraude ou d'infidélité. Toutes les autres actions auxquelles ce contrat peut donner lieu, tant contre le voiturier ou le commissionnaire que contre l'expéditeur ou le destinataire,aussi bien que celles qui naissent des dispositions de l'article 541 du Code de procédure civile, sont prescrites dans le délai de cinq ans. — Le délai de ces prescriptions est compté, dans le cas de perte totale, du jour où la remise de la marchandise aurait dû être effectuée, et,dans tous les autres cas, du jour où la marchandise aura été remise ou offerte au destinataire.— Le délai pour intenter chaque action récursoire, est d'un mois. Cette prescription ne court que du jour de l'exercice de l'action contre le garanti. — Dans le cas de transports faits pour le compte de l'Etat, la prescription ne commence à courir que du jour de la notification de la décision ministérielle emportant liquidation ou ordonnancement définitif.

LOI DU 6-22 AOUT 1791

Sur les douanes.

TITRE II

Art. 1er. — Toutes les marchandises et denrées importées dans le Royaume seront conduites directement au premier bureau d'entrée de la frontière, à peine de confiscation et de 100 livres d'amende.

Art. 8. — Les voituriers ou conducteurs de marchandises entrant et sortant par terre seront tenus, sous les peines portées par l'article 1er au présent titre, de faire, à leur arrivée dans les lieux où les bureaux sont établis, déclaration sur le registre du bureau ou d'en présenter une signée des marchands ou propriétaires des marchandises ou de leurs facteurs, laquelle déclaration demeurera au bureau et sera transcrite sur le registre par les préposés de la Régie, et signée par les dits voituriers ou conducteurs ; et dans le cas où ils ne sauraient signer, il en sera fait mention sur le registre.

Art. 9. — Les déclarations contiendront la qualité, le poids, la mesure ou le nombre des marchandises qui devront les droits au poids, à la mesure ou au nombre, et la valeur lorsque les marchandises devront les droits suivant leur valeur. Elles énonceront également le lieu du chargement, celui de la destination, et, dans les ports, le nom du navire et celui du capitaine ; les marques et numéros des ballots, caisses, tonneaux et futailles seront mis en marge des déclarations.

Art. 29. — Les messagers et conducteurs de voitures publiques seront soumis, pour les objets dont leurs voitures se trouveront chargées, aux formalités ordonnées par le présent titre.

En cas de contravention ou de fraude, la confiscation des marchandises sera prononcée contre eux, ainsi que l'amende dont les propriétaires, fermiers ou régisseurs desdites voitures seront responsables ; néanmoins, la condamnation en l'amende n'aura pas lieu lorsque les objets seront portés sur la feuille qui doit être représentée pour servir à la déclaration. Dans aucun cas, les voitures et chevaux appartenant aux fermiers ou régisseurs des messageries ne pourront être saisis.

LOI DU 28 AVRIL-4 MAI 1816

Sur les douanes.

TITRE IV

Art. 25. — Les négociants, voituriers et autres qui feront entrer des marchandises dans le Royaume par les frontières de terre seront tenus, en les déclarant au premier bureau d'entrée, d'ajouter aux détails que doit présenter leur déclaration, d'après l'article 9 du titre 2 de la loi du 22 août 1791, le nom, l'état ou profession et domicile de la personne à qui les marchandises seront adressées.

Art. 26. — Aucune desdites marchandises ne pourra être retirée du premier bureau d'entrée qu'après qu'elle y aura été déclarée en détail ; que la vérification aura été faite sous la responsabilité personnelle des employés chargés d'y procéder et des chefs de bureau ; que les détails et les résultats de la visite auront été constatés sur des registres spéciaux ; que les droits auront été portés en recette et que le conducteur sera muni de l'expédition nécessaire pour circuler.

Art. 32. — Les marchandises qu'on voudra retirer des bureaux après y avoir rempli les formalités prescrites pour leur introduction par terre dans le Royaume, ne pourront être rechargées que dans l'emplacement affecté à cette opération dans la douane, ou dans les cours et dépendances du bureau et sous la surveillance des préposés. Les acquits de paiement ou autres expéditions ne seront remis aux intéressés qu'au moment du départ des marchandises, lequel sera constaté par un visa des préposés de service près du bureau.

IX. — CONTRIBUTIONS INDIRECTES

LOI DU 21 JUIN 1873

Sur les contributions indirectes.

Art. 13. — Les transporteurs ne seront pas considérés, eux et leurs préposés ou agents comme contrevenants, lorsque par une désignation exacte et régulière de leurs commettants, ils mettront l'Administration en mesure d'exercer des poursuites contre les véritables auteurs de la fraude.

X. — TIMBRE ET ENREGISTREMENT

LOI DU 13 MAI 1863

Portant fixation du budget de l'exercice 1863.

Art. 10. — A partir du 1er juillet prochain, est réduit à vingt centimes, le droit de timbre des récépissés (1) que les Compagnies de chemins de fer sont tenues de délivrer aux expéditeurs lorsque ces derniers ne demandent pas de lettres de voiture.

Le récépissé énoncera la nature, le poids et la désignation des colis, les nom et l'adresse du destinataire, le prix total du transport et le délai dans lequel ce transport devra être effectué.

Un double du récépissé accompagnera l'expédition et sera remis au destinataire.

Toute expédition non accompagnée d'une lettre de voiture doit être constatée sur un registre à souche, timbré sur la souche et sur le talon à peine d'une amende de cinquante francs.

Les préposés de l'enregistrement sont autorisés à prendre communication de ce registre, ainsi que de ceux mentionnés par l'article 50 de l'ordonnance du 15 novembre 1846, et des pièces relatives aux transports qui y sont énoncés.

La communication aura lieu selon le mode prescrit par l'article 54 de la loi du 22 frimaire an VII et sous les peines y portées

(1) Ce droit de timbre a été porté à 35 centimes pour les expéditions faites en grande vitesse, par la loi du 28 février 1872, et à 70 centimes pour les expéditions faites en petite vitesse, par la loi du 30 mars 1872.

LOI DU 23 AOUT 1871

Qui établit des augmentations d'impôts et des impôts nouveaux
relatifs à l'enregistrement et au timbre.

Art. 2. — Il est ajouté deux décimes au principal des droits de
timbre de toute nature.

Ne sont pas soumis à ces deux décimes :

. . . .

2° Les récépissés des chemins de fer, ... lesquels seront
à l'avenir assujettis à un droit de timbre de vingt-cinq centimes.

LOI DU 28 FÉVRIER 1872

Concernant les droits d'enregistrement.

Art. 11. — Le droit de décharge de dix centimes, créé par l'article 18 de la loi du 23 août 1871, pour constater la remise des
objets, sera réuni à la taxe due pour les récépissés et lettres de
voiture, qui est fixée ainsi qu'il suit :

Récépissé délivré par les Compagnies de chemins de fer (droit
de décharge compris), trente-cinq centimes ;

Lettre de voiture (droit de décharge compris), soixante-dix
centimes.

LOI DU 30 MARS 1872

Concernant : 1° l'élévation du droit de timbre des récépissés
des expéditions faites par les chemins de fer en petite vitesse ;
2 la perception du droit de timbre des récépissés des expéditions faites par tous autres modes de transport.

Art. 1er. — A partir du 8 avril 1872, le droit de timbre des récépissés délivrés par les chemins de fer, en exécution de la loi
du 13 mai 1863, est fixé, y compris le droit de la décharge donnée
par le destinataire, à soixante-dix centimes pour chacun des
transports effectués autrement qu'en grande vitesse. Ces récépis-

sés pourront servir de lettres de voiture pour les transports qui, indépendamment des voies ferrées, emprunteront les routes, canaux et rivières. Les modifications qui pourraient survenir en cours d'expédition, tant dans la destination que dans le prix et les conditions du transport, pourront être écrites sur ces récépissés.

Le droit de soixante-dix centimes n'est pas assujetti aux décimes.

Art. 2. — Les entrepreneurs de messageries et autres intermédiaires de transports qui réunissent en une ou plusieurs expéditions des colis ou paquets envoyés à des destinataires différents, sont tenus de remettre aux gares expéditrices un bordereau détaillé et certifié, écrit sur du papier non timbré et faisant connaître le nom et l'adresse de chacun des destinataires réels.

Il sera délivré, outre le récépissé pour l'envoi collectif, un récépissé spécial à chaque destinataire. Ces récépissés spéciaux ne donneront pas lieu à la perception du droit d'enregistrement au profit des Compagnies de chemins de fer, mais ils seront établis par les entrepreneurs de transports eux-mêmes, sur des formules timbrées que les Compagnies de chemins de fer tiendront à leur disposition, moyennant remboursement des droits et frais. Les numéros de ces récépissés seront mentionnés sur le registre de factage ou de camionnage que lesdits entrepreneurs ou intermédiaires sont tenus de faire signer pour décharge par les destinataires. Ces livres ou registres seront représentés à toute réquisition aux agents de l'enregistrement.

Chaque contravention aux dispositions qui précèdent sera punie d'une amende de cinquante francs, et de cent francs en cas de récidive dans le délai d'un an. Ces contraventions seront constatées par tous les agents ayant qualité pour verbaliser en matière de timbre et par les commissaires de surveillance administrative.

XI. — OCTROIS

ORDONNANCE DU 9-27 DÉCEMBRE 1814

Sur les octrois.

Art. 11. — Aucun tarif d'octroi ne pourra porter que sur des objets destinés à la consommation des habitants du lieu sujet. Ces objets seront toujours compris dans les cinq divisions suivantes : 1º boissons et liquides ; — 2º comestibles ; — 3º combustibles ; — 4º fourrages ; — 5º matériaux.

Art. 28. — Tout porteur ou conducteur d'objets assujettis à l'octroi sera tenu, avant de les introduire, d'en faire la déclaration au bureau, d'exhiber aux préposés de l'octroi les lettres de voiture, connaissements, chartes-parties, acquits-à-caution, congés, passa avants et toutes autres expéditions délivrées par la régie des impositions indirectes, et d'acquitter les droits, sous peine d'une amende égale à la valeur de l'objet soumis au droit. A cet effet les préposés pourront, après interpellation, faire sur les bateaux, voitures et autres moyens de transports, toutes les visites, recherches et perquisitions nécessaires, soit pour s'assurer qu'il n'y existe rien qui soit sujet aux droits, soit pour reconnaître l'exactitude des déclarations. Les conducteurs seront tenus de faciliter toutes les opérations nécessaires aux dites vérifications. La déclaration relative aux objets arrivant par eau contiendra la désignation du lieu du déchargement, lequel ne pourra s'effectuer que les droits n'aient été acquittés ou au moins valablement soumissionnés.

Art. 29. — Tout objet sujet à l'octroi qui, nonobstant l'interpellation faite par les préposés serait introduit sans avoir été déclaré, ou sur une déclaration fausse ou inexacte, sera saisi.

Art. 33. — Les courriers ne pourront être arrêtés à leur passage, sous prétexte de la perception, mais ils seront obligés d'acquitter les droits sur les objets soumis à l'octroi qu'ils introduiront dans un lieu sujet. A cet effet, des préposés de l'octroi seront autorisés à assister au déchargement des malles. Tout courrier, tout employé des postes ou de toute autre Administration publique, qui serait convaincu d'avoir fait, ou favorisé la fraude, outre les peines résultant de la contravention, sera destitué par l'autorité compétente.

Art. 34. — Dans les communes où la perception ne pourra être opérée à l'entrée, il sera établi au centre, suivant les localités, un ou plusieurs bureaux. Dans ce cas, les conducteurs ne pourront décharger les voitures, ni introduire au domicile des destinataires les objets soumis à l'octroi, avant d'avoir acquitté les droits aux dits bureaux.

Art. 41. — L'entrepôt est la faculté donnée à un propriétaire ou à un commerçant de recevoir ou d'emmagasiner dans un lieu sujet à l'octroi, sans acquittement du droit, des marchandises qui y sont assujetties, et auxquelles il réserve une destination extérieure. L'entrepôt peut être réel ou fictif, c'est-à-dire à domicile ; il est toujours illimité. Les règlements locaux doivent déterminer les objets pour lesquels l'entrepôt est accordé, ainsi que les quantités au-dessous desquelles on ne peut l'obtenir.

Art. 42. — Toute personne qui fait conduire dans un lieu sujet à l'octroi des marchandises comprises au tarif, pour y être entreposées, soit réellement, soit fictivement, est tenue, sous peine de l'amende prononcée par l'article 28, d'en faire la déclaration préalable au bureau de l'octroi, de s'engager à acquitter le droit sur les quantités qu'elle ne justifierait pas avoir fait sortir de la commune, de se munir d'un bulletin d'entrepôt, et, en outre, si l'entrepôt est fictif, de désigner les magasins, chantiers, caves, celliers ou autres emplacements où elle veut déposer lesdites marchandises.

Art. 43. — L'entrepositaire est tenu de faire une déclaration, au bureau de l'octroi, des objets entreposés qu'il veut expédier au dehors, et de les représenter aux préposés des portes ou barrières, lesquels, après vérification des quantités et espèces, délivrent un certificat de sortie.

Art. 44. — Les préposés de l'octroi tiennent un compte d'entrée et de sortie des marchandises entreposées ; à cet effet ils peuvent faire à domicile, dans les magasins, chantiers, caves, celliers des entrepositaires, toutes les vérifications nécessaires pour reconnaître les objets entreposés, constater les quantités restantes, et établir le décompte des droits dus sur celles pour lesquelles il n'est pas représenté de certificat de sortie. Ces droits doivent être acquittés immédiatement par les entrepositaires ; et, à défaut, il est décerné contre eux des contraintes, qui sont exécutoires nonobstant opposition et sans y préjudicier.

LOI DU 28 AVRIL 1816

Titre II. — Des octrois.

Art. 148. — Les droits d'octroi continueront à n'être imposés que sur des objets destinés à la consommation locale. Il ne pourra être fait d'exceptions à cette règle que dans les cas extraordinaires et en vertu d'une loi spéciale.

DÉCRET DU 12 FÉVRIER 1870

Sur les octrois.

Art. 8. — Les combustibles et les matières premières à employer dans les établissements industriels et dans les manufactures de l'État sont admis à l'entrepôt à domicile. Toutefois, l'entrepôt ne sera pas accordé pour les matières premières dans le cas où la somme à percevoir à raison des quantités pour lesquelles elles entrent dans un produit industriel n'atteindrait pas un quart pour cent de la valeur de ce produit. Décharge sera accordée aux entrepositaires pour toutes les quantités de combustibles et de matières premières employées, dans ces établissements, à la préparation ou à la fabrication de produits qui ne sont frappés d'aucun droit par le tarif de l'octroi du lieu sujet, pourvu que l'emploi ait été préalablement déclaré et qu'il en ait été justifié aux préposés de l'octroi chargés de l'exercice des entrepôts, à défaut de quoi, le droit sera perçu sur les quantités manquantes. Si le produit industriel à la préparation ou à la fabrication duquel sont employés les combustibles ou les matières premières est imposé au tarif de l'octroi, l'entrepositaire n'en obtiendra pas moins l'affranchissement pour le combustible et la matière première employés à la fabrication ; mais il paiera le droit dû par les produits industriels pour ceux de ces produits qu'il ne justifiera pas avoir fait sortir du lieu sujet.

Art. 13. — Les combustibles et matières destinés au service de l'exploitation des chemins de fer, aux travaux des ateliers et à la construction de la voie seront affranchis de tous droits d'octroi. En conséquence, les dispositions relatives à l'entrepôt à domicile des combustibles et matières premières employés dans les établissements industriels à la préparation et à la fabrication des objets destinés au commerce général, sont applicables aux fers, bois, charbons, coke, graisses, huiles, et en général à tous les matériaux employés dans les conditions ci-dessus indiquées. En dehors de ces conditions tous les objets portés au tarif qui seront consommés dans les gares, salles d'attente et bureaux seront soumis aux taxes locales.

Art. 14. — L'abonnement annuel pourra être demandé pour les combustibles et matières admis à l'entrepôt, aux termes des articles 8, 11, 12 et 13. Les conditions de l'abonnement seront réglées de gré à gré entre le maire et le redevable.

XII. — PERSONNEL DES COMPAGNIES

DÉCRET DU 27 MARS-19 AVRIL 1852

Qui soumet à la surveillance de l'Administration publique le personnel actif employé par les Compagnies de chemins de fer.

Art. 1er. — Le personnel actif, employé aujourd'hui par les diverses Compagnies de chemins de fer et celui qui sera ultérieurement employé par les Compagnies qui viendront à se former, est soumis à la surveillance de l'Administration publique. L'Administration aura le droit, les Compagnies entendues, de requérir la révocation d'un agent de ces Compagnies.

Art. 2. — Le Ministre des travaux publics est chargé, etc.

LOI DU 27 DÉCEMBRE 1890

Sur le contrat de louage et les rapports des agents de chemins de fer avec les Compagnies.

Art. 1er. — L'article 1780 du Code civil est complété comme suit :

Le louage de service fait sans détermination de durée peut toujours cesser par la volonté d'une des parties contractantes.

Néanmoins la résiliation du contrat par la volonté d'un seul des contractants peut donner lieu à des dommages-intérêts.

Pour la fixation de l'indemnité à allouer, le cas échéant, il est tenu compte des usages, de la nature des services engagés, du temps écoulé, des retenues opérées et des versements effectués en vue d'une pension de retraite et en général de toutes les circonstances qui peuvent justifier l'existence et déterminer l'étendue du préjudice causé.

Les parties ne peuvent renoncer d'avance au droit éventuel de demander des dommages-intérêts en vertu des dispositions ci-dessus.

Les contestations auxquelles pourra donner lieu l'application des paragraphes précédents, lorsqu'elles seront portées devant les tribunaux civils et devant les cours d'appel, seront instruites comme affaires sommaires et jugées d'urgence.

Art. 2. — Dans le délai d'une année, les Compagnies et Administrations de chemins de fer devront soumettre à l'homologation ministérielle les statuts et règlements de leurs caisses de retraites et de secours.

LOI DU 10 AVRIL 1902

Complétant l'article 2 de la loi du 27 décembre 1890.

Article unique. — Le paragraphe suivant est ajouté à l'article 2 de la loi du 27 décembre 1890 :

Dans le cas où l'homologation prévue par l'article 2 de la loi du 27 décembre 1890 sur le contrat de louage et les rapports entre agents de chemins de fer et les Compagnies n'est accordé que sous réserve de certaines modifications ou additions non acceptées par la Compagnie, il sera statué par un décret rendu sur avis conforme du Conseil d'Etat.

LOI DU 27-29 DÉCEMBRE 1895

Concernant les caisses de retraites, de secours et de prévoyance fondées au profit des employés et ouvriers.

Art. 1er. — En cas de faillite, de liquidation judiciaire ou de déconfiture, lorsque, pour une institution de prévoyance, il aura été opéré des retenues sur les salaires, ou que des versements auront été reçus par le chef de l'entreprise, ou que lui-même se sera engagé à fournir des sommes déterminées, les ouvriers, employés ou bénéficiaires sont admis de plein droit à réclamer la restitution de toutes les sommes non utilisées conformément aux statuts.

Cette restitution s'étendra, dans tous les cas, aux intérêts convenus des sommes ainsi retenues, reçues ou promises par le chef de l'entreprise. A défaut de convention, les intérêts seront calculés d'après les taux fixés annuellement pour la Caisse nationale des retraites pour la vieillesse.

Les sommes ainsi déterminées et non utilisées conformément aux statuts deviendront exigibles en cas de fermeture de l'établissement industriel ou commercial.

Il en sera de même en cas de cession volontaire, à moins que le cessionnaire ne consente à prendre les lieu et place du cédant.

Art. 2. — La Caisse des dépôts et consignations est autorisée à recevoir, à titre de dépôt, les sommes ou valeurs appartenant ou affectées aux institutions de prévoyance fondées en faveur des employés et ouvriers.

Les sommes ainsi reçues porteront intérêt à un taux égal au taux d'intérêt du compte des caisses d'épargne.

Art. 3. — Dans les trois mois qui suivront la promulgation de la présente loi, toutes les sommes qui, à l'avenir, seront retenues sur les salaires des ouvriers et toutes celles que les chefs d'entreprises auront reçues ou se seront engagés à fournir en vue d'assurer des retraites devront être versées soit à la Caisse nationale des retraites pour la vieillesse au compte individuel de chaque ayant-droit, soit à la Caisse des dépôts et consignations, soit à des Caisses syndicales ou patronales spécialement autorisées à cet effet.

L'autorisation sera donnée par décret rendu dans la forme des règlements d'administration publique. Le décret fixera les limites du district, les conditions de fonctionnement de la Caisse et son mode de liquidation. Il prescrira également les mesures à prendre pour assurer le transfert, soit à une autre Caisse syndicale ou patronale, soit à la Caisse nationale des retraites pour la vieillesse, des sommes inscrites au livret de chaque intéressé.

Les sommes versées par les chefs d'entreprises dans la caisse syndicale ou patronale devront être employées, soit en rentes sur l'Etat, en valeurs du Trésor ou garanties par le Trésor, soit en obligations des départements, des communes, des chambres de commerce, en obligations foncières et communales du Crédit Foncier, soit en prêts hypothécaires, soit enfin en valeurs locales énumérées ci-après, à la condition que ces valeurs émanent d'institutions existant dans les départements où elles fonctionnent ; bons de Mont-de-piété ou d'autres établissements reconnus d'utilité publique. Les titres seront nominatifs.

La gestion des caisses syndicales ou patronales sera soumise à la vérification de l'inspection des finances et au contrôle du receveur particulier de l'arrondissement du siège de la caisse.

Si des conventions spéciales interviennent entre les chefs d'entreprises et les ouvriers ou employés, en vue d'assurer à ceux-ci, à leurs veuves ou à leurs enfants, soit un supplément de rente viagère, soit des rentes temporaires ou des indemnités déterminées d'avance, le capital formant la garantie des engagements résultant desdites conventions devra être versé ou représenté à la Caisse des dépôts et consignations ou dans une des caisses syndicales ou patronales ci-dessus prévues.

Art. 4. — Le seul fait du dépôt opéré, soit à la Caisse des dépôts et consignations, soit à toute autre Caisse, des sommes ou valeurs affectées aux institutions de prévoyance, quelles qu'elles soient, confère aux bénéficiaires de ces institutions un droit de gage dans les termes de l'article 2073 du Code civil sur ces sommes et valeurs. Ce droit de gage s'exerce dans la mesure des droits acquis et des droits éventuels.

La restitution des retenues ou autres sommes affectées aux institutions de prévoyance qui, lors de la faillite ou de la liquidation, n'auraient pas été effectivement versées à l'une des caisses indiquées ci-dessus est garantie pour la dernière année et ce qui sera dû sur l'année courante, par un privilège sur tous les biens meubles et immeubles du chef de l'entreprise, lequel prendra rang concurremment avec le privilège des gens de service établi par l'article 2101 du Code civil.

Art. 5. — Pour toutes les contestations relatives à leurs droits dans les Caisses de prévoyance, de secours et de retraite, les ouvriers et employés peuvent charger, à la majorité, un mandataire d'ester pour eux en justice, soit en demandant, soit en défendant.

Art. 6. — Un règlement d'administration publique détermi-

nera le mode de nomination du mandataire et les conditions suivant lesquelles seront effectués le dépôt et le retrait des sommes
et valeurs appartenant ou affectées aux institutions de prévoyance.

Il déterminera de même le mode de liquidation des droits acquis et des droits éventuels, ainsi que le mode de restitution aux
intéressés (1).

<h2 style="text-align:center">LOI DU 12-20 JANVIER 1895</h2>

Relative à la saisie-arrêt sur les salaires et petits traitements
des ouvriers et employés.

<h3 style="text-align:center">TITRE PREMIER</h3>

Saisie-arrêt.

Art. 1ᵉʳ. — Les salaires des ouvriers et gens de service ne
sont saisissables que jusqu'à concurrence du dixième, quel que
soit le montant de ces salaires.

Les appointements ou traitements des employés ou commis et
des fonctionnaires ne sont également saisissables que jusqu'à
concurrence du dixième lorsqu'ils ne dépassent pas 2.000 francs
par an.

Art. 2. — Les salaires, appointements et traitements visés par
l'article premier ne pourront être cédés que jusqu'à concurrence
d'un autre dixième.

Art. 3. — Les cessions et saisies faites pour le paiement des
dettes alimentaires prévues par les articles 203, 205, 206, 207,
214 et 349 du Code civil ne sont pas soumises aux restrictions
qui précèdent.

Art. 4. — Aucune compensation ne s'opère au profit des patrons entre le montant des salaires dus par eux à leurs ouvriers
et les sommes qui leur seraient dues à eux-mêmes pour fournitures diverses quelle qu'en soit la nature, à l'exception toutefois :

(1) Ce règlement en date du 14 octobre 1897 a paru au *Journal officiel* du 17 octobre 1897.

1° Des outils ou instruments nécessaires au travail

2° Des matières et matériaux dont l'ouvrier a la charge et l'usage ;

3° Des sommes avancées pour l'acquisition de ces mêmes objets.

Art. 5. — Tout patron qui fait une avance en espèces en dehors du cas prévu par le paragraphe 3 de l'article 4 qui précède ne peut se rembourser qu'au moyen de retenues successives ne dépassant pas le dixième du montant des salaires ou appointements exigibles.

La retenue opérée de ce chef ne se confond ni avec la partie saisissable, ni avec la partie cessible portée en l'article 2.

Les acomptes sur un travail en cours ne sont pas considérés comme avances.

TITRE II

Procédure de saisie-arrêt sur les salaires et petits traitements.

Art. 6. — La saisie-arrêt sur les salaires et les appointements ou traitements ne dépassant pas annuellement 2.000 francs, dont il s'agit à l'article premier de la présente loi, ne pourra être pratiquée, s'il y a titre, que sur le visa du greffier de la justice de paix du domicile du débiteur saisi.

S'il n'y a point de titre, la saisie-arrêt ne pourra être pratiquée qu'en vertu de l'autorisation du juge de paix du domicile du débiteur saisi. Toutefois, avant d'accorder l'autorisation, le juge de paix pourra, si les parties n'ont déjà été appelées en conciliation, convoquer devant lui, par simple avertissement, le créancier et le débiteur ; s'il intervient un arrangement, il en sera tenu note par le greffier sur un registre spécial exigé par l'article 14.

L'exploit de saisie-arrêt contiendra en tête l'extrait du titre s'il y en a un, ainsi que la copie du visa, et, à défaut du titre, copie de l'autorisation du juge.— L'exploit sera signifié au tiers saisi ou à son représentant préposé au payement des salaires ou traitements, dans le lieu où travaille le débiteur saisi.

Art. 7. — L'autorisation accordée par le juge évaluera ou

énoncera la somme pour laquelle la saisie-arrêt sera formée.

Le débiteur pourra toucher du tiers saisi la portion non saisissable de ses salaires, gages ou appointements.

Une seule saisie-arrêt doit être autorisée par le juge. S'il survient d'autres créanciers, leur réclamation, signée et déclarée sincère par eux, et contenant toutes les pièces de nature à mettre le juge à même de faire l'évaluation de la créance, sera inscrite par le greffier sur le registre exigé par l'article 14. Le greffier se bornera à en donner avis dans les quarante-huit heures au débiteur saisi et au tiers saisi, par lettre recommandée qui vaudra opposition.

Art. 8. — L'huissier saisissant sera tenu de faire parvenir au juge de paix, dans le délai de huit jours à dater de la saisie, l'original de l'exploit sous peine d'une amende de 10 francs qui sera prononcée par le juge de paix en audience publique.

Art. 9. — Tout créancier saisissant, le débiteur et le tiers saisi pourront requérir la convocation des intéressés devant le juge de paix du débiteur saisi, par une déclaration consignée sur le registre spécial prévu par l'article 14.

Dans les quarante-huit heures de cette réquisition, le greffier adressera : 1° au saisi ; 2° au tiers saisi ; 3° à tous autres créanciers opposants, un avertissement recommandé à comparaître devant le juge de paix à l'audience que celui-ci aura fixée.

A cette audience ou à toute autre fixée par lui, le juge de paix, prononçant sans appel, dans la limite de sa compétence et à charge d'appel à quelque valeur que la demande puisse s'élever, statuera sur la validité, la nullité ou la mainlevée de la saisie, ainsi que sur la déclaration affirmative que le tiers saisi sera tenu de faire audience tenante.

Le tiers saisi qui ne comparaîtra pas, ou qui ne fera pas sa déclaration, ainsi qu'il est dit ci-dessus, sera déclaré débiteur pur et simple des retenues non opérées et condamné aux frais par lui occasionnés.

Art. 10. — Si le jugement est rendu par défaut, avis de ses dispositions sera transmis par le greffier à la partie défaillante par lettre recommandée, dans les cinq jours du prononcé.

L'opposition, qui ne sera recevable que dans les huit jours de la date de la lettre, consistera dans une déclaration à faire au greffe de la justice de paix, sur le registre prescrit par l'article 14.

Toutes parties intéressées seront prévenues, par lettre recommandée du greffier, pour la plus prochaine audience utile. Le jugement qui interviendra sera réputé contradictoire. L'appel relevé contre le jugement contradictoire sera formé dans les dix jours du prononcé du jugement, et, dans le cas où il aurait été rendu par défaut, du jour de l'expiration des délais d'opposition, sans que, dans le cas du jugement contradictoire, il soit besoin de le signifier.

Art. 11. — Après l'expiration des délais de recours, le juge de paix pourra surseoir à la convocation des parties intéressées tant que la somme à distribuer n'atteindra pas, d'après la déclaration du tiers saisi, et déduction faite des frais à prélever et des créances privilégiées, un chiffre suffisant pour distribuer aux créanciers connus un dividende de 20 0/0 au moins. S'il y a somme suffisante, et si les parties ne se sont pas amiablement entendues pour la répartition, le juge procédera à la distribution entre les ayants-droit. Il établira son état de répartition sur le registre prescrit par l'article 14. Une copie de cet état, signée du juge et du greffier, indiquant le montant des frais à prélever, le montant des créances privilégiées, s'il en existe, et le montant des sommes attribuées dans la répartition à chaque ayant-droit, sera transmise par le greffier, par lettre recommandée, au débiteur saisi, ou au tiers saisi et à chaque créancier colloqué.

Ces derniers auront une action directe contre le tiers saisi en paiement de leur collocation. Les ayants-droit aux frais et aux collocations utiles donneront quittance en marge de l'état de répartition remis au tiers saisi, qui se trouvera libéré d'autant.

Art. 12. — Les effets de la saisie-arrêt et les oppositions consignées par le greffier sur le registre spécial subsisteront jusqu'à complète libération du débiteur.

Art. 13. — Les frais de saisie-arrêt et de distribution seront à la charge du débiteur saisi. Ils seront prélevés sur la somme à distribuer.

Tous frais de contestation jugée mal fondée seront mis à la charge de la partie qui aura succombé.

Art. 14. — Pour l'exécution de la présente loi, il sera tenu au greffe de chaque justice de paix un registre sur papier non timbré, qui sera coté et paraphé par le juge de paix et sur lequel seront inscrits :

1° Les visas ou ordonnances autorisant la saisie-arrêt ;

2° Le dépôt de l'exploit ;

3° La réquisition de la convocation des parties ;

4° Les arrangements intervenus ;

5° Les interventions des autres créanciers ;

6° La déclaration faite par le tiers saisi ;

7° La mention des avertissements ou lettres recommandées transmis aux parties ;

8° Les décisions du juge de paix ;

9° La répartition établie entre les ayants-droit.

Art. 15. — Tous les exploits, autorisations, jugements, décisions, procès-verbaux et états de répartition, qui pourront intervenir en exécution de la présente loi, seront rédigés sur papier non timbré et enregistrés gratis. Les avertissements et lettres recommandées et les copies d'état de répartition sont exempts de tout droit de timbre et d'enregistrement.

Art. 16. — Un décret déterminera les émoluments à allouer aux greffiers pour l'envoi des lettres recommandées et pour dresse de tous extraits et copies d'état de répartition.

Art. 17. — Les lois et décrets antérieurs sont abrogés en ce qu'ils ont de contraire à la présente loi.

Art. 18. — La présente loi est applicable à l'Algérie et aux colonies.

XIII. — ACCIDENTS DU TRAVAIL

LOI DU 9 AVRIL 1898

Modifiée par la loi du 22 mars 1902, concernant les responsabi-
lités des accidents dont les ouvriers sont victimes dans leur
travail.

TITRE PREMIER

Indemnités en cas d'accidents.

Art. 1er. — Les accidents survenus par le fait du travail, ou à
l'occasion du travail, aux ouvriers et employés occupés dans
l'industrie du bâtiment, les usines, manufactures, chantiers, les
entreprises de transport par terre et par eau, de chargement et
de déchargement, les magasins publics, mines, minières, carrières, et en outre, dans toute exploitation ou partie d'exploitation
dans laquelle sont fabriquées ou mises en œuvre des matières
explosives, ou dans laquelle il est fait usage d'une machine mue
par une force autre que celle de l'homme ou des animaux, donnent droit, au profit de la victime ou de ses représentants, à une
indemnité à la charge du chef d'entreprise, à la condition que
l'interruption de travail ait duré plus de quatre jours.

Les ouvriers qui travaillent seuls d'ordinaire ne pourront être
assujettis à la présente loi par le fait de la collaboration accidentelle d'un ou de plusieurs de leurs camarades.

Art. 2. — Les ouvriers et employés désignés à l'article précédent ne peuvent se prévaloir, à raison des accidents dont ils sont
victimes dans leur travail, d'aucunes dispositions autres que celles de la présente loi.

Ceux dont le salaire annuel dépasse 2.400 francs ne bénéficient de ces dispositions que jusqu'à concurrence de cette somme.
Pour le surplus, ils n'ont droit qu'au quart des rentes stipulées

à l'article 3, à moins de conventions contraires élevant le chiffre de la quotité.

Art. 3. — Dans les cas prévus à l'article 1er, l'ouvrier ou employé a droit :

Pour l'incapacité absolue et permanente, à une rente égale aux deux tiers de son salaire annuel ;

Pour l'incapacité partielle et permanente, à une rente égale à la moitié de la réduction que l'accident aura fait subir au salaire ;

Pour l'incapacité temporaire, à une indemnité journalière égale à la moitié du salaire touché au moment de l'accident, si l'incapacité de travail a duré plus de quatre jours et à partir du cinquième jour.

Lorsque l'accident est suivi de mort, une pension est servie aux personnes ci-après désignées, à partir du décès, dans les conditions suivantes :

A) Une rente viagère égale à 20 0/0 du salaire annuel de la victime pour le conjoint survivant non divorcé ou séparé de corps, à la condition que le mariage ait été contracté antérieurement à l'accident.

En cas de nouveau mariage, le conjoint cesse d'avoir droit à la rente mentionnée ci-dessus ; il lui sera alloué, dans ce cas, le triple de cette rente à titre d'indemnité totale.

B) Pour les enfants légitimes ou naturels, reconnus avant l'accident, orphelins de père ou de mère, âgés de moins de seize ans, une rente calculée sur le salaire annuel de la victime à raison de 15 0/0 de ce salaire s'il n'y a qu'un enfant, de 25 0/0 s'il y en a deux, de 35 0/0 s'il y en a trois et de 40 0/0 s'il y en a quatre ou un plus grand nombre.

Pour les enfants orphelins de père et de mère, la rente est portée pour chacun d'eux à 20 0/0 du salaire.

L'ensemble de ces rentes ne peut, dans le premier cas, dépasser 40 0/0 du salaire, ni 60 0/0 dans le second.

C) Si la victime n'a ni conjoint ni enfant dans les termes des paragraphes A et B, chacun des ascendants et descendants qui était à sa charge recevra une rente viagère pour les ascendants, et payable jusqu'à seize ans pour les descendants. Cette rente sera égale à 10 0/0 du salaire annuel de la victime, sans que le montant total des rentes ainsi allouées puisse dépasser 30 0/0.

Chacune des rentes prévues par le paragraphe C est, le cas échéant, réduite proportionnellement.

Les rentes constituées en vertu de la présente loi sont payables par trimestre ; elles sont incessibles et insaisissables.

Les ouvriers étrangers, victimes d'accidents, qui cesseront de résider sur le territoire français, recevront, pour toute indemnité, un capital égal à trois fois la rente qui leur avait été allouée.

Les représentants d'un ouvrier étranger ne recevront aucune indemnité si, au moment de l'accident, ils ne résidaient pas sur le territoire français.

Art. 4. — Le chef d'entreprise supporte, en outre, les frais médicaux et pharmaceutiques et les frais funéraires. Ces derniers sont évalués à la somme de 100 francs au maximum.

Quant aux frais médicaux et pharmaceutiques, si la victime a fait choix elle-même de son médecin, le chef d'entreprise ne peut être tenu que jusqu'à concurrence de la somme fixée par le juge de paix du canton, conformément aux tarifs adoptés dans chaque département pour l'assistance médicale gratuite.

Art. 5. — Les chefs d'entreprise peuvent se décharger, pendant les trente, soixante ou quatre-vingt-dix premiers jours à partir de l'accident, de l'obligation de payer aux victimes les frais de maladie et l'indemnité temporaire, ou une partie seulement de cette indemnité, comme il est spécifié ci-après, s'ils justifient :

1° Qu'ils ont affilié leurs ouvriers à des Sociétés de secours mutuels et pris à leur charge une quote-part de la cotisation qui aura été déterminée d'un commun accord, et en se conformant aux statuts-type approuvés par le ministre compétent, mais qui ne devra pas être inférieure au tiers de cette cotisation ;

2° Que ces Sociétés assurent à leurs membres, en cas de blessures, pendant trente, soixante ou quatre-vingt-dix jours, les soins médicaux et pharmaceutiques et une indemnité journalière.

Si l'indemnité journalière servie par la Société est inférieure à la moitié du salaire quotidien de la victime, le chef d'entreprise est tenu de lui verser la différence.

Art. 6. — Les exploitants de mines, minières et carrières peuvent se décharger des frais et indemnités mentionnés à l'article précédent, moyennant une subvention annuelle versée aux caisses ou Sociétés de secours constituées dans ces entreprises en vertu de la loi du 29 juin 1894.

Le montant et les conditions de cette subvention devront être acceptés par la Société et approuvés par le Ministre des travaux publics.

Ces deux dispositions seront applicables à tous autres chefs d'industrie qui auront créé en faveur de leurs ouvriers des caisses particulières de secours en conformité du titre III de la loi du 29 juin 1894. L'approbation prévue ci-dessus sera, en ce qui les concerne, donnée par le Ministre du commerce et de l'industrie.

Art. 7. — Indépendamment de l'action résultant de la présente loi, la victime ou ses représentants conservent, contre les auteurs de l'accident autres que le patron ou ses ouvriers et préposés, le droit de réclamer la réparation du préjudice causé, conformément aux règles du droit commun.

L'indemnité qui leur sera allouée exonérera à due concurrence le chef de l'entreprise des obligations mises à sa charge. Dans le cas où l'accident a entraîné une incapacité permanente ou la mort, cette indemnité devra être attribuée sous forme de rentes servies par la Caisse nationale des retraites.

En outre de cette allocation sous forme de rente, le tiers reconnu responsable pourra être condamné, soit envers la victime, soit envers le chef de l'entreprise, si celui-ci intervient dans l'instance, au paiement des autres indemnités et frais prévus aux articles 3 et 4 ci-dessus.

Cette action contre les tiers responsables pourra même être exercée par le chef d'entreprise, à ses risques et périls, au lieu et place de la victime ou de ses ayants-droit, si ceux-ci négligent d'en faire usage.

Art. 8. — Le salaire qui servira de base à la fixation de l'indemnité allouée à l'ouvrier âgé de moins de seize ans ou à l'apprenti victime d'un accident ne sera pas inférieur au salaire le plus bas des ouvriers valides de la même catégorie occupés dans l'entreprise.

Toutefois, dans le cas d'incapacité temporaire, l'indemnité de l'ouvrier âgé de moins de seize ans ne pourra pas dépasser le montant de son salaire.

Art. 9. — Lors du règlement définitif de la rente viagère, après le délai de révision prévu à l'article 19, la victime peut demander que le quart au plus du capital nécessaire à l'établissement de cette rente, calculé d'après les tarifs dressés pour les victimes d'accidents par la Caisse des retraites pour la vieillesse, lui soit attribué en espèces.

Elle peut aussi demander que ce capital, ou ce capital réduit du quart au plus, comme il vient d'être dit, serve à constituer sur sa tête une rente viagère réversible, pour moitié au plus, sur la tête de son conjoint. Dans ce cas, la rente viagère sera diminuée de façon qu'il ne résulte de la réversibilité aucune augmentation de charges pour le chef d'entreprise.

Le tribunal, en chambre du conseil, statuera sur ces demandes.

Art. 10. — Le salaire servant de base à la fixation des rentes s'entend, pour l'ouvrier occupé dans l'entreprise pendant les douze mois écoulés avant l'accident, de la rémunération effective qui lui a été allouée pendant ce temps, soit en argent, soit en nature.

Pour les ouvriers occupés pendant moins de douze mois avant l'accident, il doit s'entendre de la rémunération effective qu'ils ont reçue depuis leur entrée dans l'entreprise, augmentée de la rémunération moyenne qu'ont reçue, pendant la période nécessaire pour compléter les douze mois, les ouvriers de la même catégorie.

Si le travail n'est pas continu, le salaire annuel est calculé tant d'après la rémunération reçue pendant la période d'activité que d'après le gain de l'ouvrier pendant le reste de l'année.

TITRE II
Déclaration des accidents et enquêtes.

Art. 11. — Tout accident ayant occasionné une incapacité de travail doit être déclaré dans les quarante-huit heures, non compris les dimanches et jours fériés, par le chef d'entreprise ou ses préposés, au maire de la commune, qui en dresse procès-verbal et en délivre immédiatement récépissé.

La déclaration et le procès-verbal doivent indiquer, dans la forme réglée par décret, les nom, qualité et adresse du chef d'entreprise, le lieu précis, l'heure et la nature de l'accident, les circonstances dans lesquelles il s'est produit, la nature des blessures, les noms et adresses des témoins.

Dans les quatre jours qui suivent l'accident, si la victime n'a pas repris son travail, le chef d'entreprise doit déposer à la mairie, qui lui en délivre immédiatement récépissé, un certificat de médecin indiquant l'état de la victime, les suites probables de l'accident et l'époque à laquelle il sera possible d'en connaître le résultat définitif.

La déclaration d'accident pourra être faite dans les mêmes conditions par la victime ou ses représentants jusqu'à l'expiration de l'année qui suit l'accident.

Avis de l'accident, dans les formes réglées par décret, est donné immédiatement par le maire à l'inspecteur départemental du travail ou à l'ingénieur ordinaire des mines chargé de la surveillance de l'entreprise.

L'article 15 de la loi du 2 novembre 1892 et l'article 11 de la loi du 12 juin 1893 cessent d'être applicables dans les cas visés par la présente loi.

Art. 12. — Dans les vingt-quatre heures qui suivent le dépôt du certificat, et, au plus tard, dans les cinq jours qui suivent la déclaration de l'accident, le maire transmet au juge de paix du canton où l'accident s'est produit, la déclaration et, soit le certificat médical, soit l'attestation qu'il n'a pas été produit de certificat.

Lorsque, d'après le certificat médical, produit en exécution du paragraphe précédent, ou transmis ultérieurement par la victime à la justice de paix, la blessure paraît devoir entraîner la mort ou une incapacité permanente, absolue ou partielle de travail ou lorsque la victime est décédée, le juge de paix, dans les vingt-quatre heures, procède à une enquête, à l'effet de rechercher :

1° La cause, la nature et les circonstances de l'accident ;

2° Les personnes victimes et le lieu où elles se trouvent, le lieu et la date de leur naissance ;

3° La nature des lésions ;

4° Les ayants-droit pouvant, le cas échéant, prétendre à une indemnité, le lieu et la date de leur naissance ;

5° Le salaire quotidien et le salaire annuel des victimes ;

6° La Société d'assurance à laquelle le chef d'entreprise était assuré ou le syndicat de garantie auquel il était affilié.

Les allocations tarifées pour le juge de paix et son greffier, en exécution de l'article 29 de la présente loi et de l'article 31 de la loi de finances du 13 avril 1900, seront avancées par le Trésor.

Art. 13. — L'enquête a lieu contradictoirement, dans les formes prescrites par les articles 35, 36, 37, 38 et 39 du Code de procédure civile, en présence des parties intéressées ou celles-ci convoquées d'urgence par lettre recommandée.

Le juge de paix doit se transporter auprès de la victime de l'accident qui se trouve dans l'impossibilité d'assister à l'enquête. Lorsque le certificat médical ne lui paraîtra pas suffisant, le juge de paix pourra désigner un médecin pour examiner le blessé. Il peut aussi commettre un expert pour l'assister dans l'enquête.

Il n'y a pas lieu, toutefois, à nomination d'expert dans les entreprises administrativement surveillées, ni dans celles de l'État placées sous le contrôle d'un service distinct du service de gestion, ni dans les établissements nationaux où s'effectuent des travaux que la sécurité publique oblige à tenir secrets. Dans ces divers cas, les fonctionnaires chargés de la surveillance ou du contrôle de ces établissements ou entreprises et, en ce qui concerne les exploitations minières, les délégués à la sécurité des ouvriers mineurs, transmettent au juge de paix, pour être joint au procès-verbal d'enquête, un exemplaire de leur rapport.

Sauf les cas d'impossibilité matérielle, dûment constatés dans le procès-verbal, l'enquête doit être close dans le plus bref délai et, au plus tard, dans les dix jours à partir de l'accident. Le juge de paix avertit, par lettre recommandée, les parties de la clôture de l'enquête et du dépôt de la minute au greffe, où elles pourront, pendant un délai de cinq jours, en prendre connaissance et s'en faire délivrer une expédition affranchie du timbre et de l'enregistrement. A l'expiration de ce délai de cinq jours, le dossier de l'enquête est transmis au président du tribunal civil de l'arrondissement.

Art. 14. — Sont punis d'une amende de 1 à 15 francs les chefs d'industrie ou leurs préposés qui ont contrevenu aux dispositions de l'article 11. En cas de récidive dans l'année, l'amende peut être élevée de 16 à 300 francs.

L'article 463 du Code pénal est applicable aux contraventions prévues par le présent article.

TITRE III

Compétence. — Juridictions. — Procédure. — Revision.

Art. 15. — Les contestations entre les victimes d'accidents et les chefs d'entreprise, relatives aux frais funéraires, aux frais de maladie ou aux indemnités temporaires, sont jugées en dernier ressort par le juge de paix du canton où l'accident s'est produit, à quelque chiffre que la demande puisse s'élever.

Art. 16. — En ce qui touche les autres indemnités prévues par la présente loi, le président du tribunal de l'arrondissement convoque, dans les cinq jours à partir de la transmission du dossier, la victime ou ses ayants-droit et le chef d'entreprise, qui peut se faire représenter.

S'il y a accord des parties intéressées, l'indemnité est définitivement fixée par l'ordonnance du président qui donne acte de cet accord.

Si l'accord n'a pas lieu, l'affaire est renvoyée devant le tribunal qui statue comme en matière sommaire, conformément au titre XXIV du livre II du Code de procédure civile.

Si la cause n'est pas en état, le tribunal sursoit à statuer et l'indemnité temporaire continuera à être servie jusqu'à la décision définitive.

Le Tribunal pourra condamner le chef d'entreprise à payer une provision ; sa décision sur ce point sera exécutoire nonobstant appel.

Art. 17. — Les jugements rendus en vertu de la présente loi sont susceptibles d'appel selon les règles du droit commun. Toutefois, l'appel, sous réserve des dispositions de l'article 449 du Code de procédure civile, devra être interjeté dans les trente jours de la date du jugement, s'il est contradictoire, et, s'il est par défaut, dans la quinzaine à partir du jour où l'opposition ne sera plus recevable.

L'opposition ne sera plus recevable en cas de jugement par défaut contre partie, lorsque le jugement aura été signifié à personne, passé le délai de quinze jours à partir de cette signification.

La Cour statuera d'urgence dans le mois de l'acte d'appel. Les parties pourront se pourvoir en cassation.

Toutes les fois qu'une expertise médicale sera ordonnée, soit par le juge de paix, soit par le tribunal ou par la cour d'appel, l'expert ne pourra être le médecin qui a soigné le blessé, ni un médecin attaché à l'entreprise ou à la Société d'assurance à laquelle le chef d'entreprise est affilié.

Art. 18. — L'action en indemnité prévue par la présente loi se prescrit par un an à dater du jour de l'accident, ou de la clôture de l'enquête du juge de paix, ou de la cessation du paiement de l'indemnité temporaire.

L'article 55 de la loi du 10 août 1871 et l'article 124 de la loi du 5 avril 1884 ne sont pas applicables aux instances suivies contre les départements ou les communes, en exécution de la présente loi.

Art. 19. — La demande en révision de l'indemnité, fondée sur une aggravation ou une atténuation de l'infirmité de la victime ou son décès par suite des conséquences de l'accident, est ouverte pendant trois ans à dater de l'accord intervenu entre les parties ou de la décision définitive.

Le titre de pension n'est remis à la victime qu'à l'expiration des trois ans.

Art. 20. — Aucune des indemnités déterminées par la présente loi ne peut être attribuée à la victime qui a intentionnellement provoqué l'accident.

Le tribunal a le droit, s'il est prouvé que l'accident est dû à une faute inexcusable de l'ouvrier, de diminuer la pension fixée au titre premier.

Lorsqu'il est prouvé que l'accident est dû à la faute inexcusable du patron ou de ceux qu'il s'est substitués dans la direction, l'indemnité pourra être majorée, mais sans que la rente ou le total des rentes allouées puisse dépasser, soit la réduction, soit le montant du salaire annuel.

En cas de poursuites criminelles, les pièces de procédure seront communiquées à la victime ou à ses ayants-droit.

Le même droit appartiendra au patron ou à ses ayants-droit.

Art. 21. — Les parties peuvent toujours, après détermination du chiffre de l'indemnité due à la victime de l'accident, décider que le service de la pension sera suspendu et remplacé, tant que l'accord subsistera, par tout autre mode de réparation.

Sauf dans le cas prévu à l'article 3, paragraphe A, la pension ne pourra être remplacée par le paiement d'un capital que si elle n'est pas supérieure à 100 francs.

Art. 22. — Le bénéfice de l'assistance judiciaire est accordé de plein droit, sur le visa du procureur de la République, à la victime de l'accident ou à ses ayants-droit, devant le président du tribunal civil et devant le tribunal.

Le procureur de la République procède comme il est prescrit à l'article 13 (§ 2 et suiv.) de la loi du 22 janvier 1851, modifiée par la loi du 10 juillet 1901.

Le bénéfice de l'assistance judiciaire s'applique de plein droit à l'acte d'appel. Le premier président de la cour, sur la demande

qui lui sera adressée à cet effet, désignera l'avoué près la cour
dont la constitution figurera dans l'acte d'appel, et commettra un
huissier pour le signifier.

Si la victime de l'accident se pourvoit devant le bureau d'assistance judiciaire, pour en obtenir le bénéfice en vue de toute
la procédure d'appel, elle sera dispensée de fournir les pièces
justificatives de son indigence.

Le bénéfice de l'assistance judiciaire s'étend de plein droit aux
instances devant le juge de paix, à tous les actes d'exécution
mobilière et immobilière et à toute contestation incidente à l'exécution des décisions judiciaires.

L'assisté devra faire déterminer par le bureau d'assistance judiciaire de son domicile la nature des actes et procédure d'exécution auxquels l'assistance s'appliquera.

TITRE IV

Garanties.

Art. 23. — La créance de la victime de l'accident ou de ses
ayants-droit relative aux frais médicaux, pharmaceutiques et
funéraires, ainsi qu'aux indemnités allouées à la suite de l'incapacité temporaire de travail, est garantie par le privilège de l'article 2101 du Code civil et y sera inscrite sous le numéro 6.

Le paiement des indemnités pour incapacité permanente de
travail ou accidents suivis de mort est garanti conformément
aux dispositions des articles suivants.

Art. 24. — A défaut, soit par les chefs d'entreprise débiteurs, soit par les Sociétés d'assurances à primes fixes ou mutuelles, ou les Syndicats de garantie liant solidairement tous
leurs adhérents, de s'acquitter, au moment de leur exigibilité,
des indemnités mises à leur charge à la suite d'accidents ayant
entraîné la mort ou une incapacité permanente de travail, le
paiement en sera assuré aux intéressés par les soins de la Caisse
nationale des retraites pour la vieillesse, au moyen d'un fonds
spécial de garantie constitué comme il va être dit, et dont la
gestion sera confiée à ladite Caisse.

Art. 25. — Pour la constitution du fonds spécial de garantie, il sera ajouté au principal de la contribution des patentes des industriels visés par l'article 1er, quatre centimes additionnels. Il sera perçu sur les mines une taxe de cinq centimes par hectare concédé.

Ces taxes pourront, suivant les besoins, être majorées ou réduites par la loi de finances.

Art. 26. — La Caisse nationale des retraites exercera un recours contre les chefs d'entreprise débiteurs, pour le compte desquels des sommes auront été payées par elle, conformément aux dispositions qui précèdent.

En cas d'assurance du chef d'entreprise, elle jouira, pour le remboursement de ses avances, du privilège de l'article 2102 du Code civil sur l'indemnité due par l'assureur, et n'aura plus de recours contre le chef d'entreprise.

Un règlement d'administration publique déterminera les conditions d'organisation et de fonctionnement du service conféré par les dispositions précédentes à la Caisse nationale des retraites et, notamment, les formes du recours à exercer contre les chefs d'entreprise débiteurs ou les Sociétés d'assurances et les Syndicats de garantie, ainsi que les conditions dans lesquelles les victimes d'accidents ou leurs ayants-droit seront admis à réclamer à la Caisse le paiement de leurs indemnités.

Les décisions judiciaires n'emporteront hypothèque que si elles sont rendues au profit de la Caisse des retraites exerçant son recours contre les chefs d'entreprise ou les Compagnies d'assurances.

Art. 27. — Les Compagnies d'assurances mutuelles ou à primes fixes contre les accidents, françaises ou étrangères, seront soumises à la surveillance et au contrôle de l'État et astreintes à constituer des réserves ou cautionnements dans les conditions déterminées par un règlement d'administration publique.

Le montant des réserves ou cautionnements sera affecté par privilège au paiement des pensions et indemnités.

Les Syndicats de garantie seront soumis à la même surveillance et un règlement d'administration publique déterminera les conditions de leur création et de leur fonctionnement.

Les frais de toute nature résultant de la surveillance et du contrôle seront couverts au moyen de contributions proportionnelles au montant des réserves ou cautionnements, et fixés annuellement, pour chaque Compagnie ou association, par arrêté du Ministre du commerce.

Art. 28. — Le versement du capital représentatif des pensions allouées en vertu de la présente loi ne peut être exigé des débiteurs.

Toutefois, les débiteurs qui désireront se libérer en une fois pourront verser le capital représentatif de ces pensions à la Caisse nationale des retraites, qui établira à cet effet, dans les six mois de la promulgation de la présente loi, un tarif tenant compte de la mortalité des victimes d'accidents et de leurs ayants-droit.

Lorsqu'un chef d'entreprise cesse son industrie, soit volontairement, soit par décès, liquidation judiciaire ou faillite, soit par cession d'établissement, le capital représentatif des pensions à sa charge devient exigible de plein droit et sera versé à la Caisse nationale des retraites. Ce capital sera déterminé au jour de son exigibilité, d'après le tarif visé au paragraphe précédent.

Toutefois, le chef d'entreprise ou ses ayants-droit peuvent être exonérés du versement de ce capital, s'ils fournissent des garanties qui seront à déterminer par un règlement d'administration publique.

TITRE V

Dispositions générales.

Art. 29. — Les procès-verbaux, certificats, actes de notoriété, significations, jugements et autres actes faits ou rendus en vertu et pour l'exécution de la présente loi, sont délivrés gratuitement, visés pour timbre et enregistrés gratis lorsqu'il y a lieu à la formalité de l'enregistrement.

Dans les six mois de la promulgation de la présente loi, un

décret déterminera les émoluments des greffiers de justice de paix pour leur assistance et la rédaction des actes de notoriété, procès-verbaux, certificats, significations, jugements, envois de lettres recommandées, extraits, dépôts de la minute d'enquête au greffe, et pour tous les actes nécessités par l'application de la présente loi, ainsi que les frais de transport auprès des victimes et d'enquête sur place.

Art. 30. — Toute convention contraire à la présente loi est nulle de plein droit.

Art. 31. — Les chefs d'entreprise sont tenus, sous peine d'une amende de 1 à 15 francs, de faire afficher dans chaque atelier la présente loi et les règlements d'administration relatifs à son exécution.

En cas de récidive dans la même année, l'amende sera de 16 à 100 francs.

Les infractions aux dispositions des articles 11 et 31 pourront être constatées par les inspecteurs du travail.

Art. 32. Il n'est point dérogé aux lois, ordonnances et règlements concernant les pensions des ouvriers, apprentis et journaliers appartenant aux ateliers de la marine, et celles des ouvriers immatriculés des manufactures d'armes dépendant du ministère de la guerre.

Art. 33. — La présente loi ne sera applicable que trois mois après la publication officielle des décrets d'administration publique qui doivent en régler l'exécution.

Art. 34. — Un règlement d'administration publique déterminera les conditions dans lesquelles la présente loi pourra être appliquée à l'Algérie et aux colonies.

1er DÉCRET DU 28 FÉVRIER 1899

Portant règlement d'administration publique pour l'exécution de l'article 26 de la loi du 9 avril 1898 sur les accidents du travail.

TITRE PREMIER

Conditions dans lesquelles les victimes d'accidents ou leurs ayants droit sont admis à réclamer le paiement de leurs indemnités.

Art. 1er. — Tout bénéficiaire d'une indemnité liquidée en vertu de l'article 16 de la loi du 9 avril 1898, à la suite d'un accident ayant entraîné la mort ou une incapacité permanente de travail, qui n'aura pu obtenir le paiement, lors de leur exigibilité, des sommes qui lui sont dues, doit en faire la déclaration au maire de la commune de sa résidence.

Art. 2. — La déclaration est faite soit par le bénéficiaire de l'indemnité ou son représentant légal, soit par un mandataire ; elle est exempte de tous frais.

Art. 3. — La déclaration doit indiquer :

1° Les nom, prénoms, âge, nationalité, état civil, profession, domicile du bénéficiaire de l'indemnité ;

2° Les nom et domicile du chef d'entreprise débiteur ou la désignation et l'indication du siège de la Société d'assurances ou du Syndicat de garantie qui aurait dû acquitter la dette à ses lieu et place ;

3° La nature de l'indemnité et le montant de la créance réclamée ;

4° L'ordonnance ou le jugement en vertu duquel agit le bénéficiaire ;

5° Le cas échéant, les nom, prénoms, profession et domicile du représentant légal du bénéficiaire ou du mandataire.

Art. 4. — La déclaration, rédigée par les soins du maire, est signée par le déclarant.

Le maire y joint toutes les pièces qui lui sont remises par le réclamant à l'effet d'établir l'origine de la créance, ses modifications ultérieures et le refus de paiement opposé par le débiteur :

chef d'entreprise, Société d'assurances ou Syndicat de garantie.

Art. 5. — Récépissé de la déclaration et des pièces qui l'accompagnent est remis par le maire au déclarant.

La déclaration et les pièces produites à l'appui sont transmises par le maire au directeur général de la Caisse des dépôts et consignations dans les vingt-quatre heures.

Art. 6. — Le directeur général de la Caisse des dépôts et consignations adresse, dans les quarante-huit heures à partir de sa réception, le dossier au juge de paix du domicile du débiteur, en l'invitant à convoquer celui-ci d'urgence par lettre recommandée.

Art. 7. — Le débiteur doit comparaître au jour fixé par le juge de paix soit en personne, soit par mandataire.

Il lui est donné connaissance de la réclamation formulée contre lui.

Procès-verbal est dressé par le juge de paix des déclarations faites par le comparant, qui appose sa signature sur le procès-verbal.

Art. 8. — Le comparant qui ne conteste ni la réalité ni le montant de la créance est invité par le juge de paix soit à s'acquitter par devant lui, soit à expédier au réclamant la somme due au moyen d'un mandat-carte et à communiquer au greffe le récépissé de cet envoi.

Cette communication doit être effectuée au plus tard le deuxième jour qui suit la comparution devant le juge de paix.

Le juge de paix statue sur le paiement des frais de convocation.

Il constate, s'il y a lieu, dans son procès-verbal, la libération du débiteur.

Art. 9. — Dans le cas où le comparant, tout en reconnaissant la réalité et le montant de sa dette, déclare ne pas être en état de s'acquitter immédiatement, le juge de paix est autorisé, si les motifs invoqués paraissent légitimes, à lui accorder pour sa libération un délai qui ne peut excéder un mois.

Dans ce cas, en vue du paiement immédiat prévu à l'article 13 ci-dessous, le procès-verbal dressé par le juge de paix constate la reconnaissance de dette et l'engagement pris par le comparant de se libérer dans le délai qui lui a été accordé, au moyen, soit d'un versement entre les mains du caissier de la Caisse des dépôts et consignations, à Paris, ou des préposés de la Caisse dans les départements, soit de l'expédition d'un mandat-carte payable au caissier général, à Paris.

Art. 10. — Si le comparant déclare ne pas être débiteur du réclamant ou n'être que partiellement son débiteur, le juge de paix constate dans son procès-verbal le refus total ou partiel de paiement et les motifs qui en ont été donnés.

Il est procédé, pour l'acquittement de la somme non contestée, suivant les dispositions des articles 8 ou 9, tous droits restant réservés pour le surplus.

Art. 11. — Au cas où le débiteur convoqué ne comparaît pas au jour fixé, le juge de paix procède dans la huitaine à une enquête à l'effet de rechercher :

1° Si le débiteur convoqué n'a pas changé de domicile ;

2° S'il a cessé son industrie, soit volontairement, soit par cession d'établissement, soit par suite de faillite ou de liquidation judiciaire et, dans ce cas, quel est le syndic ou le liquidateur, soit par suite de décès et, dans l'affirmative, par qui sa succession est représentée.

Le procès-verbal dressé par le juge de paix constate la non-comparution et les résultats de l'enquête.

Art. 12. — Dans les deux jours qui suivent soit la libération immédiate du débiteur, soit sa comparution devant le juge de paix au cas où il a refusé le paiement ou obtenu un délai, soit la clôture de l'enquête dont il est question en l'article précédent, le juge de paix adresse au directeur général de la Caisse des dépôts et consignations le dossier et y joint le procès-verbal par lui dressé.

Art. 13. — Dès la réception du dossier, s'il résulte du procès-verbal dressé par le juge de paix que le débiteur n'a pas contesté sa dette, mais ne s'en est pas libéré, ou si les motifs invoqués pour refuser le paiement ne paraissent pas légitimes, le directeur général de la Caisse des dépôts et consignations remet au réclamant ou lui adresse, par mandat-carte, la somme à laquelle il a droit. Il fait parvenir également au greffier de la justice de paix le montant de ses déboursés et émoluments.

Il est procédé de même, si le débiteur ne s'est pas présenté devant le juge de paix et si la réclamation du bénéficiaire de l'indemnité paraît justifiée.

Art. 14. — Dans le cas où les motifs invoqués par le comparant pour refuser le paiement paraissent fondés ou en cas de non-comparution, si la réclamation formulée par le bénéficiaire ne semble pas suffisamment justifiée, le directeur général de la Caisse des dépôts et consignations renvoie, par l'intermédiaire du maire, au réclamant le dossier par lui produit, en lui laissant le soin d'agir contre la personne dont il se prétend le créancier, conformément aux règles du droit commun.

Le montant des déboursés et émoluments du greffier est, en ce cas, acquitté par les soins du directeur général et imputé sur les fonds de garantie.

TITRE II

Du recours de la Caisse des retraites pour le recouvrement de ses avances et pour l'encaissement des capitaux exigibles.

Art. 15. — Le recours de la Caisse nationale des retraites est exercé aux requête et diligence du directeur général de la Caisse des dépôts et consignations, dans les conditions énoncées aux articles suivants.

Art. 16. — Dans les cinq jours qui suivent le paiement fait au bénéficiaire de l'indemnité et au greffier de la justice de paix, conformément aux articles 13 et 14, ou à l'expiration du délai dont il est question à l'article 9, si le remboursement n'a pas été opéré dans ce délai, le directeur général de la Caisse des dépôts et consignations informe le débiteur, par lettre recommandée, du paiement effectué pour son compte.

La lettre recommandée fait en même temps connaître que, faute par le débiteur d'avoir remboursé dans un délai de quinzaine le montant de la somme payée, d'après un des modes prévus au dernier alinéa de l'article 9, le recouvrement sera poursuivi par la voie judiciaire.

Art. 17. — A l'expiration du délai imparti par le deuxième alinéa de l'article 16 ci-dessus, il est délivré par le directeur général de la Caisse des dépôts et consignations, à l'encontre du débiteur qui ne s'est pas acquitté, une contrainte pour le recouvrement.

Art. 18. — La contrainte décernée par le directeur général de la Caisse des dépôts et consignations est visée et déclarée exécutoire par le juge de paix du domicile du débiteur.

Elle est signifiée par ministère d'huissier.

Art. 19. — L'exécution de la contrainte ne peut être interrompue que par une opposition formée par le débiteur et contenant assignation donnée au directeur général de la Caisse des dépôts et consignations devant le Tribunal civil du domicile du débiteur.

Art. 20. — L'instance à laquelle donne lieu l'opposition à contrainte est suivie dans les formes et délais déterminés par l'article 65 de la loi du 22 frimaire an VII sur l'enregistrement.

Art. 21. — Les frais de poursuites et dépens de l'instance auxquels a été condamné le débiteur débouté de son opposition sont recouvrés par le directeur général de la Caisse des dépôts et consignations au moyen d'un état de frais taxé sur sa demande et rendu exécutoire par le président du tribunal.

Art. 22. — Lorsque le capital représentatif d'une pension est, conformément aux termes de l'article 28 de la loi du 9 avril 1898, devenu exigible par suite de la faillite ou de la liquidation judiciaire du débiteur, le directeur général de la Caisse des dépôts et consignations représentant la Caisse nationale des retraites pour la vieillesse demande l'admission au passif pour le montant de sa créance.

Il est procédé, dans ce cas, conformément aux dispositions des articles 491 et suivants du Code de commerce et de la loi du 4 mars 1889 sur la liquidation judiciaire.

Art. 23. — En cas d'exigibilité du capital par suite d'une des circonstances prévues en l'article 28 de la loi du 9 avril 1898 autre que la faillite ou la liquidation judiciaire du débiteur, le directeur général de la Caisse des dépôts et consignations, par lettre recommandée, met en demeure le débiteur ou ses représentants d'opérer, dans les deux mois qui suivront la réception de la lettre, le versement à la Caisse nationale des retraites du capital exigible, à moins qu'il ne soit justifié que les garanties prescrites par le décret du 28 février 1899, portant règlement d'administration publique en exécution de l'article 28 de la loi ci-dessus visée, ont été fournies.

Art. 24. — Si, à l'expiration du délai de deux mois, le versement n'a pas été effectué ou les garanties exigées n'ont pas été fournies, il est procédé au recouvrement dans les mêmes conditions et suivant les formes énoncées aux articles 17 à 21 du présent décret.

Art. 25. — En dehors des délais fixés par les dispositions qui précèdent, le directeur général de la Caisse des dépôts et consignations peut accorder au débiteur tous délais ou toutes facilités de paiement.

Le directeur général peut également transiger.

TITRE III

Organisation du fonds de garantie.

Art. 26. — Le fonds de garantie institué par les articles 24 et 25 de la loi du 9 avril 1898 fait l'objet d'un compte spécial ouvert dans les écritures de la Caisse des dépôts et consignations.

Art. 27. — Le Ministre du commerce adresse au Président de la République un rapport annuel, publié au *Journal officiel*, sur le fonctionnement général du fonds de garantie visé par les articles 24 à 26 de la loi du 9 avril 1898.

Art. 28. — Les recettes du fonds de garantie comprennent :

1° Les versements effectués par le Trésor public, représentant le montant des taxes recouvrées en conformité de l'article 25 de la loi du 9 avril 1898 ;

2° Les recouvrements effectués sur les débiteurs d'indemnités dans les conditions prévues aux titres I et II du présent décret ;

3° Les revenus et arrérages et le produit du remboursement des valeurs acquises en conformité de l'article 30 du présent décret ;

4⁰ Les intérêts du fonds de roulement prévus au deuxième alinéa du même article.

Art. 29. — Les dépenses du fonds de garantie comprennent :

1° Les sommes payées aux bénéficiaires des indemnités ;

2⁰ Les sommes versées sur des livrets individuels à la caisse nationale des retraites pour la vieillesse et représentant les capitaux de pensions exigibles dans les cas prévus par l'article 28, § 3, de la loi du 9 avril 1898 ;

3° Le montant des frais de toute nature auxquels donne lieu le fonctionnement du fonds de garantie.

Art. 30. — Les ressources du fonds de garantie sont employées dans les conditions prescrites par l'article 22 de la loi du 20 juillet 1886.

Les sommes liquides reconnues nécessaires pour assurer le fonctionnement du fonds de garantie sont bonifiées d'un intérêt calculé à un taux égal à celui qui est adopté pour le compte courant ouvert à la Caisse des dépôts et consignations dans les écritures du Trésor public.

Art. 31. — Le Ministre du commerce, de l'industrie, des postes et des télégraphes, le Ministre des finances et le Garde des sceaux, Ministre de la justice, sont chargés, chacun en ce qui le concerne, de l'exécution du présent décret, qui sera publié au *Journal officiel* de la République française et inséré au *Bulletin des lois*.

2ᵉ DÉCRET DU 28 FÉVRIER 1899

Portant règlement d'administration publique pour l'exécution de l'article 27 de la loi du 9 avril 1898 sur les accidents du travail.

TITRE PREMIER

Sociétés d'assurances mutuelles ou à primes fixes.

CHAPITRE PREMIER. — *Cautionnements et réserves.*

Art. 1ᵉʳ. — Toutes les Sociétés qui pratiquent, dans les termes de la loi du 9 avril 1898, l'assurance mutuelle ou à primes fixes contre le risque des accidents de travail ayant entraîné la mort ou une incapacité permanente, sont astreintes, pour ce risque, aux dispositions du présent titre.

Art. 2. — Indépendamment des garanties spécifiées aux articles 2 et 4 du décret du 22 janvier 1868 et de la réserve mathématique, les Sociétés anonymes d'assurances françaises ou étrangères à primes fixes doivent justifier de la constitution préalable d'un cautionnement fixé d'après des bases que détermine le Ministre, sur l'avis du Comité consultatif prévu à l'article 16 ci-après, et affecté, par privilège, au paiement des pensions et indemnités, conformément à l'article 27 de la loi.

Art. 3. — Le cautionnement est constitué, dans les quinze jours de la notification de la décision du Ministre, à la Caisse des dépôts et consignations, en valeurs énumérées au troisième paragraphe de l'article 8 ci-dessous. Il est révisé chaque année. Les titres sont estimés au cours moyen de la Bourse de Paris au jour du dépôt.

Art. 4. — Le cautionnement est versé au lieu où la Société a son siège principal, dans les conditions déterminées par les lois et règlements en vigueur sur la consignation des valeurs mobilières.

Les intérêts des valeurs déposées peuvent être retirés par la Société. Il en est de même, en cas de remboursement des titres avec primes ou lots, de la différence entre le prix de remboursement et le cours moyen de la Bourse de Paris, au jour fixé pour le remboursement, de la valeur sortie au tirage.

Le montant des remboursements, déduction faite de cette différence, doit être immédiatement remployé en achat de valeurs visées au troisième paragraphe de l'article 8, sur l'ordre de la Société, ou d'office en rentes sur l'Etat, si la Société n'a pas donné d'ordres dans les quinze jours de la notification de remboursement faite, sous pli recommandé, par la Caisse des dépôts et consignations.

Il en est de même pour les fonds provenant d'aliénations de titres demandées par la Société.

Art. 5. — Les valeurs déposées ou les valeurs acquises en remploi de ces valeurs ne peuvent être retirées que : 1° dans le cas où le cautionnement exigible a été fixé, pour l'année courante, à un chiffre inférieur à celui de l'année précédente et jusqu'à concurrence de la différence ; 2° dans le cas où la Société, ayant versé à la Caisse nationale des retraites les capitaux constitutifs des rentes et indemnités assurées, justifie qu'elle a complètement rempli toutes ses obligations. Dans les deux cas, une décision du Ministre du commerce est nécessaire.

Art. 6. — Indépendamment des garanties spécifiées à l'article 29 du décret du 22 janvier 1868, les Sociétés d'assurances mutuelles sont soumises aux dispositions des articles 2, 3, 4 et 5 ci-dessus.

Toutefois, le cautionnement qu'elles auront à verser est réduit de moitié pour celles de ces Sociétés dont les statuts stipulent :

1° Que la Société ne peut assurer que tout ou partie des risques prévus par l'article 3 de la loi du 9 avril 1898 ;

2° Qu'elle assure exclusivement, soit les ouvriers d'une seule profession, soit les ouvriers de professions appartenant à un même groupe d'industries, d'après une classification générale arrêtée à cet effet par le Ministre du commerce, après avis du Comité consultatif ;

3° Que le maximum de contribution annuelle dont chaque sociétaire est passible pour le paiement des sinistres, est au moins double de la prime totale fixée par son contrat pour l'assurance de tous les risques, et triple de la prime partielle déterminée par le Ministre du commerce, après avis du Comité consultatif, pour les mêmes professions et pour les risques définis à l'article 23 de la loi.

Art. 7. — Les Sociétés anonymes d'assurances à primes fixes et les Sociétés mutuelles d'assurances sont tenues de justifier, dès la deuxième année d'exploitation, de la constitution d'une *réserve mathématique* ayant pour minimum de valeur le montant des capitaux représentatifs des rentes et indemnités à servir à la suite d'accidents ayant entraîné la mort ou une incapacité permanente.

Les capitaux représentatifs sont calculés d'après un barème

minimum déterminé par le Ministre du commerce, après avis du Comité consultatif.

Art. 8. — Le montant de la réserve mathémathique est arrêté chaque année, la Société entendue, par le Ministre du commerce et à l'époque qu'il détermine.

Cette réserve reste aux mains de la Société. Elle ne peut être placée que dans les conditions suivantes :

1º Pour les deux tiers au moins de la fixation annuelle, en valeurs de l'Etat ou jouissant d'une garantie de l'Etat ; en obligations négociables et entièrement libérées des départements, des communes et des chambres de commerce ; en obligations foncières et communales du Crédit foncier ;

2º Jusqu'à concurrence du tiers au plus de la fixation annuelle, en immeubles situés en France et en premières hypothèques sur ces immeubles, pour la moitié au maximum de leur valeur estimative ;

3º Jusqu'à concurrence d'un dixième, confondu dans le tiers précédent, en commandites industrielles ou en prêts à des exploitations industrielles de solvabilité notoire.

Pour la fixation prévue au paragraphe premier du présent article, les valeurs mobilières sont estimées à leur prix d'achat. Si leur valeur totale descend au-dessous de ces prix de plus d'un dixième, un arrêté du Ministre du commerce oblige la Société à parfaire la différence en titres nouveaux, dans un délai qui ne peut être inférieur à deux ans ni supérieur à cinq ans.

Les immeubles sont estimés à leur prix d'achat ou de revient ; les prêts hypothécaires, les commandites industrielles ou les prêts à des Sociétés industrielles, aux prix établis par actes authentiques.

Art. 9. — Si les Sociétés visées aux articles 2 et 6 ci-dessus ne font point elles-mêmes le service des rentes et indemnités attribuables aux termes de l'article 3 de la loi du 9 avril 1898 pour les accidents ayant entraîné la mort ou une incapacité permanente de travail, et si elles opèrent immédiatement le versement des capitaux constitutifs de ces rentes et indemnités à la Caisse nationale des retraites, il n'y a pas lieu pour elles à constitution de réserve mathématique.

Si ces Sociétés versent seulement, dans les conditions sus-désignées une partie des capitaux constitutifs dont il s'agit, leur réserve mathématique est réduite proportionnellement.

Chapitre II. — *Surveillance et contrôle.*

Art. 10. — Les Sociétés visées à l'article 1er qui assurent d'autres risques que celui résultant de l'application de la loi du 9 avril 1898 pour le cas de mort ou d'incapacité permanente, ou qui assurent concurremment un risque analogue dans des pays étrangers, doivent établir, pour les opérations se rattachant à ce risque en France, une gestion et une comptabilité absolument distinctes.

Art. 11. — Toutes les Sociétés doivent communiquer immédiatement au Ministre du commerce dix exemplaires de tous les règlements, tarifs, polices, prospectus et imprimés distribués ou utilisés par elle.

Les polices doivent :

1° Reproduire textuellement les articles 3, 9, 19 et 30 de la loi du 9 avril 1898 ;

2° Spécifier qu'aucune clause de déchéance ne pourra être opposée aux ouvriers créanciers ;

3 Stipuler que les contrats se trouveraient résiliés de plein droit dans le cas où la Société cesserait de remplir les conditions fixées par la loi et le présent décret.

Art. 12. — Les Sociétés doivent produire au Ministre du commerce, aux dates fixées par lui :

1° Le compte rendu détaillé annuel de leurs opérations avec des tableaux financiers et statistiques annexes, dans les conditions déterminées par arrêté ministériel, après avis du Comité consultatif. Ce compte rendu doit être délivré par les Sociétés intéressées à toute personne qui en fait la demande, moyennant paiement d'une somme qui ne peut excéder 1 franc ;

2° L'état des salaires assurés et l'état des rentes et indemnités correspondant au risque spécifié à l'article 1er, ainsi que tous autres états ou documents manuscrits que le Ministre juge nécessaires à l'exercice du contrôle.

Art. 13. — Elles sont soumises à la surveillance permanente de commissaires-contrôleurs, sous l'autorité du Ministre du commerce, et peuvent être en outre contrôlées par toute personne spécialement déléguée à cet effet par le Ministre.

Art. 14. — Les commissaires-contrôleurs sont recrutés dans les conditions déterminées par arrêté du Ministre du commerce, après avis du Comité consultatif.

Ils prêtent serment de ne pas divulguer les secrets commerciaux dont ils auraient connaissance dans l'exercice de leurs fonctions.

Ils sont spécialement accrédités, pour des périodes fixées, auprès des Sociétés qu'ils ont mission de surveiller.

Ils vérifient, au siège des Sociétés, l'état des assurés et des salaires assurés, les contrats intervenus, les écritures et pièces comptables, la caisse, le portefeuille, les calculs des réserves et tous les éléments de contrôle propres, soit à établir les opérations dont résultent des obligations pour les Sociétés, soit à constater la régulière exécution tant des statuts que des prescriptions contenues dans le décret du 22 janvier 1868, dans le présent décret et dans les arrêtés ministériels qu'il prévoit.

Ils se bornent à ces vérifications et constatations, sans pouvoir donner aux Sociétés aucune instruction ni apporter à leur fonctionnement aucune entrave.

Ils rendent compte au Ministre du commerce, qui seul prescrit, dans les formes et délais qu'il fixe, les redressements nécessaires.

Art. 15. — A l'aide des rapports de vérification et des contre-vérifications auxquelles il peut faire procéder soit d'office, soit à la demande des Sociétés intéressées, le Ministre du commerce présente chaque année au Président de la République un rapport d'ensemble établissant la situation de toutes les Sociétés soumises à la surveillance.

Il adresse, le cas échéant, à chacune des Sociétés les injonctions nécessaires et la met en demeure de s'y conformer.

Art. 16. — Il est constitué auprès du Ministre du commerce un « *Comité consultatif des assurances contre les accidents du travail* » dont l'organisation est réglée par arrêté du Ministre.

Ce Comité doit être consulté dans les cas spécifiés par le présent décret et par les décrets du même jour, rendus en exécution des articles 26 et 28 de la loi du 9 avril 1898. Il peut être saisi par le Ministre de toutes autres questions relatives à l'application de ladite loi.

Art. 17. — Le décret du 22 janvier 1868 demeure applicable aux Sociétés régies par le présent décret, en toutes celles de ses dispositions qui ne lui sont pas contraires.

Art. 18. — Chaque année, avant le 1er décembre, le Ministre du commerce arrête, après avis du Comité consultatif, et publie au *Journal officiel* la liste des Sociétés mutuelles ou à primes fixes, françaises ou étrangères, qui fonctionnent dans les conditions prévues par les articles 26 et 27 de la loi du 9 avril 1898 et par le présent décret.

Art. 19. — Dès que, après fixation du cautionnement, dans les conditions déterminées par les articles 2 et 6 ci-dessus, chaque Société actuellement existante aura effectué à la Caisse des dépôts et consignations le versement du montant de ce cautionnement, mention de cette formalité sera faite au *Journal officiel* par les soins du Ministre du commerce, en attendant la publication de la première liste générale prévue à l'article 18

Il en sera de même ultérieurement pour les Sociétés constituées après la publication de la liste générale annuelle.

Art. 20. — Les Sociétés étrangères doivent accréditer auprès du Ministre du commerce et de la Caisse des dépôts et consignations un agent spécialement préposé à la direction de toutes les opérations faites en France pour les assurances visées à l'article 1er.

Cet agent représente seul la Société auprès de l'Administration. Il doit être domicilié en France.

TITRE II

Syndicats de garantie.

Art. 21. — Les Syndicats de garantie prévus par la loi du 9 avril 1898 lient solidairement tous leurs adhérents pour le paiement des rentes et indemnités attribuables en vertu de la même loi à la suite d'accidents ayant entraîné la mort ou une incapacité permanente.

La solidarité ne prend fin que lorsque le Syndicat de garantie a liquidé entièrement ses opérations, soit directement, soit en versant à la Caisse nationale des retraites l'intégralité des capitaux constitutifs des rentes et indemnités dues.

La liquidation peut être périodique.

Art. 22. — Les Syndicats de garantie doivent comprendre au moins 5,000 ouvriers assurés et 10 chefs d'entreprise adhérents, dont 5 ayant au moins chacun 300 ouvriers.

Art. 23. — Le fonctionnement de chaque Syndicat est réglé par des statuts, qui doivent être soumis, avant toute opération, à l'approbation du Gouvernement.

Il est statué par décret rendu en Conseil-d'État, sur le rapport du Ministre du commerce, après avis du Comité consultatif des assurances contre les accidents du travail, au vu des statuts souscrits et des pièces justifiant des conditions et des engagements prévus aux articles 21 et 22 ci-dessus.

Art. 24. — Le décret portant approbation des statuts règle :

1° Le fonctionnement de la surveillance et du contrôle, dans des conditions analogues à celles que détermine le chapitre II du titre Ier du présent décret ;

2° Les conditions dans lesquelles l'approbation peut être révoquée et les mesures à prendre, en ce cas, pour le versement des capitaux constitutifs des pensions et indemnités en cours.

Art. 25. — Les contributions pour frais de surveillance sont fixées d'après le montant du cautionnement auquel serait astreinte une Société d'assurance pour le même chiffre de salaires assurés.

Art. 26. — Le Ministre du commerce, de l'industrie, des postes et des télégraphes et le Ministre des finances sont chargés, chacun en ce qui le concerne, de l'exécution du présent décret, qui sera publié au *Journal officiel* de la République française et inséré au *Bulletin des lois*.

3ᵉ DÉCRET DU 28 FÉVRIER 1899

Portant règlement d'administration publique pour l'exécution de l'article 28 de la loi du 9 avril 1898 sur les accidents du travail.

Art. 1ᵉʳ. — Lorsqu'un chef d'entreprise cesse son industrie dans les cas prévus par l'avant-dernier alinéa de l'article 28 de la loi du 9 avril 1898, ce chef d'entreprise ou ses ayants-droit peuvent être exonérés du versement à la Caisse nationale des retraites, du capital représentatif des pensions à leur charge s'ils justifient :

1° Soit du versement de ce capital à une des sociétés visées à l'article 18 du décret du 28 février 1899, portant règlement d'administration publique, en exécution de l'article 27 de la loi ci-dessus visée ;

2° Soit de l'immatriculation d'un titre de rente pour l'usufruit au nom des titulaires de pensions, le montant de la rente devant être au moins égal à celui de la pension ;

3° Soit du dépôt à la Caisse des dépôts et consignations, avec affectation à la garantie des pensions, de titres spécifiés au papagraphe 3 de l'article 8 du décret précité. La valeur de ces titres, établie d'après le cours moyen de la Bourse de Paris au jour du dépôt, doit correspondre au chiffre maximum qu'est susceptible d'atteindre le capital constitutif exigible par la Caisse nationale des retraites. Elle peut être revisée tous les trois ans à la valeur actuelle des pensions, d'après le cours moyen des titres au jour de la révision ;

4° Soit de l'affiliation du chef d'entreprise à un Syndicat de garantie liant solidairement tous ses membres et garantissant le paiement des pensions ;

5° Soit, en cas de cession d'établissement, de l'engagement pris par le cessionnaire vis-à-vis du directeur général de la Caisse des dépôts et consignations d'acquitter ses pensions dues et de rester solidairement responsable avec le chef d'entreprise.

Art. 2 — Des arrêtés du Ministre du commerce, pris après avis du Comité consultatif des assurances contre les accidents, règlent les mesures nécessaires à l'application du présent décret.

Art. 3. — Le Ministre du commerce, de l'industrie, des postes et des télégraphes et le Ministre des finances sont chargés, chacun en ce qui le concerne, de l'exécution du présent décret, qui sera publié au *Journal officiel* de la République française et inséré au *Bulletin des lois*.

DÉCRET DU 5 MARS 1899

Fixant les émoluments alloués aux greffiers de justice de paix, pour l'assistance aux actes de notoriété et pour les actes de la procédure par la loi du 9 avril 1898.

Art. 1er. — Il est alloué aux greffiers des justices de paix :

1° Pour assistance aux actes de notoriété, quatre francs ;

2° Pour assistance aux enquêtes sur place, ainsi qu'aux constatations auxquelles il est procédé par le juge de paix, non compris le temps de voyage, pour chaque vacation de trois heures, quatre francs ;

3° Pour assistance à l'ensemble des opérations prévues par le règlement d'administration publique rendu en exécution de l'article 26 de la loi du 9 avril 1898, deux francs ;

4° Pour chaque envoi de lettre recommandée, déboursés non compris, cinquante centimes ;

5° Pour dépôt de rapport d'expert ou de pièces, deux francs ;

6° Pour transmission de l'enquête au Président du tribunal, tous frais de port compris, quatre francs ;

7° Pour toute mention au répertoire, dix centimes ;

8° Pour transport à plus de deux kilomètres du chef-lieu de canton, par kilomètre parcouru, en allant et en revenant, si le transport est effectué par chemin de fer, vingt centimes ; si le transport a eu lieu autrement, quarante centimes.

Art. 2. — Le Garde des sceaux, Ministre de la justice, est chargé de l'exécution du présent décret, qui sera publié au *Journal officiel* et inséré au *Bulletin des lois*.

LOI DU 13 AVRIL 1900

Portant fixation du budget des dépenses et des recettes de l'année 1900.

Art. 31. — Pour les délivrances d'actes visées dans l'article 29 de la loi du 9 avril 1898, les greffiers et les officiers ministériels ont droit à un émolument.

Un règlement d'administration publique déterminera les frais de transport des juges de paix.

En cas de conciliation et sur le vu de l'ordonnance du Président du tribunal, le greffier délivre à l'Administration de l'enregistrement et des domaines, contre l'adversaire de l'assisté, sur état taxé par le Président du tribunal, un exécutoire de dépens qui comprend les avances faites par le Trésor, ainsi que les droits, frais et émoluments dus aux greffiers et aux officiers ministériels à l'occasion de l'enquête préalable et de la conciliation.

DÉCRET DU 23 MARS 1902

Relatif à l'exécution des articles 11 et 12 de la loi du 9 avril 1898 modifiée par la loi du 22 mars 1902.

Art. 1er. — Pour chaque victime d'un accident ayant occasionné une incapacité de travail, dans les cas prévus par la loi du 9 avril 1898, la déclaration de l'accident, le récépissé de cette déclaration, le procès-verbal du maire, le dépôt du certificat médical, le récépissé de ce dépôt, la transmission de pièces à la justice de paix, l'avis au service d'inspection, seront établis conformément aux sept modèles annexés au présent décret.

Art. 2. — Le présent décret aura effet à dater du 1er mai 1902.

Sont rapportés, à la même date, les décrets des 30 juin et 18 août 1899.

MODÈLE I

DÉCLARATION D'ACCIDENT DU TRAVAIL (a)

(Art. 11 de la loi du 9 avril 1898, modifié par la loi du 22 mars 1902).

(1) Indiquer les nom, prénoms, profession et adresse, soit du chef d'entreprise, s'il fait la déclaration lui-même, soit de son préposé en mentionnant son emploi dans l'entreprise, soit des représentants de la victime, en mentionnant à quel titre ils la représentent (père, mère, conjoint, enfant, mandataire, etc.).

Si la déclaration est faite par la victime elle-même, indiquer ici les renseignements prévus ci-après sous le n° 3.

(2) Indiquer la nature de l'établissement et son adresse, ainsi que le lieu précis où l'accident s'est produit.

(3) Indiquer les nom, prénoms, âge, sexe, profession et adresse de la victime.

(4) Spécifier l'engin, le travail, le fait qui a occasionné l'accident.

(5) Préciser la nature des blessures: fracture de la jambe, contusions, lésions internes, asphyxie, etc. Spécifier s'il y a eu décès.

(6) Indiquer les noms, professions et adresses.

(7) Titre et siège du syndicat de garantie, de la société mutuelle, ou de la compagnie à primes fixes qui assure le chef d'entreprise. S'il n'y a pas d'assureur, le déclarer expressément

Le soussigné (1),

déclare à M. le Maire de la commune d

canton d

arrondissement d

département d

conformément à l'article 11 de la loi du 9 avril 1898, modifié par la loi du 22 mars 1902, qu'un accident ayant occasionné une incapacité de travail est survenu le

à   heure

dans (2)

à (3)

L'accident a été occasionné par la cause matérielle ci-après, dans les circonstances suivantes (4) :

L'accident a produit les blessures suivantes (5) :

Les témoins de l'accident sont (6) :

Je déclare être assuré contre les accidents du travail par la société ci-après (7) :

Fait à   , le   19   .

(*Signature du déclarant.*)

(a) Cette déclaration doit être remise à la mairie par le chef d'entreprise ou son préposé dans les quarante-huit heures de l'accident, non compris les dimanches et jours fériés. Dans les quatre jours qui suivent l'accident, si la victime n'a pas repris son travail, le chef d'entreprise ou son préposé doit, en outre, déposer un certificat de médecin indiquant l'état de la victime, les suites probables de l'accident et l'époque à laquelle il sera possible d'en connaître le résultat définitif (Modèle IV).

Si la déclaration est faite par la victime ou ses ayants-droit, le certificat médical doit être joint à la déclaration.

MODÈLE II

RÉPUBLIQUE FRANÇAISE

DÉPARTEMENT

d

ARRONDISSEMENT

d

CANTON

d

MAIRIE D

RÉCÉPISSÉ DE DÉCLARATION D'ACCIDENT DU TRAVAIL

(Art. 11 de la loi du 9 avril 1898, modifié par la loi du 22 mars 1902)

(1) Nom et prénoms.

(2) Nom et prénoms du déclarant.

(3) Nom, prénoms et adresse de la victime.

Nous sousigné (1)
maire de la commune d
donnons récépissé à M. (2)
de la déclaration de l'accident survenu le
à (3)
qu'il a déposée ce jour à la mairie, à heure.

Fait à le 19 .

(Signature.)

DÉPARTEMENT

d _______

ARRONDISSEMENT

d _______

CANTON

d _______

(1) Nom et prénoms.

(2) Indiquer les nom, prénoms, profession et adresse soit du chef d'entreprise, s'il fait la déclaration lui-même, soit de son préposé, en mentionnant son emploi dans l'entreprise, soit des représentants de la victime, en mentionnant à quel titre ils la représentent (père, mère, conjoint, enfant, mandataire, etc.).

Si la déclaration est faite par la victime elle-même, indiquer ici les renseignements prévus ci-après sous le n° 4.

(3) Indiquer la nature de l'établissement et son adresse, ainsi que le lieu précis où l'accident s'est produit.

(4) Indiquer les nom, prénoms, âge, sexe, profession et adresse de la victime.

(5) Spécifier l'engin, le travail, le fait qui a occasionné l'accident.

(6) Préciser la nature des blessures : fracture de la jambe, contusions, lésions internes, asphyxie, etc. Spécifier s'il y a eu décès.

(7) Indiquer les noms, professions et adresses.

MODÈLE III

RÉPUBLIQUE FRANÇAISE

MAIRIE D _______

PROCÈS-VERBAL DE DÉCLARATION D'ACCIDENT DU TRAVAIL

(Art. 11 de la loi du 9 avril 1898, modifié par la loi du 22 mars 1902)

Nous soussigné (1)
maire de la commune d
avons reçu le   à   heure
de M. (2)
en exécution de l'article 11 de la loi du 9 avril 1898, modifié par la loi du 22 mars 1902, une déclaration relative à un accident survenu le
                                à   heure
dans (3)
à (4)

Cette déclaration constate :

1° Que l'accident a été occasionné par la cause matérielle ci-après, dans les circonstances suivantes (5) :

2° Que l'accident a produit les blessures suivantes (6) :

3° Que les témoins de l'accident sont (7) :

La déclaration, dont récépissé a été délivré séance tenante au déclarant, a été annexée au présent procès-verbal pour être transmise à la justice de paix dans le délai prescrit par la loi (a).

Fait et arrêté le présent procès-verbal les jour, mois et an que dessus.

(*Signature du maire.*)

(a) Si la déclaration est faite par la victime ou ses ayants-droit, le procès-verbal fait en outre mention du dépôt du certificat médical, qui doit être joint à la déclaration.

MODÈLE IV

DÉPOT DE CERTIFICAT MÉDICAL

(Art. 11 de la loi du 9 avril 1898, modifié par la loi
du 22 mars 1902)

(1) Indiquer les nom, prénoms, profession et adresse soit du chef d'entreprise, s'il fait la déclaration lui-même, soit de son préposé, en mentionnant son emploi dans l'entreprise.

(2) Indiquer les nom, prénoms, âge, sexe, profession et adresse de la victime.

(3) Nom et adresse.

Le soussigné (1)
remet à M. le Maire de la commune de
canton d
arrondissement d
département d
pour être joint à la déclaration faite le
de l'accident survenu le
à (2)
un certificat du docteur (3)
indiquant l'état de la victime, les suites probables de l'accident et l'époque à laquelle il sera
possible d'en connaître le résultat définitif.
Fait à   , le   19.

(*Signature du déposant.*)

MODÈLE V

RÉPUBLIQUE FRANÇAISE

DÉPARTEMENT
d

ARRONDISSEMENT
d

CANTON
d

(1) Nom et prénoms.

(2) Nom et prénoms du déclarant.

(3) Nom, prénoms et adresse de la victime.

MAIRIE D

RÉCÉPISSÉ DE CERTIFICAT MÉDICAL
(Art. 11 de la loi du 9 avril 1898, modifié par la loi
du 22 mars 1902)

Nous soussigné (1)
maire de la commune d
donnons récépissé à M. (2)
du certificat médical relatif à l'accident survenu
à (3)
qu'il dépose ce jour à la mairie, à   heure   ,
pour être joint à la déclaration reçue le
Fait à   , le   19 .

(*Signature.*)

XIV. — RÉGLEMENTATION DU TRAVAIL

DÉCRET DU 9 SEPTEMBRE 1848

Relatif aux heures de travail dans les manufactures et usines, modifié par la loi du 30 mars 1900.

Art. 1er. — La journée de l'ouvrier dans les manufactures et usines ne pourra pas excéder douze heures de travail effectif.

Toutefois, dans les établissements énumérés dans l'article 1er de la loi du 2 novembre 1892 qui emploient dans les mêmes locaux des hommes adultes et des personnes visées par ladite loi, la journée de ces ouvriers ne pourra excéder onze heures de travail effectif.

Dans le cas du paragraphe précédent, au bout de deux ans à partir de la promulgation de la présente loi (*Loi du 30 mars 1900*), la journée sera réduite à dix heures et demie et, au bout d'une nouvelle période de deux ans, à dix heures.

Art. 2. — Des règlements d'administration publique détermineront les exceptions qu'il sera nécessaire d'apporter à cette disposition générale, à raison de la nature des industries ou des causes de force majeure.

Art. 3. — Il n'est porté aucune atteinte aux usages et aux conventions qui, antérieurement au 2 mars, fixaient pour certaines industries la journée de travail à un nombre d'heures inférieur à douze.

Art. 4. — Tout chef de manufacture ou usine qui contreviendra au présent décret et aux règlements d'administration publique promulgués en exécution de l'article 2, sera puni d'une amende de cinq francs à cent francs.

Les contraventions donneront lieu à autant d'amendes qu'il y aura d'ouvriers indûment employés, sans que ces amendes réunies puissent s'élever au-dessus de mille francs.

Le présent article ne s'applique pas aux usages locaux et conventions indiquées dans la présente loi.

Art. 5. — L'article 463 du Code pénal pourra toujours être appliqué.

Art. 6. — Le décret du 2 mars, en ce qui concerne la limitation des heures du travail, est abrogé.

LOI DU 2 NOVEMBRE 1892

Modifiée par la loi du 30 mars 1900 sur le travail des enfants, des filles mineures et des femmes dans les établissements industriels.

Section Iʳᵉ. — *Dispositions générales. — Age d'admission. — Durée du travail.*

Art. 1ᵉʳ. — Le travail des enfants, des filles mineures et des femmes dans les usines, manufactures, mines, minières et carrières, chantiers, ateliers et leurs dépendances, de quelque nature que ce soit, publics ou privés, laïques ou religieux, même lorsque ces établissements ont un caractère d'enseignement professionnel ou de bienfaisance, est soumis aux obligations déterminées par la présente loi.

Toutes les dispositions de la présente loi s'appliquent aux étrangers travaillant dans les établissements ci-dessus désignés.

Sont exceptés les travaux effectués dans les établissement où ne sont employés que les membres de la famille sous l'autorité, soit du père, soit de la mère, soit du tuteur.

Néanmoins, si le travail s'y fait à l'aide de chaudière à vapeur ou de moteur mécanique, ou si l'industrie exercée est classée au nombre des établissements dangereux ou insalubres, l'inspecteur aura le droit de prescrire les mesures de sécurité et de salubrité à prendre, conformément aux articles 12, 13 et 14.

Art. 2. — Les enfants ne peuvent être employés par les patrons, ni être admis dans les établissements énumérés dans l'article premier, avant l'âge de treize ans révolus.

Toutefois, les enfants munis du certificat d'études primaires, institué par la loi du 28 mars 1882, peuvent être employés à partir de l'âge de douze ans.

Aucun enfant âgé de moins de treize ans ne pourra être admis au travail dans les établissements ci-dessus visés, s'il n'est muni d'un certificat d'aptitude physique délivré, à titre gratuit, par l'un des médecins chargés de la surveillance du premier âge ou l'un des médecins inspecteurs des écoles, ou tout autre médecin chargé d'un service public, désigné par le préfet. Cet examen sera contradictoire si les parents le réclament,

Les inspecteurs du travail pourront toujours requérir un examen médical de tous les enfants au-dessous de seize ans, déjà admis dans les établissements sus-visés, à l'effet de constater si le travail dont ils sont chargés excède leurs forces.

Dans ce cas, les inspecteurs auront le droit d'exiger leur renvoi de l'établissement sur l'avis conforme de l'un des médecins désignés au paragraphe 3 du présent article, et après examen contradictoire si les parents le réclament.

Dans les orphelinats et institutions de bienfaisance visés à l'article 1er, et dans lesquels l'instruction primaire est donnée, l'enseignement manuel ou professionnel, pour les enfants âgés de moins de treize ans, sauf pour les enfants âgés de douze ans munis du certificat d'études primaires, ne pourra pas dépasser trois heures par jour.

Art. 3. — Les jeunes ouvriers et ouvrières jusqu'à l'âge de dix-huit ans, et les femmes ne peuvent être employés à un travail effectif de plus de onze heures par jour, coupées par un ou plusieurs repos dont la durée totale ne pourra être inférieure à une heure et pendant lesquels le travail sera interdit.

Au bout de deux ans à partir de la promulgation de la présente loi (*Loi du* 30 *mars* 1900), la durée du travail sera réduite à dix heures et demie et, au bout d'une nouvelle période de deux années, à dix heures.

Dans chaque établissement, sauf les usines à feu continu et les mines, minières ou carrières, les repos auront lieu aux mêmes heures pour toutes les personnes protégées par la présente loi.

Section II. — *Travail de nuit. Repos hebdomadaire.*

Art. 4. — Les enfants âgés de moins de dix-huit ans, les filles mineures et les femmes ne peuvent être employés à aucun travail de nuit dans les établissements énumérés à l'article premier.

Tout travail entre neuf heures du soir et cinq heures du matin est considéré comme travail de nuit ; toutefois, le travail sera autorisé de quatre heures du matin à dix heures du soir quand il sera réparti entre deux postes d'ouvriers ne travaillant pas plus de neuf heures chacun.

Le travail de chaque équipe sera coupé par un repos d'une heure au moins.

Il sera accordé, pour les femmes et les filles âgées de plus de dix-huit ans, à certaines industries qui seront déterminées par un règlement d'administration publique et dans les conditions d'application qui seront précisées dans ledit règlement, la faculté de prolonger le travail jusqu'à onze heures du soir, à certaines époques de l'année, pendant une durée totale qui ne dépassera pas soixante jours. En aucun cas, la journée de travail effectif ne pourra être prolongée au delà de douze heures.

Il sera accordé à certaines industries, déterminées par un règlement d'administration publique, l'autorisation de déroger d'une façon permanente aux dispositions des paragraphes 1 et 2 du présent article, mais sans que le travail puisse, en aucun cas, dépasser sept heures par vingt-quatre heures.

Le même règlement pourra autoriser, pour certaines industries, une dérogation temporaire aux dispositions précitées.

En outre, en cas de chômage résultant d'une interruption accidentelle ou de force majeure, l'interdiction ci-dessus peut, dans n'importe quelle industrie, être temporairement levée par l'inspecteur pour un délai déterminé.

A l'expiration d'un délai de deux ans à partir de la promulgation de la présente loi (*Loi du* 30 *mars* 1900), les dispositions exceptionnelles concernant le travail de nuit prévues aux paragraphes 2 et 3 du présent article cesseront d'être en vigueur, sauf pour les travaux souterrains des mines, minières et carrières.

Art. 5. — Les enfants âgés de moins de dix-huit ans et les femmes de tout âge ne peuvent être employés dans les établissements énumérés à l'article 1er plus de six jours par semaine, ni les jours de fête reconnus par la loi, même pour rangement d'atelier.

Une affiche apposée dans les ateliers indiquera le jour adopté pour le repos hebdomadaire.

Art. 6. — Néanmoins, dans les usines à feu continu, les femmes majeures et les enfants du sexe masculin peuvent être employés tous les jours de la semaine, la nuit, aux travaux indispensables, sous la condition qu'ils auront au moins un jour de repos par semaine.

Les travaux tolérés et le laps de temps pendant lequel ils peuvent être exécutés seront déterminés par un règlement d'administration publique.

Art. 7. — L'obligation du repos hebdomadaire et les restrictions relatives à la durée du travail peuvent être temporairement levées par l'inspecteur divisionnaire, pour les travailleurs visés à l'article 5, pour certaines industries à désigner par le susdit règlement d'administration publique.

Art. 8. — Les enfants des deux sexes, âgés de moins de treize ans, ne peuvent être employés comme acteurs, figurants, etc., aux représentations données dans les théâtres et cafés concerts sédentaires.

Le Ministre de l'instruction publique et des beaux-arts, à Paris, et les Préfets dans les départements pourront exceptionnellement autoriser l'emploi d'un ou plusieurs enfants dans les théâtres pour la représentation de pièces déterminées.

SECTION III. — *Travaux souterrains.*

Art. 9. — Les filles et les femmes ne peuvent être admises dans les travaux souterrains des mines, minières et carrières

Des règlements d'administration publique détermineront les conditions spéciales du travail des enfants de treize à dix huit ans du sexe masculin dans les travaux souterrains ci-dessus visés. Dans les mines spécialement désignées par des règlements d'administration publique, comme exigeant, en raison de leurs conditions naturelles, des dérogations aux prescriptions du paragraphe 2 de l'article 4, ces règlements pourront permettre le travail des enfants à partir de quatre heures du matin et jusqu'à minuit, sous la condition expresse que les enfants ne seront pas assujettis à plus de huit heures de travail effectif, ni à plus de dix heures de présence dans la mine, par vingt-quatre heures.

Section IV. — *Surveillance des enfants.*

Art. 10. — Les maires sont tenus de délivrer gratuitement aux père, mère, tuteur ou patron, un livret sur lequel sont portés les nom et prénoms des enfants des deux sexes âgés de moins de dix-huit ans, la date, le lieu de leur naissance et leur domicile.

Si l'enfant a moins de treize ans, le livret devra mentionner qu'il est muni du certificat d'études primaires institué par la loi du 28 mars 1882.

Les chefs d'industrie ou patrons inscriront sur le livret la date de l'entrée dans l'atelier et celle de la sortie. Ils devront également tenir un registre sur lequel seront mentionnées toutes les indications insérées au présent article.

Art. 11. — Les patrons ou chefs d'industrie et loueurs de force motrice sont tenus de faire afficher dans chaque atelier les dispositions de la présente loi, les règlements d'administration publique relatifs à son exécution et concernant plus spécialement leur industrie, ainsi que les adresses et les noms des inspecteurs de la circonscription,

Ils afficheront également les heures auxquelles commencera et finira le travail, ainsi que les heures et la durée des repos. Un duplicata de cette affiche sera envoyé à l'inspecteur, un autre sera déposé à la mairie.

Dans les établissements visés par la présente loi autres que les usines à feu continu et les établissements qui seront déterminés par un règlement d'administration publique, l'organisation du travail par relais, sauf ce qui est prévu aux paragraphes 2 et 3 de l'article 4, sera interdite pour les personnes protégées par les articles précédents, dans un délai de trois mois à partir de la promulgation de la présente loi (*Loi du 30 mars 1900*).

En cas d'organisation du travail par postes ou équipes successives, le travail de chaque équipe sera continu, sauf l'interruption pour le repos.

Dans toutes les salles de travail des ouvroirs, orphelinats, ateliers de charité ou de bienfaisance dépendant des établissements religieux ou laïques, sera placé d'une façon permanente un tableau indiquant, en caractères facilement lisibles, les conditions du travail des enfants telles qu'elles résultent des articles 2, 3, 4 et 5, et déterminant l'emploi de la journée, c'est-à-dire les heures du travail manuel, du repos, de l'étude et des repas. Ce tableau sera visé par l'inspecteur et revêtu de sa signature.

Un état nominatif complet des enfants élevés dans les établissements ci-dessus désignés, indiquant leurs nom et prénoms, la date et le lieu de leur naissance, et certifié conforme par les directeurs de ces établissements, sera remis tous les trois mois à l'inspecteur et fera mention de toutes les mutations survenues depuis la production du dernier état.

SECTION V. — *Hygiène et sécurité des travailleurs.*

Art. 12. — Les différents genres de travail présentant des causes de danger, ou excédant les forces, ou dangereux pour la moralité, qui seront interdits aux femmes, filles et enfants, seront déterminées par des règlements d'administration publique.

Art. 13. — Les femmes, filles et enfants ne peuvent être employés dans des établissements insalubres ou dangereux, où l'ouvrier est exposé à des manipulations ou à des émanations préjudiciables à sa santé, que sous les conditions spéciales déterminées par les règlements d'administration publique pour chacune de ces catégories de travailleurs.

Art. 14. — Les établissements visés dans l'article 1er et leurs dépendances doivent être tenus dans un état constant de propreté, convenablement éclairés et ventilés. Ils doivent présenter toutes les conditions de sécurité et de salubrité nécessaires à la santé du personnel.

Dans tout établissement contenant des appareils mécaniques, les roues, les courroies, les engrenages ou tout autre organe pouvant offrir une cause de danger, seront séparés des ouvriers de telle manière que l'approche n'en soit possible que pour les besoins du service.

Les puits, trappes et ouvertures de descente doivent être clôturés.

Art. 15 (1). — Tout accident ayant occasionné une blessure à un ou plusieurs ouvriers, survenu dans un des établissements mentionnés à l'article 1er, sera l'objet d'une déclaration par le chef de l'entreprise ou, à son défaut et en son absence, par son préposé.

Cette déclaration contiendra le nom et l'adresse des témoins de l'accident ; elle sera faite dans les quarante-huit heures au maire de la commune, qui en dressera procès-verbal dans la forme à déterminer par un règlement d'administration publique. A cette déclaration sera joint, produit par le patron, un certificat du médecin indiquant l'état du blessé, les suites probables de l'accident et l'époque à laquelle il sera possible d'en connaître le résultat définitif.

Récépissé de la déclaration et du certificat médical sera remis, séance tenante, au déposant.

Avis de l'accident est donné immédiatement par le maire à l'inspecteur divisionnaire départemental.

Art. 16. — Les patrons ou chefs d'établissements doivent, en outre, veiller au maintien des bonnes mœurs et à l'observation de la décence publique.

Section VI. — *Inspection.*

Art. 17. — Les inspecteurs du travail sont chargés d'assurer l'exécution de la présente loi et de la loi du 9 septembre 1848.

Ils sont chargés, en outre, concurremment avec les commis-

(1) Loi du 9 avril 1808, article 11 : L'article 15 de la loi du 2 novembre 1892 cesse d'être applicable dans les cas visés par la présente loi.

saires de police, de l'exécution de la loi du 7 décembre 1874, relative à la protection des enfants employés dans les professions ambulantes.

Toutefois, en ce qui concerne les exploitations de mines, minières et carrières, l'exécution de la loi est exclusivement confiée aux ingénieurs et contrôleurs des mines qui, pour ce service, sont placés sous l'autorité du Ministre du commerce et de l'industrie.

Art. 18. — Les inspecteurs du travail sont nommés par le Ministre du commerce et de l'industrie.

Ce service comprendra :

1° Des inspecteurs divisionnaires ;

2o Des inspecteurs ou inspectrices départementaux.

Un décret, rendu après avis du comité des arts et manufactures et de la Commission supérieure du travail ci-dessous instituée, déterminera les départements dans lesquels il y aura lieu de créer des inspecteurs départementaux. Il fixera le nombre, le traitement et les frais de tournée de ces inspecteurs.

Les inspecteurs ou inspectrices départementaux sont placés sous l'autorité de l'inspecteur divisionnaire.

Les inspecteurs du travail prêtent serment de ne point révéler les secrets de fabrication et, en général, les procédés d'exploitation dont ils pourraient prendre connaissance dans l'exercice de leurs fonctions.

Toute violation de ce serment est punie conformément à l'article 378 du Code pénal.

Art. 19. — Désormais, ne seront admissibles aux fonctions d'inspecteur divisionnaire ou départemental que les candidats ayant satisfait aux conditions et aux concours visés par l'article 22.

La nomination au poste d'inspecteur titulaire ne sera définitive qu'après un stage d'un an.

Art. 20. — Les inspecteurs et inspectrices ont entrée dans tous les établissements visés par l'article premier ; ils peuvent se faire représenter le registre prescrit par l'article 10, les livrets, les règlements intérieurs et, s'il y a lieu, le certificat d'aptitude physique mentionné à l'article 2.

Les contraventions sont constatées par les procès-verbaux des inspecteurs et inspectrices, qui font foi jusqu'à preuve contraire.

Ces procès-verbaux sont dressés en double exemplaire, dont l'un est envoyé au Préfet du département et l'autre déposé au Parquet.

Les dispositions ci-dessus ne dérogent point aux règles du droit commun, quant à la constatation et à la poursuite des infractions à la présente loi.

Art. 21. — Les inspecteurs ont pour mission, en dehors de la surveillance qui leur est confiée, d'établir la statistique des conditions du travail industriel dans la région qu'ils sont chargés de surveiller.

Un rapport, d'ensemble résumant ces communications, sera publié tous les ans par les soins du Ministre du commerce et de l'industrie.

Section VII. — *Commissions supérieure et départementales.*

Art. 22. — Une Commission supérieure composée de neuf membres, dont les fonctions sont gratuites, est établie auprès du Ministre du commerce et de l'industrie. Cette Commission comprend deux sénateurs, deux députés élus par leurs collègues et cinq membres nommés pour une période de quatre ans par le Président de la République. Elle est chargée :

1° De veiller à l'application uniforme et vigilante de la présente loi ;

2° De donner son avis sur les règlements à faire et généralement sur les diverses questions intéressant les travailleurs protégés ;

3° Enfin, d'arrêter les conditions d'admissibilité des candidats à l'inspection divisionnaire et départementale et le programme du concours qu'ils devront subir.

Les inspecteurs divisionnaires nommés en vertu de la loi du 19 mai 1874, et actuellement en fonctions, seront répartis entre les divers postes d'inspecteurs divisionnaires et d'inspecteurs départementaux établis en exécution de la présente loi, sans être assujettis à subir le concours.

Les inspecteurs départementaux pourront être conservés sans subir un nouveau concours.

Art. 23. — Chaque année, le Président de la Commission supérieure adresse au Président de la République un rapport général sur les résultats de l'inspection et sur les faits relatifs à l'exécution de la présente loi.

Ce rapport doit être, dans le mois de son dépôt, publié au *Journal officiel*.

Art. 24. — Les Conseils généraux devront instituer une ou plusieurs Commissions chargées de présenter, sur l'exécution de la loi et les améliorations dont elle serait susceptible, des rapports qui seront transmis au Ministre et communiqués à la Commission supérieure.

Les inspecteurs divisionnaires et départementaux, les président et vice-présidents du Conseil de prud'hommes du chef-lieu ou du principal centre industriel du département, et, s'il y a lieu, l'ingénieur des mines, font partie de droit de ces Commissions dans leurs circonscriptions respectives.

Les Commissions locales instituées par les articles 20, 21 et 22 de la loi du 19 mai 1874 sont abolies.

Art. 25. — Il sera institué dans chaque département des Comités de patronage ayant pour objet :

1° La protection des apprentis et des enfants employés dans l'industrie ;

2° Le développement de leur instruction professionnelle.

Le Conseil général, dans chaque département, déterminera le nombre et la circonscription des Comités de patronage, dont les statuts seront approuvés, dans le département de la Seine, par le Ministre de l'intérieur et le Ministre du commerce et de l'industrie, et par les Préfets dans les autres départements.

Les Comités de patronage seront administrés par une Commission composée de sept membres, dont quatre seront nommés par le Conseil général et trois par le Préfet.

Ils sont renouvelables tous les trois ans.

Les membres sortants pourront être appelés de nouveau à en faire partie.

Leurs fonctions sont gratuites.

SECTION VIII. — *Pénalités.*

Art. 26. — Les manufacturiers, directeurs ou gérants d'établissements visés dans la présente loi, qui auront contrevenu aux prescriptions de ladite loi et des règlements d'administration publique relatifs à son exécution, seront poursuivis devant le Tribunal de simple police et passibles d'une amende de 5 à 15 fr.

L'amende sera appliquée autant de fois qu'il y aura de personnes employées dans des conditions contraires à la présente loi.

Toutefois, la peine ne sera pas applicable si l'infraction à la loi a été le résultat d'une erreur provenant de la production d'actes de naissance, livrets ou certificats contenant de fausses énonciations ou délivrés pour une autre personne.

Les chefs d'industrie seront civilement responsables des condamnations prononcées contre leurs directeurs ou gérants.

Art. 27. — En cas de récidive, le contrevenant sera poursuivi devant le Tribunal correctionnel et puni d'une amende de 16 à 100 francs.

Il y a récidive lorsque, dans les douze mois antérieurs au fait poursuivi, le contrevenant a déjà subi une condamnation pour une contravention identique.

En cas de pluralité de contraventions entraînant ces peines de la récidive, l'amende sera appliquée autant de fois qu'il aura été relevé de nouvelles contraventions.

Les Tribunaux correctionnels pourront appliquer les dispositions de l'article 463 du Code pénal sur les circonstances atténuantes, sans qu'en aucun cas, l'amende, pour chaque contravention, puisse être inférieure à 5 francs.

Art. 28. — L'affichage du jugement peut, suivant les circonstances et en cas de récidive seulement, être ordonné par le Tribunal de police correctionnelle.

Le tribunal peut également ordonner, dans le même cas, l'insertion du jugement aux frais du contrevenant dans un ou plusieurs journaux du département.

Art. 29. — Est puni d'une amende de 100 à 500 francs quiconque aura mis obstacle à l'accomplissement des devoirs d'un inspecteur.

En cas de récidive, l'amende sera portée de 500 à 1.000 francs.

L'article 463 du Code pénal est applicable aux condamnations prononcées en vertu de cet article.

Section IX. — *Dispositions spéciales.*

Art. 30. — Les règlements d'administration publique nécessaires à l'application de la présente loi seront rendus après avis de la Commission supérieure du travail et du Comité consultatif des arts et manufactures.

Le Conseil général des mines sera appelé à donner son avis sur les règlements prévus en exécution de l'article 9.

Art. 31. — Les dispositions de la présente loi sont applicables aux enfants placés en apprentissage et employés dans un des établissements visés à l'article premier.

Art. 32. — Les dispositions édictées par la présente loi ne seront applicables qu'à dater du 1er janvier 1893. La loi du 19 mai 1874 et les règlements d'administration publique rendus en exécution de ses dispositions seront abrogés à la date sus-indiquée.

DÉCRET DU 13 MAI 1893

Relatif au travail des enfants, des filles mineures et des femmes dans les manufactures.

Art. 1er. — Il est interdit d'employer les enfants au-dessous de dix-huit ans, les filles mineures et les femmes au graissage, au nettoyage, à la visite ou à la réparation des machines ou mécanismes en marche.

Art. 2. — Il est interdit d'employer les enfants au-dessous de dix-huit ans, les filles mineures et les femmes dans les ateliers où se trouvent des machines actionnées à la main ou par un moteur mécanique dont les parties dangereuses ne sont point couvertes de couvre-engrenages, garde-mains et autres organes protecteurs.

Art. 3. — Il est interdit d'employer les enfants au-dessous de dix-huit ans à faire tourner des appareils en sautillant sur une pédale.

Il est également interdit de les employer à faire tourner des roues horizontales.

Art. 4. — Les enfants au-dessous de seize ans ne pourront être employés à tourner des roues verticales que pendant une durée d'une demi-journée de travail divisée par un repos d'une demi-heure au moins.

Il est également interdit d'employer les enfants au-dessous de seize ans à actionner au moyen de pédales les métiers dits « à la main ».

Art. 5. — Les enfants au-dessous de seize ans ne peuvent travailler aux scies circulaires ou aux scies à ruban.

Art. 6. — Les enfants au-dessous de seize ans ne peuvent être employés au travail des cisailles et autres lames tranchantes mécaniques.

Art. 7. — Les enfants au-dessous de treize ans ne peuvent, dans les verreries, être employés à cueillir et à souffler le verre.

Au-dessus de treize ans jusqu'à seize ans, ils ne peuvent cueillir un poids de verre supérieur à 1.000 grammes. Dans les fabriques de bouteilles et de verre à vitre, le soufflage par la bouche est interdit aux enfants au-dessous de seize ans.

Dans les verreries où le soufflage se fait à la bouche, un embout personnel sera mis à la disposition de chaque enfant âgé de moins de dix-huit ans.

Art. 8. — Il est interdit de préposer des enfants au-dessous de seize ans au service des robinets à vapeur.

Art. 9. — Il est interdit d'employer des enfants de moins de seize ans, en qualité de doubleurs, dans les ateliers où s'opèrent le laminage et l'étirage de la verge de tréfilerie.

Toutefois, cette disposition n'est pas applicable aux ateliers dans lesquels le travail des doubleurs est garanti par des appareils protecteurs.

Art. 10. — Il est interdit d'employer des enfants de moins de seize ans à des travaux exécutés à l'aide d'échafaudages volants pour la réfection ou le nettoyage des maisons.

Art. 11. — Les jeunes ouvriers ou ouvrières au-dessous de dix-huit ans employés dans l'industrie ne peuvent porter, tant à l'intérieur qu'à l'extérieur des manufactures, usines, ateliers et chantiers, des fardeaux d'un poids supérieur aux suivants :

Garçons au-dessous de 14 ans . . . . . 10 kilogrammes
Garçons de 14 à 18 ans. 15   —
Ouvrières au-dessous de 16 ans. . . . 5   —
Ouvrières de 16 à 18 ans. 10   —

Il est interdit de faire traîner ou pousser par lesdits jeunes ouvriers ou ouvrières, tant à l'intérieur des établissements industriels que sur la voie publique, des charges correspondant à des efforts plus grands que ceux ci-dessus indiqués.

Les conditions d'équivalence des deux genres de travail seront déterminées par arrêté ministériel.

Art. 12. — Il est interdit d'employer des filles au-dessous de seize ans au travail des machines à coudre mues par des pédales.

Art. 13. — Il est interdit d'employer des enfants, des filles mineures ou des femmes à la confection d'écrits, d'imprimés, affiches, dessins, gravures, peintures, emblèmes, images ou autres objets dont la vente, l'offre, l'exposition, l'affichage ou la distribution sont réprimés par les lois pénales comme contraires aux bonnes mœurs.

Il est également interdit d'occuper des enfants au-dessous de seize ans et des filles mineures dans les ateliers où se confectionnent des écrits, imprimés, affiches, gravures, peintures, emblèmes, images et autres objets qui, sans tomber sous l'application des lois pénales, sont cependant de nature à blesser leur moralité.

Art. 14. — Dans les établissements où s'effectuent les travaux dénommés au tableau A annexé au présent décret, l'accès des ateliers affectés à ces opérations est interdit aux enfants au-dessous de dix-huit ans, aux filles mineures et aux femmes.

Art. 15. — Dans les établissements où s'effectuent les travaux dénommés au tableau B annexé au présent décret, l'accès des ateliers affectés à ces opérations est interdit aux enfants au-dessous de dix-huit ans.

Art. 16. — Le travail des enfants, filles mineures et femmes n'est autorisé dans les ateliers dénommés au tableau C annexé au présent décret que sous les conditions spécifiées audit tableau.

Art. 17. — Le Ministre du commerce, de l'industrie et des colonies est chargé de l'exécution du présent décret, qui sera inséré au *Bulletin des lois* et publié au *Journal officiel* de la République française.

Tableau A

Travaux interdits aux enfants au-dessous de dix-huit ans,
aux filles mineures et aux femmes.

TRAVAUX	RAISONS DE L'INTERDICTION
Acide arsénique (Fabrication de l') au moyen de l'acide arsénieux et de l'acide azotique.	Danger d'empoisonnement.
Acide fluorhydrique (Fabrication de l')	Vapeurs délétères.
Acide nitrique (Fabrique de l')	Idem.
Acide oxalique (Fabrique de l').	Danger d'empoisonnement. Vapeurs délétères.
Acide picrique (Fabrication de l').	Vapeurs délétères.
Acide salicylique (Fabrication de l') au moyen de l'acide phénique.	Emanations nuisibles.
Acide urique. (Voir Murexide.)	
Affinage des métaux au fourneau. (Voir grillage des minerais.)	
Aniline. (Voir Nitrobenzine.)	
Arséniate de potasse (Fabrication de l') au moyen du salpêtre.	Danger d'empoisonnement. Vapeurs délétères.
Benzine (Dérivés de la). (Voir Nitro-benzine.)	
Blanc de plomb. (Voir Céruse.)	
Bleu de Prusse (Fabrication du). (Voir Cyanure de potassium.)	
Cendres d'orfèvre (Traitement des) par le plomb.	Maladies spéciales dues aux émanations nuisibles.
Céruse ou blanc de plomb (Fabrication de la). .	Idem.
Chairs, débris et issues (Dépôts de) provenant de l'abatage des animaux.	Emanations nuisibles, danger d'infection.
Chlore (Fabrication du).	Emanations nuisibles.
Chlorure de chaux (Fabrication du)	Idem.
Chlorures alcalins, eau de Javelle (Fabrication des).	Idem.
Chlorure de plomb (Fonderie de).	Idem.
Chlorures de soufre (Fabrication des).	Idem.
Chromate de potasse (Fabrication du.	Maladies spéciales dues aux émanations.
Cristaux (Polissage à sec des).	Poussières dangereuses.
Cyanure de potassium et bleu de Prusse (Fabrication de).	Danger d'empoisonnement.
Cyanure rouge de potassium ou prussiate rouge de potasse.	Idem.
Débris d'animaux (Dépôts de). (V. Chairs, etc.)	
Dentelles (Blanchissage à la céruse des).	Poussières dangereuses.
Eau de Javelle (Fabrication de l'). (Voir Chlorures alcalins.)	
Eau-forte. (Voir Acide nitrique.)	
Effilochage et déchiquetage des chiffons	Poussières nuisibles.
Emaux (grattage des) dans les fabriques de verre mousseline.	Idem.

TRAVAUX	RAISONS DE L'INTERDICTION
Engrais (Dépôts et fabriques d') au moyen de matières animales.	Emanations nuisibles
Equarrissage des animaux (Ateliers d').	Nature du travail. Emanations nuisibles.
Etamage des glaces par le mercure (Atelier d').	Maladies spéciales dues aux émanations.
Fonte et laminage du plomb, du zinc et du cuivre.	Idem.
Fulminate de mercure (Fabrication du)	Emanations nuisibles.
Glaces (Etamage des). (Voir Etamage.)	
Grillage des minerais sulfureux (sauf le cas prévu au tableau C).	Idem.
Huiles et autres corps gras extraits des débris de matières animales.	Idem.
Litharge (Fabrication de la)	Maladies spéciales dues aux émanations.
Massicot (Fabrication du)	Idem.
Matières colorantes (Fabrication des) au moyen de l'aniline et de la nitrobenzine.	Emanations nuisibles.
Métaux (Aiguisage et polissage des).	Poussières dangereuses.
Meulières et meules (Extraction et fabrication des).	Idem.
Minium (Fabrication du)	Maladies spéciales dues aux émanations.
Murexide (Fabrication de la) en vase clos par la réaction de l'acide azotique et de l'acide urique du guano.	Vapeurs délétères.
Nitrate de méthyle (Fabrique de).	Vapeurs délétères.
Nitrobenzine, aniline et matières dérivant de la benzine (Fabrication de)	Vapeurs nuisibles.
Peaux de lièvre et de lapin. (Voir Secrétage.)	
Phosphore (Fabrication du).	Maladies spéciales dues aux émanations.
Plomb (Fonte et laminage du). (Voir Fonte.)	
Poils de lièvre et de lapin. (Voir Secrétage.)	
Prussiate de potasse. (Voir Cyanure de potassium.)	
Rouge de Prusse et d'Angleterre	Vapeurs délétères.
Secrétage des peaux ou poils de lièvre ou de lapin.	Poussières nuisibles ou vénéneuses.
Sulfate de mercure (Fabrication du)	Maladies spéciales dues aux émanations.
Sulfure d'arsenic (Fabrication du).	Danger d'empoisonnement.
Sulfure de sodium (Fabrication du)	Gaz délétère.
Triperies annexes des abattoirs	Emanations nuisibles.
Verre (Polissage à sec du)	Poussières dangereuses.

Tableau B.

Travaux interdits aux enfants au-dessous de dix-huit ans.

TRAVAUX	RAISONS DE L'INTERDICTION
Amorces fulminantes (Fabrication des)	Nécessité d'un travail prudent et attentif.
Amorces fulminantes pour pistolets d'enfants (Fabrication d').	Idem.
Artifices (Fabrication de pièces d')	Idem.
Cartouches de guerre (Fabriques et dépôts de).	Idem.
Celluloïd et produits nitrés analogues (Fabrication de).	Idem.
Chiens (Infirmerie de).	Danger de morsures.
Chrysalides (Extraction des parties soyeuses des).	Emanations nuisibles.
Dynamite (Fabriques et dépôts de).	Nécessité d'un travail prudent et attentif.
Etoupilles (Fabrication d') avec matières explosives.	Idem.
Poudre de mine comprimée (Fabrication de cartouches de).	Idem.

Tableau C

Établissements dans lesquels l'emploi des enfants au-dessous de dix-huit ans, des filles mineures et des femmes est autorisé sous certaines conditions.

ÉTABLISSEMENTS	CONDITIONS	MOTIFS
Abattoirs publics. . . .	Les enfants au-dessous de seize ans ne seront pas employés dans les abattoirs.	Dangers d'accidents et de blessures.
Albâtre (Sciage et polissage à sec de l') . . .	Les enfants au-dessous de dix-huit ans ne seront pas employés. lorsque les poussières se dégageront librement dans les ateliers.	Poussières nuisibles.
Acide chlorhydrique (Production de l') par la décomposition des	Les enfants au-dessous de dix-huit ans, les filles mineures et fem-	Dangers d'accidents.

ÉTABLISSEMENTS	CONDITIONS	MOTIFS
chlorures de magnésium, d'aluminium et autres.	mes ne seront pas employés dans les ateliers où se dégagent des vapeurs et où l'on manipule les acides.	
Acide muriatique. (Voir Acide chlorhydrique.)		
Acide sulfurique. (Fabrication de l'). . . .	Idem.	Dangers d'accidents.
Affinage de l'or et de l'argent par les acides.	Idem.	Idem.
Allumettes chimiques (Dépôt d')	Les enfants au-dessous de seize ans ne seront pas employés dans les magasins.	Danger d'incendie.
Allumettes chimique(Fabrication des)	Les enfants au-dessous de dix-huit ans ne seront pas employés à la fusion des pâtes et au trempage.	Maladies spéciales dues aux émanations.
Argenture sur métaux. (Voir Dorure et argenture.)		
Battage, cardage et épuration des laines, crins et plumes.	Les enfants au-dessous de dix-huit ans ne seront pas employés dans les ateliers où se dégagent des poussières.	Poussières nuisibles.
Battage des tapis en grand	Idem.	Idem.
Battoir à écorces dans les villes.	Idem.	Idem.
Benzine (Fabrication et dépôt de). (Voir Huile de pétrole, de schiste, etc.)		
Blanc de zinc (Fabrication de) par la combustion du métal.	Les enfants au-dessous de dix-huit ans ne seront pas employés dans les ateliers de combustion et de condensation.	Idem.
Blanchiment (Toile, paille, papier).	Les enfants au-dessous de dix-huit ans, les filles mineures et les femmes ne seront pas employés dans les ateliers où se dégagent le chlore et l'acide sulfureux.	Vapeurs nuisibles.
Boîtes de conserve (Soudure des).	Les enfants au-dessous de seize ans ne seront pas employés à la soudure des boîtes.	Gaz délétères.

ÉTABLISSEMENTS	CONDITIONS	MOTIFS
Boutonniers et autres emboutisseurs de métaux par moyens mécaniques.	Les enfants au-dessous de dix-huit ans ne seront pas employés dans les ateliers où se dégagent des poussières.	Poussières nuisibles.
Boyauderies	Les enfants au-dessous de dix-huit ans, les filles mineures et les femmes ne seront pas employés au soufflage.	Danger d'affections pulmonaires.
Caoutchouc (Application des enduits du) . . .	Les enfants au-dessous de dix-huit ans, filles mineures et femmes ne seront pas employés dans les ateliers où se dégagent les vapeurs de sulfure de carbone et de benzine.	Vapeurs nuisibles.
Caoutchouc (Travail du) avec emploi d'huiles essentielles ou du sulfure de carbone.	Les enfants au-dessous de dix-huit ans, filles mineures et femmes ne seront pas employés dans les ateliers où se dégagent les vapeurs de sulfure de carbone.	Idem.
Cardage des laines, etc. (Voir Battage.) Chanvre (Teillage du) en grand. (Voir Teillage.) Chanvre imperméable. (Voir feutre goudronné.)		
Chapeaux de feutre (Fabrication de).	Les enfants au-dessous de dix-huit ans ne seront pas employés lorsque les poussières se dégageront librement dans les ateliers.	Poussières nuisibles.
Chapeaux de soie ou autres préparés au moyen d'un vernis (Fabrication de).	Les enfants au-dessous de dix-huit ans ne seront pas employés dans les ateliers où l'on fabrique et applique le vernis.	Vapeurs nuisibles.
Chaux (Fours à)	Les enfants au-dessous de dix-huit ans ne seront pas employés dans les ateliers où se dégagent les poussières.	Poussières nuisibles.
Chiffons (Dépôts de). .	Les enfants au-dessous de dix-huit ans ne seront pas employés au triage et à la manipulation des chiffons.	Idem.

ÉTABLISSEMENTS	CONDITIONS	MOTIFS
Chiffons (Traitement des) par la vapeur de l'acide chlorhydrique.	Les enfants au-dessous de dix-huit ans, filles mineures et femmes ne seront pas employés dans les ateliers où se dégagent les acides.	Vapeurs nuisibles.
Chromolithographies . .	Les enfants au-dessous de seize ans ne seront pas employés au bronzage à la machine.	Poussières nuisibles.
Ciment (Fours à). . . .	Les enfants au-dessous de dix-huit ans ne seront pas employés dans les ateliers où se dégagent des poussières.	Idem.
Collodion (Fabrication du	Les enfants au-dessous de seize ans ne seront pas occupés dans les ateliers où l'on manipule les matières premières et les dissolvants.	Danger d'incendie.
Cotons et cotons gras (Blanchisseries des déchets de).	Les enfants au-dessous de dix-huit ans, filles mineures et femmes ne séront pas employés dans les ateliers où l'on manipule le sulfure de carbone.	Vapeurs nuisibles.
Cordes d'instruments en boyaux. (Voir Boyauderies.)		
Corne, os et nacre (Travail à sec des)	Les enfants au-dessous de dix-huit ans ne seront pas employés lorsque les poussières se dégageront librement dans les ateliers.	Poussières nuisibles.
Crins (Teintures des). (Voir Teintureries.)		
Crins et Soies de porc. (Voir soies de porc.)		
Cuir vernis (Fabrication de). (Voir Feutre et visières vernies.)		
Cuivre (Trituration des composés du)	Les enfants au-dessous de dix-huit ans ne seront pas employés dans les ateliers où les poussières se dégagent librement.	
Cuivre (Dérochage du) par les acides	Les enfants au-dessous de dix-huit ans, filles mineures et femmes ne seront pas employés dans les ateliers	Vapeurs nuisibles.

ÉTABLISSEMENTS	CONDITIONS	MOTIFS
	où se dégagent les vapeurs acides.	
Déchets de laine (Dégraissage des). (Voir Peaux, Étoffes, etc.)		
Dorure et argenture . .	Les enfants au-dessous de dix-huit ans, filles mineures et femmes ne seront pas employés dans les ateliers où se produisent des vapeurs acides ou mercurielles.	Emanations nuisibles.
Eaux grasses (Extractions pour la fabrication des savons et autres usages des huiles contenues dans les.)	Les enfants au-dessous de dix-huit ans, les filles mineures et les femmes ne seront pas employés dans les ateliers où l'on emploie le sulfure de carbone.	Idem.
Ecorces (Battoir à). (Voir Battoir.)		
Email . (Application de l') sur les métaux. . .	Les enfants au-dessous de dix-huit ans, les filles mineures et les femmes ne seront pas employés dans les ateliers où l'on broie et blute les matières.	Idem.
Emaux (Fabrication d') avec fours non fumivores.	Idem.	Idem.
Epaillage des laines et draps par la voie humide.	Les enfants au-dessous de dix-huit ans, filles mineures et femmes ne seront pas employés dans les ateliers où se dégagent des vapeurs acides.	Idem.
Etoupes (Transformation en) des cordages hors de service, goudronnés ou non.	Les enfants au-dessous de dix-huit ans ne seront pas employés lorsque les poussières se dégageront librement dans les ateliers.	Poussières nuisibles.
Faïence (Fabrique de). .	Les enfants au-dessous de dix-huit ans ne seront pas employés dans les ateliers où l'on pratique le broyage, le blutage.	Idem.
Fer (Dérochage du). . .	Les enfants au-dessous de dix-huit ans, filles mineures et femmes ne seront pas employés dans les ateliers où se dégagent	Vapeurs nuisibles.

ÉTABLISSEMENTS	CONDITIONS	MOTIFS
Fer (Galvanisation du).	des vapeurs et où l'on manipule des acides. Idem	Vapeurs nuisibles.
Feuilles d'étain	Les enfants au-dessous de seize ans ne seront pas employés au bronzage à la main des feuilles.	Poussières nuisibles.
Feutre goudronné (Fabrication du). . . .	Les enfants au-dessous de dix-huit ans ne seront pas employés lorsque les poussières se dégagent librement dans les ateliers.	Idem.
Feutres et visières vernies (Fabrication de).	Les enfants au-dessous de dix-huit ans ne seront pas employés à la préparation et à l'emploi des vernis.	Danger d'incendie et vapeurs nuisibles.
Filature de lin	Les enfants au-dessous de dix-huit ans, les filles mineures et les femmes ne seront pas employés lorsque l'écoulement des eaux ne sera pas assuré.	Humidité nuisible.
Fonderies en 2e fusion.	Les enfants au-dessous de seize ans ne seront pas employés à enlever les crasses au moment de la coulée.	Danger de brûlures.
Fourneaux (Hauts). . .	Idem	Idem.
Fours à plâtre et fours à chaux. (Voir Plâtre, Chaux.)		
Grès (Extraction et piquage des)	Les enfants au-dessous de dix-huit ans ne seront pas employés lorsque les poussières se dégageront librement dans les ateliers.	Poussières nuisibles.
Grillage des minerais sulfureux quand les gaz sont condensés et que le minerai ne renferme pas d'arsenic.	Les enfants au-dessous de dix-huit ans, les filles mineures et les femmes ne seront pas employés dans les ateliers où l'on produit le grillage.	Emanations nuisibles.
Grillage et gazage des tissus	Les enfants au-dessous de dix-huit ans, les filles mineures et les femmes ne seront pas employés lorsque les produits de combustion se dégageront librement dans les ateliers.	Idem.

ÉTABLISSEMENTS	CONDITIONS	MOTIFS
Hauts fourneaux. (Voir Fonderies.)		
Huiles de pétrole, de schiste et de goudron, essences et autres hydrocarbures, employés pour l'éclairage, le chauffage, la fabrication des couleurs et vernis, le dégraissage des étoffes et autres usages (Fabrication, distillation, travail en grand d').	Les enfants au-dessous de seize ans ne seront pas employés dans les ateliers de distillation et dans les magasins.	Danger d'incendie.
Huiles essentielles ou essences de térébenthine, d'aspic et autres. (Voir Huiles de pétrole, de schiste, etc.)		
Huiles extraites des schistes bitumineux. (Voir Huiles de pétrole, de schiste, etc.)		
Jute (Teillage du). (Voir Teillage.)		
Liège (Usines pour la trituration du). . . .	Les enfants au-dessous de dix-huit ans ne seront pas employés dans les ateliers où les poussières se dégagent librement.	Poussières nuisibles.
Lin (Teillage en grand du). (Voir Teillage.)		
Liquides pour l'éclairage (Dépôts de) au moyen de l'alcool et des huiles essentielles.	Les enfants au-dessous de seize ans ne seront pas employés dans les magasins.	Danger d'incendie.
Marbres (Sciage ou polissage à sec des). . .	Les enfants au-dessous de dix-huit ans ne seront pas employés lorsque les poussières se dégageront librement dans les ateliers.	Poussières nuisibles.
Matières minérales (Broyage à sec des).	Idem.	Idem.
Mégisseries.	Les enfants au-dessous de dix-huit ans, les filles mineures et les femmes ne seront pas employés à l'épilage des peaux.	Danger d'empoisonnement.
Ménageries.	Les enfants au-dessous de dix-huit ans ne seront pas employés quand la ménagerie renferme des bêtes	Danger d'accidents.

ÉTABLISSEMENTS	CONDITIONS	MOTIFS
	féroces ou venimeuses.	
Moulins à broyer le plâtre, la chaux, les cailloux et les pouzzolanes.	Les enfants au-dessous de dix-huit ans ne seront pas employés quand les poussières se dégageront librement dans les ateliers.	Poussières nuisibles.
Nitrates métalliques obtenus par l'action directe des acides (Fabrication des).	Les enfants au-dessous de dix-huit ans, filles mineures et femmes ne seront pas employés dans les ateliers où se manipulent les acides.	Vapeurs nuisibles.
Noir minéral (Fabrication du) par le broyage des résidus de la distillation des schistes bitumineux.	Les enfants au-dessous de dix-huit ans ne seront pas employés lorsque les poussières se dégageront librement dans les ateliers.	Poussières nuisibles.
Olives (Tourteaux d'). (Voir Tourteaux.)		
Ouates (Fabrication des).	Idem.	Idem.
Papier (Fabrication du).	Les enfants au-dessous de dix-huit ans ne seront pas employés au triage et à la préparation des chiffons.	Idem.
Papiers peints. (Voir Toiles peintes.)		
Peaux, étoffes et déchets de laine (Dégraissage des) par les huiles de pétrole et autres hydrocarbures.	Les enfants au-dessous dix-huit ans ne seront pas employés dans les ateliers où l'on traite par les dissolvants, où l'on trie, coupe et manipule les déchets.	Danger d'incendie. Poussières nuisibles.
Peaux (Lustrage et apprêtage des)	Les enfants au-dessous de dix-huit ans ne seront pas employés lorsque les poussières se dégageront librement dans les ateliers.	Poussières nuisibles.
Peaux de lapin ou de lièvre (Ejarrage et coupage des poils de). . .	Idem.	Idem.
Pétrole. (V. Huiles de pétrole, etc.)		
Pierre (Sciage et polissage de la)	Idem.	Idem.
Pileries mécaniques de drogues.	Idem.	Idem.
Pipes à fumer (Fabrication des)	Idem.	Idem.
Plâtres (Fours à)	Idem.	Idem.

ÉTABLISSEMENTS	CONDITIONS	MOTIFS
Poéliers, fournalistes, poêles et fourneaux en faïence et terre cuite. (Voir Faïence.) Porcelaine (Fabrication de la)	Les enfants au-dessous de dix-huit ans ne seront pas employés lors que les poussières se dégageront librement dans les ateliers.	Poussières nuisibles.
Poteries de terre (Fabrication de) avec fours non fumivores	Idem.	Idem.
Pouzzolane artificielle (Fours à).	Idem.	Idem.
Réfrigération (Appareils de) par l'acide sulfureux.	Les enfants au dessous de dix-huit ans, les filles mineures et les femmes ne seront pas employés dans les ateliers où se dégagent des vapeurs acides.	Émanations nuisibles
Sel de soude (Fabrication du) avec le sulfate de soude	Idem	Idem.
Sinapismes (Fabrication des) à l'aide des hydrocarbures.	Les enfants au-dessous de dix-huit ans, les filles mineures et les femmes ne seront pas employés dans les ateliers où se manipulent les dissolvants.	Vapeurs nuisibles. — Danger d'incendie.
Soies de porcs (Préparation des) . . . . . , .	Les enfants au-dessous de dix-huit ans ne seront pas employés lorsque les poussières se dégageront librement dans les ateliers.	Poussières nuisibles.
Soude. (Voir sulfate de soude.) Soufre (Pulvérisation et blutage du).	Idem	Idem.
Sulfate de peroxyde de fer (Fabrication du) par le sulfate de protoxyde de fer et l'acide nitrique (nitrosulfate de fer).	Les enfants au-dessous de dix-huit ans, les filles mineures et les femmes ne seront pas employés dans les ateliers où se dégagent des vapeurs acides.	Vapeurs nuisibles.
Sulfate de protoxyde de fer ou couperose verte par l'action de l'acide sulfurique sur la ferraille.	Idem.	Idem.
Sulfate de soude (Fabrication du) par la décomposition du sel		

ÉTABLISSEMENTS	CONDITIONS	MOTIFS
marin par l'acide sulfurique	Idem.	Idem.
Sulfure de carbone (Fabrication du).	Les enfants au-dessous de dix-huit ans ne seront pas employés dans les ateliers où se dégagent les vapeurs nuisibles.	Vapeurs délétères. — Danger d'incendie.
Sulfure de carbone (Manufactures dans lesquelles on emploie en grand le)	Idem.	Vapeurs délétères. Danger d'incendie.
Sulfure de carbone (Dépôts de)	Idem.	Idem.
Superphosphate de chaux et de potasse (Fabrication du).	Les enfants au-dessous de dix-huit ans, les filles mineures et les femmes ne seront pas employés dans les ateliers où se dégagent des vapeurs acides et des poussières.	Emanations nuisibles.
Tabacs (Manufactures de).	Les enfants au-dessous de seize ans ne seront pas employés dans les ateliers où l'on démolit les masses.	Idem.
Taffetas ou toiles vernis ou cirés (Fabrication de).	Les enfants au-dessous de seize ans ne seront pas employés dans les ateliers où l'on prépare et applique les vernis.	Danger d'incendie.
Tan (Moulins à).	Les enfants au-dessous de dix-huit ans ne seront pas employés quand les poussières se dégageront librement dans les ateliers.	Poussières nuisibles.
Tanneries.	Idem.	Idem.
Tapis (Battage en grand des). (Voir Battage.)		
Teillage du lin, du chanvre et du jute en grand.	Idem.	Idem.
Teintureries	Les enfants au-dessous de dix-huit ans, les filles mineures et les femmes ne seront pas employés dans les ateliers où l'on emploie des matières toxiques.	Danger d'empoisonnement.
Térébenthine (Distillation et travail en grand de la). (Voir Huiles de pétrole, de schiste, etc.)		

ÉTABLISSEMENTS	CONDITIONS	MOTIFS
Toiles cirées. (Voir Taffetas et toiles vernis.) Toiles peintes (Fabriques de). . . . . Toiles vernies (Fabriques de). (Voir Taffetas et toiles vernis.)	Idem.	Idem.
Tourteaux d'olives (Traitement des) par le sulfure de carbone.	Les enfants au-dessous de dix-huit ans, les filles mineures et les femmes ne seront pas employés dans les ateliers où l'on manipule le sulfure de carbone.	Émanations nuisibles.
Tôles et métaux vernis .	Les enfants au-dessous de dix-huit ans, les filles mineures et les femmes ne seront pas employés dans les ateliers où l'on emploie des matières toxiques.	Danger d'empoisonnement.
Vernis à l'esprit-de-vin (Fabrique de).	Les enfants au-dessous de seize ans ne seront pas admis dans les ateliers où l'on prépare et manipule les vernis.	Danger d'incendie.
Vernis (Ateliers où l'on applique le) sur les cuirs, feutrés, taffetas, toiles, chapeaux. (Voir ces mots.) Verreries, cristalleries et manufactures de glaces.	Les enfants au-dessous de dix-huit ans, les filles mineures et les femmes ne seront pas employés dans les ateliers où les poussières se dégagent librement et où il est fait usage de matières toxiques.	Poussières nuisibles.
Vessies nettoyées et débarrassées de toute substance membraneuse (Atelier pour le gonflement et le séchage des). Visières vernies (Fabrique de). (Voir Feutres et visières).	Les enfants au-dessous de dix-huit ans, les filles mineures et les femmes ne seront pas employés au travail du soufflage.	Danger d'affections pulmonaires.

CIRCULAIRE DU MINISTRE DU COMMERCE
DU 17 MAI 1900

Relative à l'application des articles 3, 4 et 11 de la loi du 2 novembre 1892, modifiés par la loi du 30 mars 1900, sur le travail des femmes et des enfants dans les établissements industriels.

Paris, le 17 mai 1900.

Monsieur le Préfet,

Une loi du 30 mars dernier, publiée au *Journal officiel* du 31, a modifié les articles 3, 4 et 11 de la loi du 2 novembre 1892, sur le travail des enfants, des filles mineures et des femmes dans les établissements industriels et l'article 1er de la loi du 9-14 septembre 1848, qui fixe la durée du travail des ouvriers adultes dans les manufactures et usines. Je vous ai prié d'assurer à cette loi toute la publicité possible, et de la faire afficher partout où besoin serait. Je crois devoir vous donner quelques indications qui vous en indiqueront l'économie. C'est avant tout une œuvre de moralisation, de solidarité et de pacification sociales, et il est nécessaire que vous puissiez en faire comprendre la portée aux industriels qui n'en auraient pas une idée exacte.

La loi du 2 novembre 1892, qui élevait à treize ans l'âge d'admission des enfants dans les établissements industriels, qui réduisait la durée de leur travail journalier, qui, pour la première fois, réglementait le travail de la femme dans les ateliers, et portait interdiction de l'occuper la nuit, réalisait une amélioration sensible dans la condition des travailleurs. Malheureusement, cette loi renfermait certaines dispositions dont on n'avait pas prévu les conséquences. Aussi, à peine entrée en vigueur, souleva-t-elle les réclamations des industriels et même des ouvriers dont certaines organisations de travail, qui n'étaient pas en désaccord formel avec la lettre de la loi, semblaient rendre la situation plus mauvaise que par le passé.

La modification qui parut s'imposer avant toutes les autres, est celle de l'article 3, relatif à la durée du travail des diverses catégories d'ouvriers protégés.

D'après cet article :

La journée de l'enfant de treize à seize ans, était de dix heures ;

La journée des jeunes ouvriers et ouvrières de seize à dix-huit ans, était de onze heures, à la condition que la durée hebdomadaire de leur travail ne dépassât pas soixante heures ;

La journée de la femme au-dessus de dix-huit ans, était de onze heures ;

Enfin, la journée de l'homme adulte restait fixée, d'après la loi des 9-14 septembre 1848, à douze heures , dans les « manufactures et usines ».

Dans les établissements industriels qu'on ne rangeait pas sous cette rubrique, c'est-à-dire dans ceux qui n'étaient pas des usines à feu continu, qui ne possédaient pas de moteur mécanique ou qui n'occupaient pas plus de vingt ouvriers réunis en atelier (suivant une définition empruntée à la loi du 22 mars 1841), la durée du travail des hommes adultes n'était pas réglementée.

Or, il est de nombreuses industries occupant un personnel ouvrier considérable, où le travail des hommes adultes, celui des femmes et celui des enfants se commandent d'une façon si nécessaire que l'organisation du travail n'y comporte pas d'inégalité entre les journées faites par ces diverses catégories d'ouvriers.

Aussi bien, le Parlement n'avait-il admis cette inégalité qu'avec l'espérance de voir les durées différentes de la journée de travail se réduire spontanément, et, par la force même des choses, à la plus courte d'entre elles.

La mise en application de l'article 3 de la loi du 2 novembre 1892 n'a pas répondu à cette attente.

Des industriels prirent l'initiative de faire travailler uniformément tout leur personnel ouvrier onze heures par jour. Ce *modus vivendi* ne pouvait exister qu'en vertu d'une tolérance temporaire, puisque la loi de 1892 défendait formellement de faire travailler les enfants plus de dix heures par jour.

D'autres industriels prirent le parti de renoncer à l'emploi des travailleurs dont la journée ne pouvait atteindre onze heures.

D'autres, enfin, dont le personnel comportait des enfants et des femmes en nombre trop grand pour qu'ils puissent songer à les remplacer par des hommes, eurent recours à diverses combinaisons qui permirent non seulement de ne pas réduire la durée d'activité de l'usine, mais parfois de l'augmenter sans violer la loi, au moins en apparence. Grâce aux relais, on parvenait à faire marcher le moteur quatorze, quinze et seize heures par jour, sans que chaque ouvrier, homme, femme ou enfant parût fournir un travail effectif dépassant la durée fixée par la loi.

Cette organisation, malgré sa légalité apparente, ne tenait aucun compte des conditions hygiéniques et sociales du travail, les ouvriers devant prendre leurs repas aux heures les plus différentes et ne pouvant presque jamais se trouver réunis en famille.

Ces pratiques avaient en outre pour résultat de placer les industriels, soucieux de se conformer rigoureusement à la loi, en état d'infériorité vis-à-vis de concurrents moins scrupuleux, c'est-à-dire de créer une prime à l'inobservation de la loi.

Préoccupé de mettre fin à une tolérance qui engendrait d'aussi graves inconvénients, mais depuis trop longtemps admise pour pouvoir être abolie sans délai, je vous informai, par une circulaire du 21 octobre 1899, que j'invitais les industriels intéressés à me faire connaître dans un délai de quinze jours, le sursis dont ils avaient besoin pour se mettre en mesure d'appliquer l'article 3 de la loi du 2 novembre 1892.

Leurs réponses et les rapports des inspecteurs du travail me déterminèrent à fixer au 1er janvier 1900 l'expiration de ce sursis ; ma circulaire, en date du 5 novembre 1899, vous faisait connaître cette décision en vous invitant à assurer la stricte observation de l'article 3 à partir de la date indiquée.

Le vote par la Chambre des députés, le 22 décembre 1899, de dispositions modifiant cet article m'amenait, en attendant que le Sénat se fût prononcé sur elles, à proroger jusqu'au 31 mars 1900, le sursis précédemment accordé ; je vous en informai par dépêche en date du 22 décembre 1899.

Votées par le Sénat avec quelques modifications que la Chambre des députés adopta, ces dispositions nouvelles ont formé la loi du 30 mars 1900.

Le législateur a compris qu'une réforme efficace, susceptible d'entrer facilement dans les mœurs industrielles et constituant un réel progrès, exigeait qu'on supprimât toutes les différences que la loi de 1892 avait cru pouvoir établir et qu'on unifiât pour tous les ouvriers, sans distinction d'âge ni de sexe, la durée du travail quotidien.

Sur quelles bases cette unification pourra-t-elle se faire ? La fixation de la durée du travail des enfants à dix heures par jour, édictée en 1892, était une conquête à laquelle le Parlement ne pouvait renoncer.

Il a vu en elle la garantie d'un intérêt primordial, celui de la conservation même de la race ; c'est donc à dix heures que l'article 1er de la loi du 30 mars limite la durée du travail des enfants, des filles mineures et des femmes. Mais pour éviter qu'un abaissement trop brusque de la durée du travail (généralement fixée à onze heures) n'eût une répercussion sur la production et les salaires, le législateur a décidé que la journée serait temporairement limitée à onze heures et quelle ne serait réduite à dix heures qu'au bout de quatre ans, en deux étapes successives. Les deux premiers paragraphes du nouvel article 3 de la loi du 2 novembre 1892 sont ainsi conçus :

« Art. 3. — Les jeunes ouvriers et ouvrières, jusqu'à l'âge de dix-huit ans et les femmes ne peuvent être employés à un travail effectif de plus de onze heures par jour, coupé par un ou plusieurs repos, dont la durée totale ne pourra être inférieure à une heure, et pendant lesquels le travail sera interdit.

« Au bout de deux ans à partir de la promulgation de la présente loi, la durée du travail sera réduite à dix heures et demie et, au bout d'une nouvelle période de deux années, à dix heures. »

Cette limitation adoptée, une autre mesure s'imposait qui en était comme le complément nécessaire. Il était indispensable d'empêcher que la journée de travail ne pût être prolongée au delà de la durée légale par les moyens détournés et les combinaisons trop ingénieuses auxquelles on avait eu précédemment recours. En un mot, il fallait supprimer les relais. Pour y parvenir, le législateur a inscrit dans la loi deux dispositions qui concourent au même but. Comme c'était pendant les repos pris successivement par les ouvriers que les relais se pratiquaient le plus souvent, un troisième paragraphe ajouté à l'article 3 dispose que, « dans chaque établissement, sauf les usines à feu continu et les mines, minières et carrières, les repos auront lieu aux mêmes heures pour toutes les personnes protégées par la présente loi ». Cette disposition, dans sa généralité, s'applique indistinctement à toutes les catégories de travailleurs et à tous les modes d'organisation du travail.

Ainsi se trouvent unifiées, pour tout le personnel protégé, non seulement la journée de travail, mais la répartition du travail entre les limites de cette journée : entrée à la même heure à l'atelier, repos à la même heure, sortie à la même heure.

Pour le plus grand bien-être matériel et moral de la famille ouvrière, le législateur y restaure ainsi la vie en commun.

Les exceptions que la loi apporte à cette simultanéité des repos étaient imposées par la nature même des choses dans les usines à feu continu et par les conditions du travail dans les exploitations extractives, où l'on ne pourrait interrompre certaines tâches sans compromettre la sécurité de la mine.

Le législateur n'a pas pensé qu'il fût suffisant, pour empêcher le travail par relais, de décider que tous les ouvriers d'un même établissement prendraient leur repos simultanément. Il lui a paru indispensable de prévenir toute équivoque en inscrivant dans la loi l'interdiction expresse de ce mode de travail. Tel est l'objet de la modification qui a été introduite dans l'article 11, § 3.

Mais, comme la suppression immédiate des relais aurait pu présenter des difficultés et entraîner notamment le renvoi d'un certain nombre d'ouvriers dans les établissements où le travail est organisé sur ces bases, la loi a accordé un délai de trois mois aux chefs d'industries pour se mettre en règle avec les prescriptions nouvelles. A l'expiration de ce délai, c'est-à-dire le 1er juillet prochain, toute organisation du travail par relais devra avoir disparu. Ce sursis ne saurait, bien entendu, être considéré comme permettant, jusqu'à cette date, de faire durer plus de onze heures le travail d'aucune des catégories d'ouvriers protégées par la loi, quel que soit d'ailleurs le temps pendant lequel l'usine puisse être maintenue en activité, grâce à ce système.

Voici le texte nouveau de l'article 11, § 3 :

« Art. 11, § 3. — Dans les établissements visés par la présente loi autres que les usines à feu continu et les établissements qui seront déterminés par un règlement d'administration publique, l'organisation du travail par relais, sauf ce qui est prévu aux paragraphes 2 et 3 de l'article 4, sera interdite pour les personnes protégées par les articles précédents, dans un délai de trois mois à partir de la promulgation de la présente loi. »

Il importe de remarquer que l'article 11 supprime les relais et non les équipes. Le mot « *équipe* » s'applique, à proprement parler, à des postes d'ouvriers qui se relèvent. La loi n'empêche pas cette organisation ; elle demeure permise même pour les enfants et les femmes dans les limites du travail de jour, c'est-à-dire entre cinq heures du matin et neuf heures du soir. Mais l'emploi des équipes n'est autorisé qu'à une double condition : le travail de chaque équipe sera continu, sauf l'interruption pour le repos et ce repos aura lieu aux mêmes heures, conformément au dernier paragraphe de l'article 3.

Les « *relais* », au contraire, sont constitués par les ouvriers supplémentaires qui, se transportant de métier en métier, remplacent ainsi, pendant un certain temps, la série des travailleurs réguliers. C'est un système détestable qui ouvre la porte à tous les abus et à toutes les fraudes, car il empêche de s'assurer que la journée de chaque ouvrier ne dépasse pas la durée légale. Le législateur a compris qu'il fallait l'interdire d'une façon absolue si l'on voulait que les prescriptions de la loi fussent respectées et le contrôle de l'inspection effectif et efficace.

Il n'y a d'exception à cette interdiction que pour les usines à feu continu et les établissements qui seront déterminés par un règlement d'administration publique. Cette dernière exception a été motivée par la crainte que, dans certaines industries, il n'y eût plus place, de par la loi, que pour une seule équipe ; il en aurait pu résulter un chômage et un renvoi d'ouvriers que l'intérêt des travailleurs et celui de la production nationale commandaient de prévenir. Il a, d'ailleurs, été bien entendu que cette disposition, simple soupape de sûreté, comme on l'a fort bien dit, ne devrait livrer passage à aucune tolérance abusive ; il résulte de déclarations formelles que l'exception dont la loi consacre le principe ne devra être admise que dans les cas où, sans elle, l'organisation du travail serait absolument impossible.

Une autre réforme réalisée par la loi du 30 mars est l'abolition du travail à deux équipes, tel que l'autorise l'article 4, §2 et 3 de la loi du 2 novembre 1892, par une dérogation regrettable au principe de l'interdiction du travail de nuit pour les femmes et les enfants. En effet, après avoir interdit d'employer des enfants et des femmes, la nuit (entre neuf heures du soir et cinq heures du matin), cet article dispose que le travail sera toutefois autorisé de quatre heures du matin à dix heures du soir, soit une heure plus tôt le matin et une heure plus tard le soir, lorsqu'il sera réparti entre deux postes d'ouvriers ne travaillant pas plus de neuf heures chacun, le travail de chaque équipe étant coupé par une heure de repos au moins.

A première vue, cette disposition semblait réduire à 8 heures la durée de la journée de travail de chaque équipe, et c'est sans doute le motif qui avait déterminé le Parlement à l'adopter. Les inconvénients que pouvait entraîner une telle organisation de travail paraissaient devoir le céder à l'avantage d'abaisser sensiblement la durée de la présence de l'ouvrier à l'atelier. C'est le contraire qui s'est produit. Au lieu de faire travailler l'une après l'autre les deux équipes pendant 9 heures, coupées par une heure de repos obligatoire (soit 8 heures de travail effectif), des industriels font alterner les équipes après quatre ou cinq heures de présence, et l'usine peut marcher ainsi sans arrêt pendant dix-huit heures consécutives. Les chefs d'industrie qui ont mis ce système en pratique sont en règle avec la loi, puisque chaque poste ne fait pas plus de 9 heures de travail et que ce travail est coupé par un repos, non pas même d'une heure, mais de quatre ou cinq heures. Seulement, pendant ces longs repos forcés, entre chaque période de travail, que peuvent faire les ouvriers en dehors de l'usine et souvent loin de leur domicile ? Et quelle situation est celle de la famille ouvrière, si le père, la mère et les enfants ne sont pas libres aux mêmes heures, et que ces derniers, pendant ces repos, échappent à toute surveillance ? Au surplus, l'opinion presque unanime dans l'industrie s'est prononcée contre ce mode d'organisation du travail.

La loi du 30 mars vient couper court à de pareils abus. Une disposition qui forme le nouveau paragraphe 4 de l'article 11, met immédiatement fin aux graves inconvénients qui résultent de l'intermittence ou du chevauchement des équipes, en empêchant que le travail de chacune d'elles puisse être fragmenté ; en voici le texte :

« En cas d'organisation du travail par postes ou équipes successives, le travail de chaque équipe sera continu, sauf l'interruption pour le repos. »

D'autre part, un paragraphe 4 ajouté à l'article 4 abroge les dérogations à l'interdiction du travail de nuit admises aux paragraphes 2 et 3, sauf cependant pour un genre déterminé d'exploitations où il y aurait de sérieux inconvénients, voire même de graves dangers, à ne permettre au personnel protégé le travail qu'entre cinq heures du matin et neuf heures du soir. La disposition additionnelle dont il s'agit est ainsi conçue :

« Art. 4, paragraphe additionnel.— A l'expiration d'un délai de deux ans à partir de la promulgation de la présente loi, les dispositions exceptionnelles concernant le travail de nuit prévues aux paragraphes 2 et 3 du présent article cesseront d'être en vigueur, sauf pour les travaux souterrains des mines, minières et carrières. »

C'est afin de donner aux quelques industriels, qui ont organisé dans leurs usines ce mode de travail, le temps d'adapter leur outillage aux nécessités légales nouvelles, que la loi ajourne au 31 mars 1902 l'application de ce paragraphe.

Je viens de rappeler rapidement les modifications que la loi du

30 mars a apportées à la loi du 2 novembre 1892 sur le travail des enfants, des filles mineures et des femmes dans les établissements industriels. Il reste à indiquer celles qui ont été introduites dans la loi des 9-14 septembre 1848, fixant à douze heures la durée de la journée des ouvriers adultes dans les manufactures et les usines.

La réglementation du travail des adultes est le corollaire, le complément obligé de celle du travail des femmes et des enfants ; si on veut assurer la protection de l'enfant quant à la durée de son travail, il est indispensable, l'expérience le prouve, que dans l'atelier où, côte à côte, l'homme, la femme et l'enfant collaborent à une œuvre commune, ces trois artisans de la même tâche travaillent le même temps ; réduire la durée du travail des enfants et des femmes sans limiter dans la même proportion la journée de l'homme adulte, c'eût été rompre à nouveau l'unité du travail dans l'atelier et l'unité de la famille au foyer domestique ; c'eût été maintenir le *statuo quo*.

La loi qui fixe dès maintenant à onze heures, et à dix heures dans quatre ans, la durée du travail des femmes et des enfants, devait donc étendre cette limitation au travail des ouvriers adultes dans les établissements à personnel mixte, c'est-à-dire qui emploient simultanément, dans quelque proportion que ce soit, des hommes et des enfants. C'est ce que fait l'article 2 de la loi du 30 mars.

Au surplus, la question de la limitation, de la réduction de la durée de travail des adultes n'est pas nouvelle. Après la loi de 1848, qui fixait à douze heures la journée de l'ouvrier adulte, après celle de 1892 qui abaissait à onze heures la durée du travail de la femme, il n'y avait plus en jeu de question de principe, mais seulement une question de mesure. Or, ce n'est pas d'hier qu'on envisage la possibilité de réduire la journée de travail de l'ouvrier adulte à dix heures. Dès 1879, des parlementaires éminents, dont quelques-uns sont encore à la tête de l'industrie française, considérant que la loi de 1848, édictée en un temps où l'emploi des machines n'avait pas acquis son développement actuel, n'était plus en rapport avec notre état économique et social, demandèrent que la journée de l'ouvrier adulte, dans les usines et manufactures, ne pût excéder dix heures de travail effectif.

L'idée de cette réforme avait si bien pénétré les esprits qu'un des arguments décisifs invoqués en 1891, quand on demanda au Parlement de voter des tarifs protecteurs dans l'intérêt de l'industrie nationale, fut la nécessité de lui donner les moyens de supporter les charges qui résulteraient bientôt pour elle de la réduction à dix heures de la durée du travail des femmes et des enfants, réduction qu'on serait nécessairement conduit à étendre aux hommes. C'est en faveur de cette même réforme que concluait la commission du travail de la Chambre des députés après sa vaste enquête de 1893.

C'est encore cette réduction que la commission du travail de la législature suivante proposa de réaliser, à partir de 1898, dans les établissements à personnel mixte. C'est enfin cette même proposition que le Parlement vient de reprendre pour en voter l'application à partir du 30 mars 1904. Il n'a fait, en réalisant cette réforme, qu'écouter les leçons de l'expérience. Elle démontre, en effet, que la durée moyenne du travail dans les usines où ne sont employés que des hommes, ne dépasse guère actuellement dix heures par jour, et que c'est, au contraire, dans les branches d'industrie où domine l'élément faible, femmes et enfants, qu'on rencontre une prolongation excessive de la journée de travail.

L'unification de la journée à onze heures, puis à dix heures, pour les ouvriers de tout âge et de tout sexe, au moins dans les établissements mixtes, aura cette heureuse conséquence — qu'accueilleront avec satisfaction un grand nombre d'industriels condamnés par la concurrence à une surproduction ruineuse — de régulariser le travail et de rendre plus rares ces crises si redoutables pour l'industrie nationale et pour la paix sociale.

Rappellerai-je que les pays où la journée de travail est la plus courte sont aussi ceux où le labeur de l'ouvrier atteint son plus haut degré de productivité ? Un repos suffisant le met en état de fournir la somme d'énergie qui assure à son travail le plus grand effet utile dans le moindre temps.

De l'avis des hommes les plus compétents, c'est à cette condi-

tion que peut se constituer une classe nombreuse de travailleurs
bien portants, vigoureux et habiles, collaborateurs indispensables d'une industrie portée à une haute perfection. Il convient
d'ajouter qu'en tous pays, la réduction du temps de travail a
provoqué, dans la technique industrielle et dans l'organisation
du travail, la réalisation de progrès qui ont contribué à maintenir et même à élever le niveau de la production nationale. Nous
sommes donc fondés à croire, qu'en France comme ailleurs, cette
heureuse réforme, loin d'entraver l'essor de l'industrie, ne pourra
que le régulariser et le stimuler.

La loi du 30 mars a ajouté à l'article 1er de la loi des 9-14 septembre 1848 une disposition nouvelle ainsi conçue :

« Toutefois, dans les établissements énumérés dans l'article 1er de la loi du 2 novembre 1892, qui emploient dans les
mêmes locaux des hommes adultes et des personnes visées par
ladite loi, la journée de ces ouvriers ne pourra excéder onze heures de travail effectif.

« Dans le cas du paragraphe précédent, au bout de deux ans
à partir de la promulgation de la présente loi, la journée sera
réduite à dix heures et demie et, au bout d'une nouvelle période
de deux ans, à dix heures. »

Comme vous le voyez, la réduction de la journée des ouvriers
adultes ne constitue pas la seule modification apportée à la loi
de 1848. Cette loi ne réglait la durée du travail que dans les manufactures et les usines ; la loi du 30 mars étend la réglementation nouvelle à tous les établissements visés par la loi du 2 novembre 1892 qui occupent à la fois des hommes et des femmes
ou des enfants. Les ateliers, chantiers, etc., et leurs dépendances se trouvent donc atteints par cette réglementation.

Seuls désormais, les « *ateliers* » employant exclusivement des
ouvriers adultes échapperont à toute limitation légale. Quant
aux « *manufactures* » et « *usines* » qui n'occupent aussi que des
hommes, elles continueront à être régies par le premier paragraphe de l'article 1er de la loi des 9-14 septembre 1848, qui fixe
à douze heures la durée du travail journalier des adultes.

Comme vous l'aurez aussi remarqué, c'est seulement dans les

établissements qui occupent des hommes et des femmes ou des enfants, « *dans les mêmes locaux* » (ce sont les propres termes de la loi),qu'est réglementée la durée du travail des adultes.Voici le commentaire que le rapport soumis à la Chambre des députés, le 27 mars, donne de cette expression :

« Que veut dire « *dans les mêmes locaux*? » S'agit-il d'une salle unique ? Suffira-t-il d'une cloison pour que les locaux soient différents ? Sera-t-on dans les mêmes locaux lorsqu'on travaillera à des étages différents d'une même maison ? Seul, l'esprit général dans lequel est conçue la loi doit nous fixer à cet égard, et il nous semble qu'on doit entendre par « *mêmes locaux* » non seulement ceux où se fait un travail en commun du personnel protégé, mais tous ceux qui servent de lieu de travail à toute industrie où tous les efforts sont combinés pour concourir à une même production ».

Cette définition que le gouvernement a faite sienne à la tribune de la Chambre des députés devra servir de critérium quand il s'agira de décider s'il y a lieu d'appliquer la loi. Toutes les fois que, dans un même bâtiment, sous un même toit, ou sur un même emplacement, des hommes et des femmes ou des enfants collaboreront au même travail, ils devront être soumis à une règle commune, quels que soient la place, la salle ou l'étage où ils se trouvent.

La loi de 1892 prévoit, en ce qui concerne l'interdiction du travail de nuit, l'obligation du repos hebdomadaire et la limitation de la durée de travail, des dérogations, les unes temporaires, les autres permanentes, en faveur d'industries qu'ont désignées des règlements d'administration publique. La loi nouvelle n'ayant pas abrogé ces dérogations, elles demeurent par là même en vigueur, ainsi que les règlements d'administration publique rendus pour leur exécution.

Mais, à propos des dérogations qu'autorise l'article 7 de la loi de 1892, on s'est demandé si la durée du travail des adultes se trouvant aujourd'hui ramenée, dans les établissements à personnel mixte, aux mêmes limites que celle des enfants et des femmes, ces dérogations admises au profit des uns ne devraient pas aussi être appliquées aux autres.

La simultanéité du travail doit, en effet, logiquement entraîner une similitude complète de traitement pour les catégories
de travailleurs. Les adultes, lorsqu'ils bénéficient de la même
réglementation que leurs auxiliaires habituels, doivent donc être
soumis aux mêmes exceptions.

J'ajouterai, enfin, qu'au point de vue des poursuites et des
sanctions pénales, les lois de 1848 et de 1892 conservent chacune
son empire, la première restant applicable aux contraventions
à la limitation de la durée du travail des ouvriers adultes, la seconde aux infractions à la fixation de la journée de travail des
enfants et des femmes.

Telle est, M. le Préfet, dans ses grandes lignes, la nouvelle
réglementation de la durée du travail ; le législateur s'est ins-
piré avant tout de l'idée qu'en cette matière les intérêts sont
solidaires et que toute amélioration apportée par les mœurs ou
par la loi à la situation de l'ouvrier profite non seulement à l'ouvrier, mais au patron lui-même. Il a montré un égal souci de
sauvegarder, par des transitions sagement ménagées, les légitimes intérêts de l'industrie nationale et d'assurer la réalisation
d'une réforme que commandaient le progrès de la civilisation,
l'humanité et la justice.

Ces rapides observations vous permettront, M. le Préfet, d'apprécier la haute portée de la loi du 30 mars et d'indiquer l'esprit dans lequel elle est conçue. Les inspecteurs du travail sont
chargés d'en assurer l'exécution ; mais, si efficaces que doivent
être les résultats de leur intervention dans chaque cas particulier, votre action plus générale pourra très utilement seconder
la leur.

Vous voudrez bien, en conséquence, saisir toute occasion de
mettre en lumière les effets bienfaisants de la réglementation
nouvelle. Les inspecteurs du travail se tiendront à votre disposition pour vous fournir tous les renseignements nécessaires. Je
vous prie de leur prêter, de votre côté, le concours et l'appui
qui leur sont indispensables pour qu'ils puissent s'acquitter de
leur délicate mission. Je désire voir s'établir entre eux et les Administrations départementales une collaboration étroite et cor-
diale. J'en attends les plus féconds résultats.

ARRÊTÉ DU MINISTRE DES TRAVAUX PUBLICS
DU 4 NOVEMBRE 1899

Sur la durée du travail et des repos des agents des trains.

Le Ministre des travaux publics,

Vu la loi du 15 juillet 1845 sur la police des chemins de fer,

Vu l'ordonnance du 15 novembre 1846, portant règlement d'administration publique sur la police, la sûreté et l'exploitation des chemins de fer, notamment ses articles 60, 69 et 79 ;

Vu l'avis du Conseil d'État en date du 9 avril 1884 ;

Vu les propositions conformes de l'Administration des chemins de fer de l'État, des Compagnies des chemins de fer de l'Est, du Midi, du Nord, de l'Ouest, de Paris à Lyon et à la Méditerranée et de Paris à Orléans, et du Syndicat des chemins de fer de Ceinture de Paris ;

Sur le rapport du Conseiller d'État, directeur des chemins de fer,

Arrête :

Art. 1er. — Sur les réseaux ci-dessus désignés, la durée du travail et des repos des agents des trains est régie par les dispositions suivantes :

Art. 2. — La journée de service doit contenir, en moyenne, dix heures de service effectif au plus et dix heures de grand repos au moins, de telle sorte que quinze jours consécutifs quelconques d'un roulement, comptés de minuit à minuit, ne contiennent pas plus de 150 heures de service effectif et renferment un total de grand repos au moins égal à 150 heures.

L'intervalle de temps compris entre deux repos ininterrompus ne doit pas être supérieur à dix-sept heures. Cette période ne doit pas contenir plus de douze heures de service effectif ; toutefois, la durée du service effectif peut être augmentée d'une demi-heure au maximum, à la condition que la durée du grand repos suivant soit portée à douze heures au moins.

Par dérogation aux dispositions du premier alinéa du présent article, pour les agents dont le service ne comporte pas de découcher hors de la résidence, la durée moyenne du service effectif est fixée à onze heures au plus et celle du grand repos à neuf heures au moins.

Art. 3. — Sont seuls considérés comme grands repos ceux ayant une durée ininterrompue de neuf heures au moins à la résidence de l'agent et de sept heures au moins hors de la résidence. Il ne doit pas y avoir plus de deux grands repos consécutifs inférieurs à neuf heures, et la durée totale des deux grands repos consécutifs quelconques doit être de seize heures au moins.

Tous les quinze jours, en moyenne, il doit y avoir à la résidence un grand repos de vingt-quatre heures au moins ; l'intervalle entre deux de ces repos consécutifs ne peut être supérieur à trente jours. Durant ces grands repos, les agents sont dispensés de tout service et peuvent s'absenter de leur résidence. Ces jours de repos ne seront comptés que pour dix heures dans le calcul de la moyenne par quinzaine fixée à l'article 2 (1).

Art. 4. — La durée du service effectif des agents des trains se compose de la somme des éléments ci-après :

1° Les temps alloués pour les opérations que les agents peuvent avoir à effectuer avant le départ ou après l'arrivée des trains ; ces temps sont fixés dans les roulements par gare et par train ; lorsque l'intervalle entre l'arrivée d'un train et le départ du suivant ne dépasse pas une heure et demie, cet intervalle est compté entièrement comme travail ;

2° La durée du parcours des trains prévue à l'horaire ; toutefois, pour les trains désignés au livret de marche comme trains de voyageurs rapides ou express, trains légers ou trains-tramways ne faisant pas le service des bagages et dans lesquels les agents du train ne sont pas chargés de la délivrance ou du retrait des billets, trains de marchandises rapides et directs (P. V. et G. V.), le

(1) D'après la circulaire ministérielle du 24 novembre 1899, si les grands repos de vingt-quatre heures au moins ont une durée supérieure à vingt-quatre heures, le surplus est compris pour sa valeur entière dans le calcul de la moyenne : un repos de trente heures par exemple comptera pour seize heures.

temps du parcours est compté avec une réduction de dix pour cent (1/10), afin de tenir compte du service moins chargé.

On compte enfin comme service effectif le quart du temps pendant lequel un agent reste inoccupé à la gare, à disposition, en attendant qu'il reçoive l'ordre éventuel de partir.

Art. 5. — Les Compagnies doivent soumettre à l'Administration les tableaux et graphiques de roulements.

Des copies conformes de ces tableaux et graphiques doivent être affichées d'une façon apparente dans les gares, de manière à les porter à la connaissance des agents des trains

Art. 6. — Il ne peut être dérogé, dans les tableaux de roulement ou dans le service des trains facultatifs, aux prescriptions du présent arrêté que dans des cas spéciaux pleinement justifiés par les nécessités du service, et sous réserve, pour les roulements du service normal, de l'autorisation de l'Administration.

Art. 7. — Si, en service et par suite de circonstances imprévues ou accidentelles, le travail des agents des trains excède les limites prescrites par le présent arrêté, chaque Compagnie doit en informer le service du contrôle par un compte rendu adressé, le 10 de chaque mois pour le mois précédent, à l'ingénieur en chef du contrôle de l'exploitation technique. Ces comptes rendus font ressortir les différences entre le travail prévu et le travail réellement effectué. Des extraits en sont affichés dans les gares.

L'ingénieur en chef du contrôle de l'exploitation technique prescrit à la Compagnie de prendre les mesures nécessaires pour faire disparaître sans retard les causes permanentes qui amèneraient des dérogations réitérées aux prescriptions du présent arrêté. Les suites données à ces observations son signalées à l'Administration par le service du contrôle, qui propose, en outre, les mesures nécessaires pour compléter celles déjà prises par la Compagnie, dans le cas où il les jugerait insuffisantes.

Art. 8. — En aucun cas et sous aucun prétexte, les agents des trains ne peuvent invoquer la prolongation de la durée de leur travail pour abandonner le service public qu'ils sont chargés d'assurer. Mais ils doivent rendre compte à leur chef, aussitôt que possible, de toutes les dérogations au présent arrêté qui se sont produites au cours de leur travail, en inscrivant leurs observations sur un registre spécial ouvert à cet effet dans chaque gare.

Art. 9. — Les roulements en vigueur, les bulletins de service et les registres mentionnés à l'article précédent sont constamment tenus à la disposition des ingénieurs du contrôle et des agents sous leurs ordres.

Art. 10.— Un délai de deux mois est imparti aux Compagnies pour assurer l'exécution intégrale du présent arrêté.

ARRÊTÉ DU MINISTRE DES TRAVAUX PUBLICS DU 4 NOVEMBRE 1899

Modifié par l'arrêté du 20 mai 1902, sur la durée du travail et des repos des mécaniciens et des chauffeurs.

Le Ministre des travaux publics,

Vu la loi du 15 juillet 1845 sur la police des chemins de fer ;

Vu l'ordonnance du 15 novembre 1846 portant règlement d'administration publique sur la police, la sûreté et l'exploitation des chemins de fer, notamment les articles 60, 69 et 79 ;

Vu l'avis du Conseil d'État en date du 9 avril 1884 ;

Vu les propositions conformes de l'Administration des chemins de fer de l'État, des Compagnies de chemins de fer de l'Est, du Midi, du Nord, de l'Ouest, de Paris à Lyon et à la Méditerranée et de Paris à Orléans, et du Syndicat des chemins de fer de Ceinture de Paris ;

Sur le rapport du Conseiller d'État, directeur des Chemins de fer,

Arrête :

Art. 1er. — Sur les réseaux ci-dessus désignés, la durée du travail et des repos des mécaniciens et chauffeurs est régie par les dispositions suivantes.

Art. 2. — La journée de travail doit contenir, en moyenne, dix heures de travail effectif au plus et dix heures de grand repos au moins, de telle sorte que dix jours consécutifs quelconques d'un roulement, comptés de minuit à minuit, ne contiennent pas plus de cent heures de travail effectif et renferment un total de grands repos au moins égal à cent heures.

Chaque période de travail doit être comprise entre deux grands repos, séparés par un intervalle d'au plus dix-sept heures, et ne pas contenir plus de douze heures de travail effectif.

Art. 3. — Sont seuls considérés comme grands repos ceux ayant une durée ininterrompue de dix heures au moins à la résidence de l'agent et de sept heures au moins hors de la résidence. Il ne peut y avoir plus de deux grands repos consécutifs inférieurs à dix heures, et la durée totale de deux grands repos consécutifs quelconques doit être de dix-sept heures au moins.

Tous les dix jours en moyenne, il doit y avoir à la résidence un grand repos de trente heures au moins ; l'intervalle entre deux de ces repos consécutifs ne peut être supérieur à vingt jours. Durant ces grands repos, les agents sont dispensés de tout service et peuvent s'absenter de leur résidence. Ces jours de repos ne sont comptés que pour dix heures dans le calcul de la moyenne décadaire fixée à l'article 2.

Pour les agents dont le service ne comporte pas de découchers hors de la résidence, la durée des grands repos ci dessus définis peut être réduite à vingt-quatre heures et le nombre en pourra être réduit à un par quinzaine en moyenne.

Art. 4. — On compte comme travail effectif tout le temps pendant lequel les agents sont tenus de rester sur leur machine ou de ne pas s'en éloigner, ou ont un travail quelconque à effectuer dans les gares, dépôts et ateliers.

Les laps de temps alloués pour les opérations que les mécaniciens et chauffeurs peuvent avoir à effectuer avant le départ ou après l'arrivée sont, pour chaque train, indiqués sur les roulements. Lorsque l'intervalle entre l'arrivée d'un train et le départ du suivant ne dépasse pas une heure et demie, cet intervalle est compté entièrement comme travail.

En ce qui concerne les réserves, les périodes pendant lesquelles les agents ont un travail quelconque à effectuer sont comptées comme travail effectif ; celles pendant lesquelles les agents

estent inoccupés au dépôt, à disposition, peuvent être considé-
ées comme des repos, mais elles sont comptées pour un quart
le leur durée dans le calcul de la durée décadaire du travail
effectif fixée à l'article 2. Les périodes de réserve à la résidence
ntercalées dans le service des trains, sont précédées, comme
es périodes de travail effectif, d'un grand repos pris au
lomicile.

Art. 5.— Les Compagnies doivent soumettre à l'Administration
les tableaux et graphiques de roulement.

Des copies conformes de ces tableaux et graphiques doivent
être affichées d'une façon apparente dans les dépôts, de manière
à les porter à la connaissance des mécaniciens et chauffeurs.

Art. 6. — Il ne peut être dérogé, dans les tableaux de roulement ou dans le service des trains facultatifs et des machines
de réserve, aux prescriptions du présent arrêté, que dans des
cas spéciaux pleinement justifiés par les nécessités du service,
et sous réserve, pour les roulements du service normal, de l'autorisation de l'Administration.

Art. 7. — Si en service, par suite de circonstances imprévues
ou accidentelles, le travail des mécaniciens et chauffeurs excède
les limites prescrites par le présent arrêté, chaque Compagnie
doit en informer le service du contrôle par un compte rendu
adressé, le 10 de chaque mois pour le mois précédent, à l'ingénieur en chef du contrôle de l'exploitation technique. Ces comptes
rendus font ressortir les différences entre le travail prévu et le
travail réellement effectué. Des extraits en sont affichés dans les
dépôts.

L'ingénieur en chef du contrôle de l'exploitation technique
prescrit à la Compagnie de prendre les mesures nécessaires pour
faire disparaître sans retard les causes permanentes qui amèneraient des dérogations réitérées aux prescriptions du présent
arrêté. Les suites données à ces observations sont signalées à
l'Administration par le service du contrôle, qui propose en outre
les mesures nécessaires pour compléter celles déjà prises par la
Compagnie, dans le cas où il les jugerait insuffisantes.

Art. 8. — En aucun cas et sous aucun prétexte, les mécaniciens et les chauffeurs ne peuvent invoquer la prolongation de la durée de leur travail pour abandonner le service public qu'ils sont chargés d'assurer. Mais ils doivent rendre compte à leur chef, aussitôt que possible, de toutes les dérogations au présent arrêté qui se sont produites au cours de leur travail, en inscrivant leurs observations sur un registre spécial ouvert à cet effet dans chaque dépôt.

Art. 9. — Les roulements en vigueur, les bulletins de traction et les registres mentionnés à l'article précédent sont constamment tenus à la disposition des ingénieurs du contrôle et des agents sous leurs ordres.

Art. 10. — Un délai de deux mois est imparti aux Compagnies pour assurer l'exécution intégrale du présent arrêté.

ARRÊTÉ DU MINISTRE DES TRAVAUX PUBLICS
DU 23 NOVEMBRE 1899

Sur la durée du travail des agents des gares dont le service peut intéresser la sécurité des trains ou des manœuvres.

Le Ministre des travaux publics,

Vu la loi du 15 juillet 1845 sur la police des chemins de fer :

Vu l'ordonnance du 15 novembre 1846, portant règlement d'administration publique sur la police, la sûreté et l'exploitation des chemins de fer, notamment ses articles 60, 69 et 79.

Vu l'avis du Conseil d'État du 9 avril 1884 ;

Vu les propositions conformes de l'Administration des chemins de fer de l'État, des Compagnies des chemins de fer de l'Est, du Midi, du Nord, de l'Ouest, de Paris à Lyon et à la Méditerranée et de Paris à Orléans, et du Syndicat des chemins de fer de Ceinture de Paris :

Sur le rapport du Conseiller d'État, directeur des chemins de fer :

Arrête :

Art. 1er. — Sur les réseaux ci-dessus désignés, les dispositions suivante sont applicables à tous les agents des gares, stations et haltes dont le service peut intéresser la sécurité des trains ou des manœuvres.

Art. 2. — La durée du service effectif ne peut excéder douze heures par vingt-quatre heures.

Le grand repos journalier a une durée ininterrompue de neuf heures au moins ; cette durée peut être réduite à huit heures pour les agents logés dans les gares.

Des repos, d'une heure environ chacun, sont accordés aux agents, pour leur repas, vers le milieu et vers la fin de la journée.

Art. 3. — Tout agent a droit, chaque mois, à une journée ou à deux demi-journées de repos ; deux journées de repos au maximum, afférentes à deux mois consécutifs, peuvent être cumulées ; mais il ne doit y avoir en aucun cas un intervalle de deux mois sans journée de repos,

Une journée de repos comprend tout l'intervalle s'étendant entre deux nuits de repos consécutives. Une demi-journée de repos commence ou finit vers le milieu de la journée habituelle de travail, et doit précéder ou suivre immédiatement une nuit de repos.

Durant ces journées ou demi-journées de repos, les agents sont dispensés de tout service et peuvent s'absenter de leur résidence.

Les prescriptions du présent article ne s'appliquent pas aux agents qui bénéficient des repos de vingt-quatre heures prévus à l'article 4 ci après.

Art. 4. — Dans les gares qui comportent service de jour et service de nuit, la période continue de service de nuit ne doit pas comprendre plus de quatorze nuits consécutives. Les agents alternant pour le service de jour et celui de nuit bénéficient, à chaque changement de service, d'un grand repos ininterrompu de vingt-quatre heures au moins.

Pour les grandes gares à service chargé, le Ministre des travaux publics pourra prescrire aux Compagnies de réduire la période d'alternement à une durée inférieure à quatorze nuits, jusqu'à un minimun de sept nuits consécutives.

Art. 5. — Les Compagnies doivent afficher d'une façon apparente dans chaque gare des tableaux indiquant les heures de service de tout le personnel qui y est attaché, en distinguant sur ces tableaux les agents auxquels le présent arrêté ne serait pas appliqué.

Art. 6. — Il ne peut être dérogé aux prescriptions du présent arrêté que dans des cas spéciaux pleinement justifiés par les nécessités du service et, sous réserve, pour les tableaux du service normal, de l'autorisation de l'Administration.

Toutefois, aucune dérogation aux prescriptions des articles 3 et 4 ne sera autorisée.

Pour les petites gares ou haltes ne comportant qu'un seul agent, qui ne sont pas desservies par plus de trois trains par jour dans chaque sens, et dont le trafic est assez faible pour que l'agent, logé dans la gare, ait en fait de longues périodes d'inaction pendant la journée, cet agent pourra, par dérogation à l'article 2, être astreint à une durée de présence excédant la limite fixée audit article, sans que son grand repos journalier puisse être inférieur à huit heures. La liste de ces petites gares sera soumise par chaque réseau à l'approbation de l'ingénieur en chef du contrôle de l'exploitation technique, dans les deux mois qui suivront la date du présent arrêté ; des modifications pourront y être prescrites à toute époque.

Art. 7. — Si, en service, par suite de circonstances imprévues ou accidentelles, le travail des agents excède les limites prescrites par le présent arrêté, chaque Compagnie doit en informer le service du contrôle par un compte rendu adressé, le 10 de chaque mois pour le mois précédent, à l'ingénieur en chef du contrôle de l'exploitation technique. Ces comptes rendus font ressortir les différences entre le travail prévu et le travail réellement effectué. Des extraits en sont affichés dans les gares.

L'ingénieur en chef du contrôle de l'exploitation technique prescrit à la Compagnie de prendre les mesures nécessaires pour faire disparaître sans retard les causes permanentes qui amèneraient des dérogations réitérées aux prescriptions du présent arrêté. Les suites données à ces observations sont signalées à l'Administration par le service du contrôle, qui propose en outre les mesures nécessaires pour compléter celles déjà prises par la Compagnie, dans le cas où il les jugerait insuffisantes.

Art. 8. — En aucun cas et sous aucun prétexte, les agents des gares ne peuvent invoquer la prolongation de la durée de leur travail pour abandonner le service public qu'ils sont chargés d'assurer. Mais ils doivent rendre compte à leur chef, aussitôt que possible, de toutes les dérogations au présent arrêté qui se sont produites au cours de leur travail, en inscrivant leurs observations sur un registre spécial ouvert à cet effet dans chaque gare.

Art. 9. — Les tableaux de service et roulement en vigueur, ainsi que les registres mentionnés à l'article précédent sont constamment tenus à la disposition des ingénieurs du contrôle et des agents sous leurs ordres.

Art. 10. — Le présent arrêté devra être intégralement appliqué avant le 1er avril 1900.

CIRCULAIRE DU MINISTRE DES TRAVAUX PUBLICS DU 24 NOVEMBRE 1899

Relative à l'exécution des arrêtés ministériels des 4 et 23 novembre 1899.

Les instructions actuellement en vigueur au sujet de la durée du travail et des repos des agents de chemins de fer ne s'appliquent qu'à une faible partie de ce personnel. Or, il est d'une importance capitale, pour la sécurité de l'exploitation, qu'aucun des agents qui concourent à l'assurer ne soit exposé à un travail excessif.

Il m'a donc paru nécessaire d'étendre à tous ces agents le principe de la limitation de la durée du travail, en établissant des réglementations nouvelles pour ceux d'entre eux qui, comme le personnel des trains et des gares, n'avaient pas encore bénéficié d'une mesure de ce genre ; j'ai voulu en même temps améliorer

sur plusieurs points les règles déjà appliquées à certaines catégories d'agents (mécaniciens et chefs de station). C'est dans ce
double but que j'ai pris les deux arrêtés du 4 novembre courant,
relatifs aux mécaniciens et chauffeurs et aux agents des trains,
et l'arrêté du 23 novembre qui concerne le personnel des gares.
Pour les huit réseaux où elles sont applicables, ces décisions
abrogent toutes les dispositions antérieures relatives aux mêmes
agents.

J'ai tenu à ce que les nouveaux règlements concilient dans une
juste mesure les exigences de la sécurité avec les intérêts des
agents de chemins de fer, tout en conservant la souplesse nécessaire dans la pratique, et je désire que les ingénieurs du contrôle
s'inspirent des mêmes principes pour en surveiller la mise en
application.

I. — *Mécaniciens, chauffeurs et agents des trains.*

Les règlements concernant les mécaniciens et chauffeurs et les
agents des trains, forcément complexes par suite du caractère
irrégulier du travail de ces agents, devront faire l'objet d'une
surveillance attentive afin de produire tout l'effet utile qu'on en
doit attendre.

J'attire en particulier votre attention sur les articles 4 de ces
arrêtés, et notamment sur les durées de travail effectif à compter
en dehors des parcours des trains. Avant le départ, il ne suffit
pas que les agents ne soient pas astreints à prendre leur travail
avant l'heure fixée par les roulements ; il faut en outre que le
temps alloué sur ceux-ci soit en rapport avec les opérations que
les agents ont à effectuer d'après les instructions de leur Compagnie. Après l'arrivée, il importe également que les temps alloués soient normalement suffisants pour l'exécution du travail
qui est alors demandé au personnel. Il sera spécialement nécessaire de veiller, pour les mécaniciens et chauffeurs, à ce que les
délais indiqués avant et après les trains soient convenablement
fixés d'après l'organisation du service, la disposition des gares,
le type des machines et la nature des trains.

Le service du contrôle devra d'ailleurs s'assurer que les agents sont réellement « inoccupés » pendant les temps de réserve qui ne sont pas entièrement comptés comme travail effectif.

Vous remarquerez enfin qu'en vue de l'application du 2° de l'article 4 de l'arrêté relatif aux agents des trains, il est indispensable qu'à l'avenir les dénominations de trains portées au livret de marche correspondent exactement à leur nature.

Les grands repos de vingt-quatre heures prévus par les articles 3 des arrêtés du 4 novembre ne devront pas être établis au détriment des grands repos journaliers dont la durée est de dix heures en moyenne. C'est dans ce but qu'il est prescrit de ne compter les premiers que pour dix heures dans le calcul de la moyenne décadaire ; mais il doit être entendu que, s'ils ont une durée supérieure à vingt-quatre heures, le surplus est compris pour sa valeur entière dans le calcul décadaire ; un repos de trente heures par exemple comptera pour seize heures. C'est là une conséquence des termes de l'arrêté qui facilitera l'allocation de repos plus longs que vingt-quatre heures.

Quant aux dérogations dont parlent les articles 6, leur nombre devra être très restreint dans les roulements ; elles devront avoir spécialement pour but de faciliter le retour des agents à leur résidence et être compensées par un allègement des périodes de travail voisines ou par une augmentation des grands repos journaliers ou décadaires.

II. — *Agents des gares.*

Le règlement relatif au personnel des gares s'applique à tous les agents dont le service peut intéresser la sécurité des trains ou des manœuvres. Il ne m'a pas paru possible d'énumérer, d'une manière précise et complète, les catégories d'agents qui ont à intervenir dans cette sécurité, car en fait ces catégories ne sont nullement tranchées. La distinction du personnel auquel s'applique l'arrêté devra être faite par les ingénieurs du contrôle, non pas d'après les titres ou grades des agents, mais d'après leurs fonctions réelles, en tenant compte des besognes éventuelles qui leur sont parfois demandées en dehors de leurs occupations normales.

L'arrêté du 23 novembre étant applicable à la grande majorité du personnel des gares, il ne pouvait exiger l'envoi à l'Administration de tous les tableaux de service établis pour ces agents, d'autant plus que de tels documents sont exposés à des modifications réitérées. Mais ces tableaux, conformément aux indications de l'article 5 de l'arrêté, seront affichés dans les gares, et les agents du contrôle devront, par des vérifications répétées, s'assurer que les durées de travail sont conformes aux prescriptions réglementaires ; c'est seulement sur place d'ailleurs, qu'il est possible de se rendre compte de la nature des fonctions de chaque agent et du travail qui lui est demandé.

Les dérogations que les Compagnies demanderont d'admettre dans les tableaux du service normal, par application de l'article 6 de l'arrêté, devront être examinées avec la plus grande attention par les ingénieurs du contrôle.

Le troisième alinéa de cet article vise spécialement les dérogations portant sur la durée de présence et concernant de petites gares à un seul agent ; la liste de ces dernières, spécifiant les durées maxima de présence autorisées pour chacune d'elles devra être arrêtée avant le 15 mars 1900 par l'ingénieur en chef du contrôle de l'exploitation technique : mais il pourra prescrire ultérieurement des modifications. Il importe que les conditions spécifiées à ce sujet par l'arrêté soient exactement observées ; il faudra notamment que par l'examen du trafic de ces petites gares et du nombre annuel de leurs expéditions et arrivages G. V. et P. V., ainsi que par les résultats d'une enquête faite sur place, les ingénieurs du contrôle se rendent compte du travail que peut avoir à fournir l'agent dans l'intervalle du passage des trains.

Loin d'encourager la réduction du nombre des agents dans les petites gares, cette disposition de l'article 6 devra, au contraire, par l'étude qu'elle provoque sur la situation des intéressés, être l'occasion pour le service du contrôle d'inviter la Compagnie à augmenter le personnel dans toutes les stations ou haltes où l'insuffisance en sera reconnue.

J'ajoute que, pour réduire le nombre de ces dérogations et alléger le service d'une partie du personnel, je serais disposé à examiner les propositions qui me seraient adressées en vue de la fermeture, pendant quelques heures dans la journée, de certaines haltes ou petites stations, lorsqu'elles ne comporteront qu'un ou deux agents et qu'une telle restriction pourra être admise sans inconvénients réels pour les populations.

III. — *Dispositions générales.*

Je crois enfin nécessaire de compléter les indications qui précèdent par quelques observations générales s'appliquant aux trois arrêtés.

Ces règlements établissent, pour les durées des périodes de travail ou des grands repos, des maxima ou des minima en deçà desquels il sera, dans certains cas, utile de se tenir. Je n'ignore pas que, au milieu de la diversité des errements actuellement suivis par les Compagnies, quelques agents bénéficient déjà, à tel point de vue, d'une réglementation plus large. Celle-ci pourrait sans doute être généralisée sans entraîner des dépenses excessives, dont les finances de l'Etat supporteraient leur part.

Mais lorsqu'il en est ainsi, on doit présumer que l'organisation précédemment adoptée était justifiée par la nature du travail demandé aux agents ; aussi devrez-vous veiller à ce que, lors de la mise en vigueur des nouveaux arrêtés, les Compagnies n'aggravent pas la situation d'une partie de leur personnel ; il est hors de doute par exemple que, pour les aiguilleurs de cabines importantes et pour certains agents dont le service est très chargé, les durées de travail doivent être notablement inférieures aux limites fixées par les règlements.

Une observation analogue s'impose au sujet des congés annuels qui ne sont stipulés dans aucun règlement des Compagnies, mais qu'elles ont l'habitude d'accorder à leurs agents. Si désirable que soit leur généralisation, ils n'ont pas sur la sécurité la répercussion directe qui seule me permet d'intervenir en vertu de la loi.

Il n'a donc pu en être question dans les arrêtés. Mais, afin que la nouvelle réglementation concoure, suivant mes vues, à améliorer la situation des agents en même temps qu'elle constituera un progrès au point de vue de la sécurité, il conviendra que les Compagnies ne confondent pas les jours de repos prescrits avec les congés annuels qui sont entrés dans leurs usages.

J'appelle enfin toute votre attention, Monsieur l'Inspecteur général, sur la surveillance qui devra être exercée par les ingénieurs et agents placés sous votre direction en vue d'assurer, tant par la vérification régulière des ordres de service que par la fréquente observation des faits dans leurs tournées, l'exécution des arrêtés des 4 et 23 novembre. Je vous recommande particulièrement d'exiger que les contrôleurs du travail s'acquittent activement de leurs fonctions. Les constatations personnelles qu'ils feront dans les gares et dépôts et dans les trains seront complétées par les renseignements que pourront leur fournir les agents eux-mêmes, et par l'examen des registres de réclamations dont la tenue sera dorénavant obligatoire. Ils devront viser ces registres à chacun de leurs passages dans une gare ou dans un dépôt, prendre copie des observations qui y seraient inscrites et les transmettre à leurs chefs avec les résultats de l'enquête faite par eux.

Les ingénieurs du contrôle, tout en se renseignant principalement par leurs contrôleurs du travail et par eux-mêmes, ne devront pas, d'autre part, négliger les réclamations de quelque importance qui pourraient leur être adressées, notamment par les administrateurs des syndicats ou associations d'agents de chemin de fer ; les ingénieurs en chef du contrôle de l'exploitation technique centraliseront à Paris les résultats des enquêtes faites sur des plaintes émanant de ces administrateurs et informeront directement ces derniers des réponses à leurs réclamations, en leur accordant un jour d'audience par mois, autant que le permettront les nécessités du service.

Cette surveillance exercée par les services du contrôle aura comme conséquence, le cas échéant, l'établissement de procès-verbaux de contravention, par application de l'article 79 de l'ordonnance du 15 novembre 1846. Vous remarquerez, en effet, que les conditions dans lesquelles les règlements nouveaux ont été édictés, après des propositions des Compagnies et suivant les

formes prescrites par les articles 60 et 69 de ladite ordonnance,
leur assurent la sanction du titre III de la loi du 15 juillet 1845,
et notamment de son article 21.

ARRÊTÉ DU MINISTRE DES TRAVAUX PUBLICS
DU 10 OCTOBRE 1901

Sur la durée du travail des agents chargés de la surveillance,
de l'entretien et du remaniement des voies, des gardes-sémaphores, bloqueurs, aiguilleurs de pleine voie et gardes-barrières, en faction permanente aux barrières.

Le Ministre des travaux publics,

Vu la loi du 15 juillet 1845 sur la police des chemins de fer ;

Vu l'ordonnance du 15 novembre 1846, modifiée par le décret
du 1er mars 1901, portant règlement d'administration publique
sur la police, la sûreté et l'exploitation des chemins de fer ;

Vu notamment les articles 56, 64 et 68 du dit règlement ;

Vu l'avis du Conseil d'Etat, en date du 9 avril 1884 ;

Vu les propositions de la Direction des chemins de fer de l'E-
tat ; des Compagnies des chemins de fer de l'Est, du Midi, du
Nord, de l'Ouest, de Paris à Lyon et à la Méditerranée et de
Paris à Orléans, et du Syndicat des chemins de fer de Ceinture
de Paris ;

Sur le rapport du Conseiller d'Etat, directeur des chemins de
fer ;

Arrête :

Art. 1er. — Sur les réseaux ci-dessus désignés, les dispositions
suivantes sont applicables aux agents chargés de la surveillance, de l'entretien et du remaniement des voies, aux gardes-
sémaphores, bloqueurs, aiguilleurs de pleine voie, ainsi qu'aux
gardes-barrières en faction permanente aux barrières.

CHAPITRE I. — *Agents chargés de la surveillance,*
de l'entretien et du remaniement des voies.

Art. 2. — La durée du travail effectif des agents chargés de la surveillance, de l'entretien et du remaniement des voies ne peut excéder 12 heures par 24 heures.

Le grand repos journalier a une durée ininterrompue de 9 heures au moins, qui peut être réduite à 8 heures pour les agents logés dans l'enceinte du chemin de fer. Cette durée est portée à 10 heures au moins pour les agents qui, ayant leur femme garde-barrière, sont exposés à se lever la nuit à l'appel du public.

Un repos d'une heure environ est accordé aux agents vers le milieu de la journée pour leur repas qui est pris sur place. Il est accordé en outre, lorsque la durée du travail effectif dépasse 11 heures, un repos supplémentaire d'une demi-heure environ, soit le matin, soit l'après-midi.

Chapitre II. — *Gardes-sémaphores, bloqueurs, aiguilleurs de pleine voie, gardes-barrières en faction permanente aux barrières.*

Art. 3. — La durée du service effectif des gardes-sémaphores, bloqueurs, aiguilleurs de pleine voie et des gardes-barrières en faction permanente aux barrières ne peut excéder 12 heures par 24 heures.

Le grand repos journalier a une durée ininterrompue de 9 heures au moins, qui peut être réduite à 8 heures pour les agents logés par la Compagnie à proximité de leur poste.

Ces postes sont munis d'un abri chauffé où les agents peuvent prendre leurs repas.

Chapitre III. — *Dispositions communes.*

Art. 4. — Tout agent des catégories ci-dessus désignées a droit, chaque mois, à une journée ou à deux demi-journées de repos ; deux journées de repos au maximum afférentes à deux mois consécutifs peuvent être cumulées ; mais il ne doit y avoir, en aucun cas, un intervalle de deux mois sans journée de repos. Une journée de repos comprend tout l'intervalle s'étendant entre deux nuits de repos consécutives.

Une demi-journée de repos commence ou finit vers le milieu de la journée habituelle de travail et doit précéder ou suivre immédiatement une nuit de repos.

Durant ces journées ou demi-journées de repos, les agents sont dispensés de tout service et peuvent s'absenter de leur résidence.

Les prescriptions du présent article ne s'appliquent pas aux agents qui bénéficient des repos de 24 et 36 heures prévus à l'article 5 ci-après.

Art. 5. — Dans les postes qui comportent service de jour et service de nuit et qui sont desservis par des hommes, la période continue de service de nuit ne doit pas comprendre plus de quatorze nuits consécutives. Les agents alternant pour le service de jour et le service de nuit bénéficient, à chaque changement de service, d'un repos ininterrompu de 24 heures au moins.

Les postes de gardes-barrières, en faction permanente, et ceux de gardes-sémaphores peuvent être desservis, sans alternance, le jour, par une femme et, la nuit, par un homme.

Ces agents ont droit, chaque mois, à un grand repos ininterrompu de 36 heures. Dans le cas où les agents d'un même poste sont le mari et la femme, ils bénéficient simultanément de ce grand repos, pendant 24 heures s'ils le désirent.

Chapitre IV. — *Dispositions diverses.*

Art. 6. — Les Compagnies doivent afficher d'une façon apparente pour chaque brigade et pour chaque poste des tableaux indiquant les heures de service du personnel qui y est attaché.

Art. 7. — Il ne peut être dérogé aux prescriptions du présent arrêté que dans des cas spéciaux pleinement justifiés par les nécessités du service et sous réserve, pour les tableaux du service normal, de l'autorisation de l'Administration.

Toutefois, aucune dérogation aux prescriptions des articles 4 et 5 ne sera admise.

Art. 8. — Si en service, par suite de circonstances imprévues ou accidentelles, le travail des agents excède les limites prescrites par le présent arrêté, la Compagnie en informe le service du contrôle par un compte-rendu adressé, le 10 de chaque mois pour le mois précédent, à l'ingénieur en chef du contrôle compétent. Ces comptes-rendus font ressortir les différences entre le travail prévu et le travail réellement effectué.

L'ingénieur en chef du contrôle compétent prescrit à la Compagnie de prendre les mesures nécessaires pour faire disparaître sans retard les causes permanentes qui amèneraient des dérogations réitérées aux prescriptions du présent arrêté. Les suites données à ces observations sont signalées à l'Administration par le service du contrôle, qui propose, en outre, les mesures nécessaires pour compléter celles déjà prises par la Compagnie, dans le cas où il les jugerait insuffisantes.

Art. 9. — En aucun cas et sous aucun prétexte, les agents ne peuvent invoquer la prolongation de la durée de leur travail pour abandonner le service public qu'ils sont chargés d'assurer. Mais ils doivent rendre compte à leur chef, aussitôt que possible, de toutes les dérogations qui se sont produites au cours de leur travail. Ils peuvent également, pendant leurs repos ou leurs jours de congé, inscrire leurs observations sur le registre spécial ouvert dans la gare la plus voisine, par application de l'article 8 de l'arrêté du 23 novembre 1899.

Art. 10.— Les tableaux de service sont constamment tenus à la disposition des ingénieurs du contrôle et des agents sous leurs ordres.

Art. 11.— Un délai de trois mois est imparti aux Compagnies pour assurer l'exécution intégrale du présent arrêté.

DÉCRET DU 28 MARS 1902

Portant règlement d'administration publique sur la durée du travail effectif journalier des ouvriers adultes.

Art. 1er. — La durée du travail effectif journalier des ouvriers adultes peut, pour les travaux désignés au tableau suivant et conformément à ses indications, être élevée au-dessus des limites respectivement fixées par l'article 1er de la loi du 9 septembre

1848, en ce qui concerne les établissements industriels n'employant dans les mêmes locaux que des hommes adultes, et par l'article 2 de la loi du 30 mars 1900, en ce qui concerne les établissements ou parties d'établissements industriels employant dans les mêmes locaux des hommes adultes et des enfants, des filles mineures ou des femmes :

DÉSIGNATION DES TRAVAUX	LIMITE D'AUGMENTATION de durée du travail effectif journalier.
1° Travail des ouvriers spécialement employés dans une industrie quelconque à la conduite des fours, fourneaux, étuves, sécheries ou chaudières autres que les générateurs pour machines motrices, ainsi qu'au chauffage des cuves et bacs, sous la condition que ce travail ait un caractère purement préparatoire ou complémentaire, et ne constitue pas le travail fondamental de l'établissement. Travail des mécaniciens et des chauffeurs employés au service des machines motrices.	Une heure et demie au delà de la limite assignée au travail général de l'établissement ; deux heures le lendemain de tout jour de chômage.
2° Travail des ouvriers employés, après arrêt de la production, à l'entretien et au nettoyage des métiers ou autres machines productrices que la connexité des travaux ne permettrait pas de mettre isolément au repos pendant la marche générale de l'établissement.	Une demi-heure au delà de la limite assignée au travail général de l'établissement.
3° Travail d'un chef d'équipe ou d'un ouvrier spécialiste dont la présence est indispensable à la marche d'un atelier ou au fonctionnement d'une équipe, dans le cas d'absence inattendue de son remplaçant et en attendant l'arrivée d'un autre remplaçant.	Deux heures au delà de la limite assignée au travail général de l'établissement.
4° Travail des ouvriers spécialement employés soit au service des fours, soit à d'autres opérations, quand le service ou les opérations doivent rester continus pendant plus d'une semaine.	Faculté illimitée pendant un jour pour permettre l'alternance des équipes, cette alternance ne pouvant avoir lieu qu'à une semaine d'intervalle au moins.
5° Travail des ouvriers spécialement employés soit à des opérations de grosse métallurgie (fonte, forgeage, laminage des métaux en grosses pièces et opérations connexes), soit à d'autres opérations reposant sur des réactions qui, techniquement, ne peuvent être arrêtées à volonté, lorsque les unes et les autres n'ont pu être terminées dans les délais réglementaires par suite de circonstances exceptionnelles.	Deux heures, exceptionnellement pour la grosse métallurgie, six heures la veille de tout jour de chômage.

DÉSIGNATION DES TRAVAUX	LIMITE D'AUGMENTATION de durée du travail effectif journalier.
6° Travaux urgents dont l'exécution immédiate est nécessaire pour prévenir des accidents imminents, organiser des mesures de sauvetage, ou réparer des accidents survenus soit au matériel, aux installations ou aux bâtiments de l'établissement.	Faculté illimitée pendant un jour au choix de l'industriel ; les autres jours, deux heures au delà de la limite fixée par l'article 1er, § 1er de la loi du 9 septembre 1848.
7° Travaux exécutés dans l'intérêt de la sûreté et de la défense nationales, sur un ordre du Gouvernement constatant la nécessité de la dérogation.	Limite à fixer, dans chaque cas, de concert entre le Ministre du commerce et de l'industrie et le Ministre qui ordonne les travaux.
8° Travail du personnel des imprimeries typographiques, lithographiques et en taille douce.	Deux heures au delà de la limite fixée par l'article 1er, § 1er de la loi du 9 septembre 1848. Maximum annuel : 100 heures.
9° Travail des ouvriers spécialement employés à la mouture des grains dans les moulins exclusivement actionnés par l'eau ou par le vent.	Deux heures au delà de la limite fixée par l'article 1er, § 1er de la loi du 9 septembre 1848.

Art. 2. — Les facultés d'augmentation de la durée du travail journalier accordées pour les enfants, les filles mineures et les femmes, en vertu de la loi du 2 novembre 1892, s'appliquent de plein droit aux ouvriers adultes employés dans les mêmes locaux.

Art. 3. — Tout chef d'établissement qui veut user des facultés prévues aux articles précédents est tenu de faire connaître préalablement à l'inspecteur du travail la nature de la dérogation, le nombre d'ouvriers pour lesquels la durée du travail journalier sera augmentée, les heures de travail et de repos de ces ouvriers, celles de l'ensemble du personnel de l'établissement et les jours auxquels s'applique l'augmentation. Copie de cet avis sera affichée dans l'établissement.

Si cette augmentation est motivée, soit par les circonstances exceptionnelles prévues au paragraphe 5 du tableau annexé à l'article 1er, soit par les travaux urgents prévus au paragraphe

6 du même tableau, l'avis doit être envoyé par exprès ou par télégramme à l'inspecteur du travail. Si la faculté réclamée ne lui paraît pas justifiée, celui-ci en avisera l'industriel.

Art. 4. — Les décrets des 17 mai 1851, 31 janvier 1866, 3 avril 1889 et 10 décembre 1899 sont abrogés.

Art. 5. — Le Ministre du commerce, de l'industrie, des postes et des télégraphes est chargé de l'exécution du présent décret, qui sera inséré au *Bulletin des lois* et au *Journal officiel* de la République française.

CIRCULAIRE DU MINISTRE DU COMMERCE, DE L'INDUSTRIE, DES POSTES ET DES TÉLÉGRAPHES DU 21 SEPTEMBRE 1902

Sur l'application du décret du 28 mars 1902.

I

Monsieur l'Inspecteur divisionnaire,

Vous trouverez, ci-après, le texte du règlement d'administration publique du 28 mars 1902, rendu par application de l'article 2 de la loi du 9 septembre 1848 ; il détermine, pour les adultes, les exceptions jugées nécessaires à la limite de la durée du travail effectif journalier, fixé par ladite loi et par la modification du 30 mars 1900. Ce décret du 28 mars 1902 abroge expressément celui du 17 mai 1851, ainsi que les décrets complémentaires des 31 janvier 1866, 3 avril 1889 et 10 décembre 1899 ; il énumère les seules exceptions qui devront être dorénavant admises.

Depuis longtemps déjà, l'on avait réclamé la révision du décret de 1851. Des exceptions édictées, plusieurs étaient devenues inutiles en raison même des progrès de l'industrie et ne correspondaient plus à des nécessités industrielles actuelles. Après le vote de la loi du 30 mars 1900, qui étendait le champ d'application de la loi de 1848 et modifiait les limites de travail prévues par elle, la révision de règlements antérieurs aux dispositions nouvelles s'imposait impérieusement et avait été mise à l'étude par le Ministère du commerce.

D'ailleurs, la plupart des dérogations admises avaient été inscrites sans détermination d'un maximum de durée de travail ; elles permettaient donc une durée de travail illimitée et pouvaient donner lieu à des abus regrettables. Aucun contrôle n'avait été institué pour éviter ces abus. A ces points de vue, également, le décret nouveau réalise une amélioration notable sur l'état de choses antérieur.

II

Je n'ai pas à vous rappeler ici quels sont les établissements industriels soumis à la loi du 9 septembre 1848, quels sont ceux soumis à la loi du 30 mars 1900, quels sont ceux qui échappent actuellement à toute réglementation. Ces distinctions sont connues de vous. Les dérogations prévues au décret, pour les adultes seulement, ne trouveront leur application que pour les établissements ou parties d'établissements soumis à l'une des deux lois de 1848 ou de 1900.

Une première question se pose : à partir de quelle limite commencent à courir les augmentations de durée de travail ?

Le décret emploie trois formules différentes. Dans un premier cas, le maximum du travail journalier, y compris les heures supplémentaires, est fixé d'une manière absolue : c'est le cas de l'imprimerie. Quels que soient les locaux où travaillent les adultes, ce maximum est de quatorze heures ; seulement, suivant les locaux, le travail de quatorze heures représente un nombre d'heures supplémentaires plus ou moins grand.

Dans un second cas, la limite maxima que peut atteindre par dérogation le travail journalier est déterminée par rapport aux travaux dont on se propose d'assurer l'achèvement en temps utile ; c'est le cas des forges. Dans les locaux où l'on peut faire normalement dix heures et demie, deux heures supplémentaires représentent une limite de douze heures et demie ; dans les locaux où l'on peut faire normalement douze heures, deux heures supplémentaires représentent une limite de quatorze heures.

C'est qu'en effet, dans ce cas, le travail ayant dû être combiné pour être terminé à une heure réglementaire dépendant du régime légal de l'atelier, c'est par rapport à cette durée réglementaire que doit être évalué le délai permettant de faire face aux incidents de fabrication.

Enfin, dans un troisième cas, qui est celui des trois premiers numéros du décret, les dérogations s'établissent, non par rapport à la durée légale du travail des ouvriers à qui elles sont accordées, mais par rapport à ce que le décret appelle « la limite assignée au travail général de l'établissement ». C'est qu'il s'agit là de travaux accessoires qui viennent assurer ou compléter d'autres travaux, principaux ou fondamentaux ; et c'est le régime légal de ces travaux principaux ou fondamentaux qui fixe le point de départ de la dérogation.

S'il s'agit d'un établissement n'employant que des adultes, la limite générale du travail de l'établissement est douze heures, et les ouvriers occupés aux travaux complémentaires ont droit à une demi-heure, une heure et demie ou deux heures, suivant les cas, au delà de ces douze heures. Si, au contraire, tous les locaux sont mixtes, la limite générale du travail de l'établissement est de dix heures et demie. Mais, s'il y a dans l'établissement des locaux mixtes et d'autres locaux non mixtes, il y a deux limites assignées par la loi à ce travail général de l'établissement qui doit être assuré par les travaux complémentaires ou accessoires : la limite de dix heures et demie pour certains locaux, la limite de douze heures pour les autres. Nécessairement, la dérogation accordée par les travaux complémentaires doit être calculée à partir de la plus élevée des deux limites assignées aux travaux principaux qui sont assurés par ces opérations complémentaires. Par exemple, si une machine à vapeur fait marcher des ateliers fonctionnant légalement douze heures et d'autres ateliers fonctionnant légalement dix heures et demie, c'est, aux termes du décret, treize heures et demie, ou quatorze heures le lendemain d'un jour de chômage, que le mécanicien sera autorisé à faire.

La question se complique toutefois en raison des heures sup-.

plémentaires prévues par les diverses lois pour le travail général de certaines industries. Par exemple : exceptionnellement, pendant un certain nombre de jours par an, quelques industries saisonnières, indiquées par les décrets réglementaires rendus en exécution de la loi du 2 novembre 1892, sont autorisées à élever jusqu'à douze heures la durée du travail du personnel protégé. A ces jours, la limite assignée au travail général de l'établissement dans les locaux mixtes se trouve régulièrement supérieure à celle indiquée par la loi du 30 mars 1900.

Il va de soi que, dans tous les cas, la durée légale de douze heures est assurée aux hommes adultes ne travaillant pas dans les mêmes locaux que des femmes et des enfants. Si la durée du travail général ajoutée à la durée de la dérogation autorisée se trouvait exceptionnellement inférieure à cette limite de douze heures, il en résulterait simplement que la dérogation serait inutile en l'espèce et ne jouerait pas.

III

Il convient maintenant de reprendre et de commenter diverses dispositions inscrites au tableau annexé à l'article 1er, afin d'en préciser la portée.

§ 1er. — Il est bien entendu qu'il s'agit, dans le premier alinéa, de travaux préparatoires ou complémentaires exécutés par un certain nombre d'ouvriers afin que l'ensemble du personnel occupé au travail principal puisse travailler pendant la durée légale normale.

Il ne faut admettre les travaux au bénéfice de la dérogation que s'ils ont bien le caractère de travaux préparatoires ou complémentaires ; autrement la durée de travail de tout un établissement se trouverait indûment accrue, en dehors des nécessités qui, dans l'intention du législateur, et suivant les termes de la loi, légitiment la dérogation.

§ 2. — N'est admis au bénéfice de la dérogation prévue par cet alinéa que le travail d'entretien et de nettoyage des métiers ou autres machines productrices qui ne pourraient pas être entretenues ni nettoyés isolément pendant la marche générale de l'établissement. Il faut que l'engin fasse partie d'un ensemble de production mécanique tel, que sa seule mise au repos, au cours du travail de l'ensemble, ait pour effet d'arrêter la production de cet ensemble. Si, au contraire, on peut envisager comme possible la mise au repos individuelle d'une machine productrice quelconque, sans que l'ensemble de la production soit entravé, le fait même que cette machine productrice n'aurait point été pourvue d'un débrayage ne donnerait pas droit à l'exercice de la dérogation. Ainsi se trouve réduite aux nécessités industrielles évidentes une dérogation que le décret de 1851 avait accordée sans condition.

Il y a lieu de considérer comme « d'entretien » les réparations courantes, journalières du matériel qui ne rentreraient pas dans les catégories de travaux urgents prévues sous le n° 6 pour prévenir ou réparer des accidents.

§ 4. — La Commission supérieure du travail dans l'industrie, en rédigeant ce paragraphe qui régularise des pratiques anciennes et inévitables, s'exprimait ainsi :

« Ce paragraphe a pour objet de régler la question des alternances entre le travail de jour et le travail de nuit dans toutes les industries dont les opérations durent, sans interruption, pendant plus d'une semaine. Cette alternance s'effectue de manières assez diverses. Lorsque les opérations peuvent normalement sinon être interrompues, tout au moins suspendues pendant un jour entier par semaine ou quinzaine, la meilleure solution consiste à faire coïncider l'alternance avec le jour de repos. De la sorte, aucune des deux équipes n'a besoin de doubler un poste ou un demi-poste. Cette solution est impossible toutes les fois que la nature des opérations ne permet pas pareil arrêt. Une équipe doit alors rester présente vingt-quatre ou dix-huit heures consécutives, suivant l'une ou l'autre des formules préférées dans les divers districts. Le paragraphe proposé légalise ces coutumes sans imposer aucune autre formule que de ne pas renouveler les alternances plus d'une fois par semaine. Comme ce ne sont que les ouvriers spécialement employés à ces opérations qui sont astreints à ce régime, il était inutile de sti-

puler que l'équipe devait avoir un grand repos de durée équivalente à la présence prolongée par elle subie ; cela est la conséquence même de la formule adoptée. »

§ 5. — Les travaux exceptionnels incrits à ce paragraphe,
ainsi que ceux du paragraphe 6, ne peuvent être effectués qu'a-
près l'accomplissement des formalités prévues au dernier paragraphe de l'article 3 du décret. Ces formalités feront l'objet
d'explications ultérieures ; on précisera également la sanction
qu'entraînerait un usage abusif de la dérogation.

Les deux heures supplémentaires accordées du chef des circonstances exceptionnelles indiquées au décret se calculent
ainsi : deux heures au delà de la limite normale assignée par la
loi au travail qu'il importe de terminer dans l'atelier considéré.
Il s'agit — en effet — le texte le dit expressément — de travaux
qui n'ont pu être terminés « dans les délais réglementaires ».

Le paragraphe 5 — dit le rapporteur de la commission supérieure du travail — traite d'opérations qui, sans être menées
nécessairement d'une façon continue comme celles du paragraphe précédent, ne peuvent être arrêtées à volonté, parce qu'elles
reposent sur des réactions chimiques, thermiques ou autres analogues. Le type en est fourni par la métallurgie lorsqu'on n'y
travaille pas la nuit. Ce travail ne peut cesser au coup de cloche comme dans une filature ou un tissage. Lorsqu'on a com-
mencé une opération qui normalement devait être terminée dans
le temps de travail réglementaire, mais qui n'a pu l'être par suite
d'une particularité de fabrication, un ralentissement occasionnel
dans la marche des fours, par exemple, il est indispensable de
continuer le travail, aussi bien dans l'intérêt de l'exploitant que
des ouvriers qui, généralement dans ces circonstances, sont
payés à prix faits.

Si nous avons donné un délai beaucoup plus long la veille du
jour du repos hebdomadaire pour la grosse métallurgie c'est parce
qu'en semaine, dans des conjonctures comme celles dont nous
traitons, il serait possible encore de boucher un four et de remettre la fin de l'opération au lendemain, tandis qu'il peut y
avoir intérêt à terminer le samedi soir, afin que tout le personnel
puisse jouir du repos hebdomadaire.

D'autre part, pour qu'un industriel ne soit pas tenté d'abuser de cette faculté, lorsqu'il peut s'en dispenser, pour qu'il n'organise pas systématiquement son travail sur un roulement de quatorze heures au lieu de douze, le paragraphe spécifie que la faculté n'est légale que si elle résulte de circonstances exceptionnelles, c'est-à-dire non des seuls cas de force majeure avec la définition trop étroite de la jurisprudence, mais de faits de fabrication ou de travail qui ne pouvaient pas être raisonnablement prévus. Les abus seront évités par la faculté laissée à l'inspection du travail de verbaliser lorsqu'il sera visible que ces conditions ne sont pas remplies.

On ne pouvait, d'ailleurs, songer à spécifier, par catégorie expressément indiquée, les industries qui, par leur nature, rentreraient dans ce paragraphe 5. Une pareille énumération eût toujours été incomplète. La pratique peut seule donner une réponse satisfaisante.

§ 6. — Pour les travaux urgents visés par ce paragraphe, la dérogation illimitée a été autorisée pendant un jour, et ce jour reste au choix de l'industriel. Il se peut, par exemple, que la nécessité d'un effort exceptionnel ne se produise pas le premier jour, mais seulement quelques jours après un accident, pour procéder au montage des pièces réparées.

Il y a lieu de remarquer que la dérogation ne s'applique qu'aux travaux de réparation effectués dans l'établissement même où l'accident s'est produit, ou est imminent. Il est indifférent, d'ailleurs, que ces travaux soient faits par les ouvriers eux-mêmes de l'établissement ou par des ouvriers spécialistes détachés d'un autre établissement. Sur le premier point, une interprétation contraire aboutirait, dans la pratique, à excepter d'une façon permanente de toute limitation de durée de travail les ateliers de réparations qui sont occupés normalement aux travaux spécifiés dans la disposition précitée.

§ 7. — Les travaux exécutés dans l'intérêt de la sûreté et de la défense nationales bénéficient déjà d'un régime particulièrement favorable « sur l'ordre du Gouvernement constatant expressément la nécessité de la dérogation ». Ce régime est maintenu, mais la formule a été précisée. La proposition de dérogation émanant du ministère intéressé sera transmise au Ministre du commerce ; celui-ci, après accord intervenu avec son collègue, avisera l'inspection du travail de l'accroissement autorisé pour la durée du travail journalier ainsi que du nombre de jours auxquels s'appliquera cet accroissement. L'industriel, prévenu par le Ministère intéressé, recevra également, pour ordre, avis de l'inspection du travail.

§ 8. — La dérogation inscrite au profit des ouvriers adultes des imprimeries peut être considérée comme une transition entre le droit commun et la liberté illimitée qui leur était précédemment accordée par le décret de 1851. Elle permet encore d'employer ces adultes deux heures au delà de la limite fixée par l'article 1er, § 1er, de la loi de 1848, c'est-à-dire pendant quatorze heures ; mais elle fixe un maximum de cent au nombre annuel des heures supplémentaires ainsi faites.

J'appelle votre attention sur le fait que cette tolérance permet encore de parer aisément aux difficultés nées de commandes imprévues et urgentes, pour la satisfaction desquelles un personnel spécial ne peut être embauché à l'improviste. Vous devez donc vous montrer plus strict dans l'appréciation des nécessités ouvrant droit aux dérogations prévues pour l'imprimerie par l'article 5 du décret du 5 juillet 1893. Ces dernières, qui doivent parer plutôt aux difficultés nées des périodes de surproduction, ne sauraient être accordées lorsqu'il y a dans la localité un nombre important d'ouvriers de la profession restés sans emploi.

Pour déterminer exactement de quelle façon sera établi le maximum de cent heures, il convient de se reporter aux travaux préparatoires.

Le Conseil d'Etat, voulant exprimer que la dérogation serait décomptée pour chaque ouvrier, à titre individuel, avait dit expressément dans le texte qu'il avait préparé : « maximum annuel par ouvrier ». Or les deux derniers mots ont été supprimés dans la rédaction définitive. On a voulu indiquer par là que la dérogation ne s'applique pas à titre individuel.

Ainsi qu'il est d'usage pour la dérogation de l'article 5 du dé-

cret de 1893, à laquelle se référait le projet élaboré par la commission supérieure du travail dans l'industrie et transmis au conseil
d'Etat, ce sont les établissements qui sont créanciers du maximum annuel de cent heures et non les ouvriers à titre individuel.
Si le décret en avait décidé autrement, le patron eût été incité
à congédier tout ouvrier ayant accompli son maximum de cent
heures ; à moins, en effet, de rétablir par une loi le livret, qui
donna lieu à tant d'abus et de plaintes, un roulement des ouvriers
entre plusieurs établissements eût pu annuler la disposition
fixant un maximum annuel.

Dans ces conditions, si une dérogation de deux heures pendant dix jours est demandée pour un établissement, il y aura lieu
de déduire vingt heures du crédit général de cent heures auquel
a droit cet établissement. Il n'importe pas qu'en fait une partie
seulement des ouvriers de l'établissement ait travaillé exceptionnellement pendant les dix jours déclarés.

Le calcul du point de départ des heures supplémentaires autorisées appelle également quelques distinctions :

1° Si les ouvriers adultes sont occupés seuls, l'article 1er de la
loi de 1848 limite à douze heures la durée de leur travail effectif, et c'est à l'expiration de la douzième heure que commence le
travail exceptionnel.

2° Si les ouvriers adultes sont occupés dans les mêmes locaux
que des enfants ou des femmes, le point de départ varie suivant
que l'inspecteur divisionnaire a accordé ou non à l'établissement
l'autorisation prévue pour l'imprimerie par l'article 5 du décret
de 1893 modifié. Il faut donc faire les distinctions ci-après :

a) L'inspecteur divisionnaire n'a accordé, ce jour-là, aucune
prolongation de durée de travail en vertu du décret de 1893. En
ce cas, les heures supplémentaires du décret de 1902 seront
comptées à partir de la limite, actuellement fixée à dix heures et
demie, du travail normal des locaux mixtes. Si donc les adultes
atteignent le maximum de quatorze heures de travail, l'établissement devra être débité de trois heures et demie sur le crédit de
cent heures ouvert par le décret de 1902.

b) L'inspecteur divisionnaire a accordé l'autorisation de porter temporairement à douze heures la durée du travail de l'établissement en vertu de l'article 5 du décret de 1893 : dans ce cas, les heures supplémentaires accordées par le décret de 1902 seront comptées à partir de la douzième heure écoulée.

L'avis de dérogation peut d'ailleurs être limité à une partie d'établissement constituant des locaux séparés. C'est la conséquence de ce qui précède, C'est toujours l'établissement qui est en compte, mais il n'est débité que des heures supplémentaires qui dépassent la durée du travail évaluée comme il vient d'être dit dans ces locaux séparés.

Art. 2. — Les inspecteurs divisionnaires avaient jusqu'ici, tout naturellement, accordé, aux ouvriers adultes travaillant dans les mêmes locaux que des enfants ou des femmes, le bénéfice des dérogations que le décret de 1893 les autorise à accorder à ces femmes et à ces enfants. Il a paru indispensable de sanctionner, par une disposition réglementaire spéciale, une solution de bon sens, mais à l'appui de laquelle il n'était possible d'invoquer aucun texte.

Art. 3, § 1er. — Les formalités prescrites sous ce paragraphe sont exigibles de tous les chefs d'établissement qui veulent bénéficier des augmentations de durée de travail prévues pour les adultes par le tableau annexé à l'article 1er. Elles doivent être remplies dès que l'industriel veut user de la faculté inscrite pour l'un quelconque de ces travaux, et préalablement à l'usage de cette faculté. Mais une fois l'avis donné dans les formes et affiché, la dérogation est de droit. L'industriel en use sans attendre une réponse que l'inspecteur n'est pas tenu non plus d'envoyer.

Si la dérogation dont veut bénéficier l'industriel est d'ordre permanent, comme le travail des mécaniciens et des chauffeurs, une seule déclaration suffira tant que l'exercice de la dérogation ne sera pas modifié. Il va sans dire que les modifications d'effectif non liées à l'exercice de la dérogation ne donnent pas lieu à déclarations spéciales.

Si, au contraire, la dérogation dont veut bénéficier l'industriel présente un caractère exceptionnel, comme celles prévues aux paragraphes 3 et 7 du tableau, un avis préalable devra être envoyé chaque fois qu'il sera fait usage de la dérogation.

Art. 3, § 2. — Pour les dérogations exceptionnelles prévues par les paragraphes 5 et 6 du tableau de l'article 1er, l'industriel n'a pas été laissé seul juge des « circonstances exceptionnelles » ou des « travaux urgents » qu'il invoque. Le décret l'oblige à envoyer, par exprès ou par télégramme, à l'inspecteur du travail, l'avis préalable dont il vient d'être question. Si ce fonctionnaire estime la dérogation injustifiée, il doit d'urgence en aviser l'industriel.

Procès-verbal sera dressé si l'industriel, soutenant qu'il agit dans la limite de ses droits, continue, contrairement à l'avis de l'inspecteur, à user de la dérogation. Les tribunaux apprécieront.

Je vous prie de m'accuser réception de la présente circulaire, dont je vous adresse ci-joint un nombre d'exemplaires suffisant pour les inspecteurs placés sous vos ordres.

LOI DU 12 JUIN 1893

Modifiée par la loi du 11 juillet 1903,

Concernant l'hygiène et la sécurité des travailleurs dans les établissements industriels.

Art. 1er. — Sont soumis aux dispositions de la présente loi les manufactures, fabriques, usines, chantiers, ateliers, laboratoires, cuisines, caves et chais, magasins, boutiques, bureaux. entreprises de chargement et de déchargement et leurs dépendances, de quelque nature que ce soit, publics ou privés, laïques ou religieux, même lorsque ces établissements ont un caractère d'enseignement professionnel ou de bienfaisance.

Sont seuls exceptés les établissements où ne sont employés que les membres de la famille sous l'autorité, soit du père, soit de la mère, soit du tuteur.

Néanmoins, si le travail s'y fait à l'aide de chaudière à vapeur ou de moteur mécanique, ou si l'industrie exercée est classée au nombre des établissements dangereux ou insalubres, l'inspecteur aura le droit de prescrire les mesures de sécurité et de salubrité à prendre conformément aux dispositions de la présente loi.

Art. 2. — Les établissements visés à l'article 1er doivent être tenus dans un état constant de propreté et présenter les conditions d'hygiène et de salubrité nécessaires à la santé du personnel.

Ils doivent être aménagés de manière à garantir la sécurité des travailleurs. Dans tout établissement fonctionnant par des appareils mécaniques, les roues, les courroies, les engrenages ou tout autre organe pouvant offrir une cause de danger seront séparés des ouvriers, de telle manière que l'approche n'en soit possible que pour les besoins du service. Les puits, trappes ou ouvertures doivent être clôturés.

Les machines, mécaniques, appareils de transmission, outils et engins doivent être installés et tenus dans les meilleures conditions possibles de sécurité.

Les dispositions qui précèdent sont applicables aux théâtres, cirques et autres établissements similaires où il est fait emploi d'appareils mécaniques.

Art. 3. — Des règlements d'administration publique, rendus après avis du comité consultatif des arts et manufactures, détermineront :

1° Les mesures générales de protection et de salubrité applicables à tous les établissements assujettis, notamment en ce qui concerne l'éclairage, l'aération ou la ventilation, les eaux potables, les fosses d'aisances, l'évacuation des poussières, vapeurs, les précautions à prendre contre les incendies, le couchage du personnel, etc. ;

2° Au fur et à mesure des nécessités constatées, les prescriptions particulières relatives, soit à certaines professions, soit à certains modes de travail.

Le comité consultatif d'hygiène publique de France sera appelé à donner son avis en ce qui concerne les règlements généraux prévus sous le n° 1 du présent article.

Art. 4. — Les inspecteurs du travail sont chargés d'assurer l'exécution de la présente loi et des règlements qui y sont prévus ; ils ont entrée dans les établissements spécifiés à l'article 1er et au dernier paragraphe de l'article 2, à l'effet de procéder à la surveillance et aux enquêtes dont ils sont chargés.

Toutefois pour les établissements de l'État dans lesquels l'intérêt de la défense nationale s'oppose à l'introduction d'agents étrangers au service, la sanction de la loi est exclusivement confiée aux agents désignés à cet effet par les Ministres de la guerre et de la marine : la nomenclature de ces établissements sera fixée par règlement d'administration publique.

Art. 5. — Les contraventions sont constatées par les procès-verbaux des inspecteurs, qui font foi jusqu'à preuve contraire.

Les procès-verbaux sont dressés en double exemplaire, dont l'un est envoyé au Préfet du département et l'autre envoyé au Parquet.

Les dispositions ci-dessus ne dérogent point aux règles du droit commun quant à la constatation et à la poursuite des infractions commises à la présente loi.

Art. 6. — Toutefois, en ce qui concerne l'application des règlements d'administration publique prévus par l'article 3 ci-dessus, les inspecteurs, avant de dresser procès-verbal, mettront les chefs d'industrie en demeure de se conformer aux prescriptions dudit règlement.

Cette mise en demeure sera faite par écrit sur le registre de l'usine ; elle sera datée et signée, indiquera les contraventions relevées et fixera un délai à l'expiration duquel ces contraventions devront avoir disparu. Ce délai ne sera jamais inférieur à un mois.

Dans les quinze jours qui suivent cette mise en demeure, le chef d'industrie adresse, s'il le juge convenable, une réclamation au Ministre du commerce et de l'industrie. Ce dernier peut, lorsque l'obéissance à la mise en demeure nécessite des transformations importantes portant sur le gros œuvre de l'usine, après avis conforme du comité des arts et manufactures, accorder à l'industriel un délai dont la durée, dans tous les cas, ne dépassera jamais dix-huit mois.

Notification de la décision est faite à l'industriel dans la forme administrative ; avis en est donné à l'inspecteur.

Art. 7. — Les chefs d'industrie, directeurs, gérants ou préposés, qui auront contrevenu aux dispositions de la présente loi et des règlements d'administration publique relatifs à son exécution seront poursuivis devant le tribunal de simple police et punis d'une amende de cinq à quinze francs (5 à 15 fr.). L'amende sera appliquée autant de fois qu'il y aura de contraventions distinctes constatées par le procès-verbal, sans toutefois que le chiffre total des amendes puisse excéder deux cents francs (200 fr.).

Le jugement fixera, en outre, le délai danslequel seront exécutés les travaux de sécurité et de salubrité imposés par la loi.

Les chefs d'industrie sont civilement responsables des condamnations prononcées contre leurs directeurs, gérants ou préposés.

Art. 8. — Si après une condamnation prononcée en vertu de l'article précédent, les mesures de sécurité ou de salubrité imposées par la présente loi ou par les règlements d'administration publique n'ont pas été exécutées dans le délai fixé par le jugement qui a prononcé la condamnation, l'affaire est, sur un nouveau procès-verbal, portée devant le tribunal correctionnel, qui peut, après une nouvelle mise en demeure restée sans résultat, ordonner la fermeture de l'établissement.

Le jugement sera susceptible d'appel ; la cour statuera d'urgence.

Art. 9. — En cas de récidive, le contrevenant sera poursuivi devant le tribunal correctionnel et puni d'une amende de cinquante à cinq cents francs (50 à 500 fr.) sans que la totalité des amendes puisse excéder deux mille francs (2.000 fr.).

Il y a récidive lorsque le contrevenant a été frappé dans les douze mois qui ont précédé le fait qui est l'objet de la poursuite, d'une première condamnation pour infraction à la présente loi ou aux règlements d'administration publique relatifs à son exécution.

Art. 10. — Les inspecteurs devront fournir, chaque année, des rapports circonstanciés sur l'application de la présente loi dans toute l'étendue de leurs circonscriptions. Ces rapports mentionneront les accidents dont les ouvriers auront été victimes et leurs causes. Ils contiendront les propositions relatives aux prescriptions nouvelles qui seraient de nature à mieux assurer la sécurité du travail.

Un rapport d'ensemble, résumant ces communications, sera publié tous les ans par les soins du Ministre du commerce et de l'industrie.

Art. 11 (1). — Tout accident ayant causé une blessure à un ou plusieurs ouvriers, survenu dans un des établissements mentionnés à l'article premier et au dernier paragraphe de l'article 2, sera l'objet d'une déclaration par le chef de l'entreprise ou, à son défaut et en son absence, par le préposé.

Cette déclaration contiendra le nom et l'adresse des témoins de l'accident; elle sera faite dans les quarante-huit heures au maire de la commune, qui en dressera procès-verbal dans la forme à déterminer par un règlement d'administration publique. A cette déclaration sera joint, produit par le patron, un certificat du médecin indiquant l'état du blessé, les suites probables de l'accident et l'époque à laquelle il sera possible d'en connaître le résultat définitif.

Récépissé de la déclaration et du certificat médical sera remis, séance tenante, au déposant. Avis de l'accident est donné immédiatement par le maire à l'inspecteur divisionnaire ou départemental.

Art. 12. — Seront punis d'une amende de cent à cinq cents francs (100 à 500 fr.), et, en cas de récidive, de cinq cents à mille francs (500 à 1.000 fr.), tous ceux qui auront mis obstacle à l'accomplissement des devoirs d'un inspecteur.

Les dispositions du Code pénal qui prévoient et répriment les actes de résistance, les outrages et violences contre les officiers de la police judiciaire sont, en outre, applicables à ceux qui se rendront coupables de faits de même nature à l'égard des inspecteurs.

(1) Aux termes de l'article 11 de la loi du 9 avril 1898, les dispositions de l'article 11 de la loi du 12 juin 1893 ont cessé d'être applicables dans les cas visés par la loi sur les accidents du travail.

Les articles 5, 6, 7, 8, 9, 12 §§ 1 et 2 et 14 de la présente loi ne sont pas applicables aux établissements de l'Etat. Un règlement d'administration publique fixera les conditions dans lesquelles seront communiquées par le Ministre du commerce, aux Administrations intéressées, les constatations des inspecteurs du travail dans ces établissements.

Art. 13. — Il n'est rien innové quant à la surveillance des appareils à vapeur.

Art. 14. — L'article 463 du Code pénal est applicable aux condamnations prononcées en vertu de la présente loi.

Art. 15. — Sont et demeurent abrogées toutes les dispositions des lois et règlements contraires à la présente loi.

DÉCRET DU 10 MARS 1894, MODIFIÉ PAR DÉCRET DU 6 AOUT 1902

Portant règlement d'administration publique pour l'application de la loi du 12 juin 1893, en ce qui concerne les mesures d'hygiène, de salubrité et de protection à prendre dans les manufactures, fabriques, usines, chantiers et ateliers de tous genres.

Art. 1er. — Les emplacements affectés au travail dans les manufactures, fabriques, usines, chantiers, ateliers de tous genres et leurs dépendances seront tenus en état constant de propreté. Le sol sera nettoyé à fond au moins une fois par jour avant l'ouverture ou après la clôture du travail, mais jamais pendant le travail. Ce nettoyage sera fait soit par lavage, soit à l'aide de brosses ou de linges humides si les conditions de l'industrie ou la nature du revêtement du sol s'opposent au lavage. Les murs et les plafonds seront l'objet de fréquents nettoyages ; les enduits seront refaits toutes les fois qu'il sera nécessaire.

Art. 2. — Dans tous les locaux où l'on travaille des matières organiques altérables, le sol sera rendu imperméable et toujours bien nivelé, les murs seront recouverts d'un enduit permettant un lavage efficace.

En outre, le sol et les murs seront lavés aussi souvent qu'il sera nécessaire avec une solution désinfectante. Un lessivage à fond avec la même solution sera fait au moins une fois par an.

Les résidus putrescibles ne devront jamais séjourner dans les locaux affectés au travail et seront enlevés au fur et à mesure.

Art. 3. — L'atmosphère des ateliers et de tous les autres locaux affectés au travail sera tenue constamment à l'abri de toute émanation provenant d'égouts, fossés, puisards, fosses d'aisances et de toute autre source d'infection.

Dans les établissements qui déverseront les eaux résiduaires ou de lavage dans un égout public ou privé, toute communication entre l'égout et l'établissement sera munie d'un intercepteur hydraulique fréquemment nettoyé et abondamment lavé au moins une fois par jour.

Les travaux dans les puits, conduites de gaz, canaux de fumée, fosses d'aisances, cuves ou appareils quelconques pouvant contenir des gaz délétères ne seront entrepris qu'après que l'atmosphère aura été assainie par une ventilation efficace. Les ouvriers appelés à travailler dans ces conditions seront attachés par une ceinture de sûreté.

Art. 4. — Les cabinets d'aisances ne devront pas communiquer directement avec les locaux fermés où seront employés des ouvriers. Ils seront éclairés et aménagés de manière à ne dégager aucune odeur. Le sol, les parois seront en matériaux imperméables, les peintures seront d'un ton clair.

Il y aura au moins un cabinet pour cinquante personnes et des urinoirs en nombre suffisant.

Aucun puits absorbant, aucune disposition analogue ne pourra être établie qu'avec l'autorisation de l'Administration supérieure et dans les conditions qu'elle aura prescrites.

Art. 5. — Les locaux fermés affectés au travail ne seront jamais encombrés ; le cube d'air par ouvrier ne pourra être inférieur à 6 mètres cubes.

Ils seront largement aérés. Ces locaux, leurs dépendances et notamment les passages et escaliers seront convenablement éclairés.

Art. 6. — Les poussières ainsi que les gaz incommodes, insalubres ou toxiques seront évacués directement au dehors de l'atelier au fur et à mesure de leur production.

Pour les buées, vapeurs, gaz, poussières légères, il sera installé des hottes avec cheminées d'appel ou tout autre appareil d'élimination efficace.

Pour les poussières déterminées par les meules, les batteurs, les broyeurs et tous autres appareils mécaniques, il sera installé, autour des appareils, des tambours en communication avec une ventilation aspirante énergique.

Pour les gaz lourds, tels que vapeurs de mercure, de sulfure de carbone, la ventilation aura lieu *per descensum* : les tables ou appareils de travail seront mis en communication directe avec le ventilateur.

La pulvérisation des matières irritantes ou toxiques ou autres opérations telles que le tamisage et l'embarillage de ces matières se feront mécaniquement en appareils clos.

L'air des ateliers sera renouvelé de façon à rester dans l'état de pureté nécessaire à la santé des ouvriers.

Art. 7. — Pour les industries désignées par arrêté ministériel, après avis du Comité consultatif des arts et manufactures, les vapeurs, les gaz incommodes et insalubres et les poussières seront condensés ou détruits.

Art. 8. — Les ouvriers ne devront point prendre leurs repas dans les ateliers ni dans aucun local affecté au travail.

Les patrons mettront à la disposition de leur personnel les moyens d'assurer la propreté individuelle, vestiaires avec lavabos, ainsi que l'eau de bonne qualité pour la boisson.

Art. 9. — Pendant les interruptions de travail pour les repas, les ateliers seront évacués et l'air en sera entièrement renouvelé.

Art. 10. — Les moteurs à vapeur, à gaz, les moteurs électriques, les roues hydrauliques, les turbines ne seront accessibles qu'aux ouvriers affectés à leur surveillance. Ils seront isolés par des cloisons ou barrières de protection.

Les passages entre les machines, mécanismes, outils mus par ces moteurs auront une largeur d'au moins 80 centimètres : le sol des intervalles sera nivelé.

Les escaliers seront solides et munis de fortes rampes.

Les puits, trappes, cuves, bassins, réservoirs de liquides corrosifs ou chauds, seront pourvus de solides barrières ou garde-corps.

Les échafaudages seront munis, sur toutes leurs faces, de garde-corps de 90 centimètres de haut.

Art. 11. — Les monte-charges, ascenseurs, élévateurs seront guidés et disposés de manière que la voie de la cage du monte-charge et des contre-poids soit fermée ; que la fermeture du puits à l'entrée des divers étages ou galeries s'effectue automatiquement ; que rien ne puisse tomber du monte-charge dans le puits.

Pour les monte-charges destinés à transporter le personnel, la charge devra être calculée au tiers de la charge admise pour le transport des marchandises, et les monte-charges seront pourvus de freins, chapeaux, parachutes ou autres appareils préservateurs.

Art. 12. — Toutes les pièces saillantes mobiles et autres parties dangereuses des machines, et notamment les bielles, roues, volants, les courroies et câbles, les engrenages, les cylindres et cônes de frictions ou tous autres organes de transmission qui seraient reconnus dangereux seront munis de dispositifs protecteurs, tels que gaînes et chéneaux de bois ou de fer, tambours pour les courroies et les bielles, ou de couvre-engrenages, garde-mains, grillages.

Les machines-outils à instruments tranchants, tournant à grande vitesse, telles que machines à scier, fraiser, raboter, découper, hacher, les cisailles, coupe-chiffons et autres engins semblables seront disposés de telle sorte que les ouvriers ne puissent, de leur poste de travail, toucher involontairement les instruments tranchants.

Sauf en cas d'arrêt du moteur, le maniement des courroies sera toujours fait par le moyen de systèmes tels que monte-courroie, porte-courroie, évitant l'emploi direct de la main.

On devra prendre autant que possible des dispositions telles qu'aucun ouvrier ne soit habituellement occupé à un travail quelconque dans le plan de rotation ou aux abords immédiats d'un volant, d'une meule ou de tout autre engin pesant et tournant à grande vitesse.

Art. 13. — La mise en train et l'arrêt des machines devront être toujours précédés d'un signal convenu.

Art. 14. — L'appareil d'arrêt des machines motrices sera toujours placé sous la main des conducteurs qui dirigent ces machines.

Les contremaîtres ou chefs d'atelier, les conducteurs de machines-outils, métiers, etc., auront à leur portée le moyen de demander l'arrêt des moteurs.

Chaque machine-outil, métier, etc., sera en outre installé et entretenu de manière à pouvoir être isolé par son conducteur de la commande qui l'actionne.

Art. 15. — Des dispositifs de sûreté devront être installés dans la mesure du possible pour le nettoyage et le graissage des transmissions ou mécanismes en marche.

En cas de réparation d'un organe mécanique quelconque, son arrêt devra être assuré par un calage convenable de l'embrayage ou du volant ; il en sera de même pour les opérations de nettoyage qui exigent l'arrêt des organes mécaniques.

Art. 16. — Les sorties des ateliers sur les cours, vestibules, escaliers et autres dépendances intérieures de l'usine doivent être munies de portes s'ouvrant de dedans en dehors. Ces sorties seront assez nombreuses pour permettre l'évacuation rapide de l'atelier ; elles seront toujours libres et ne devront jamais être encombrées de marchandises, de matières en dépôt ni d'objets quelconques.

Le nombre des escaliers sera calculé de manière que l'évacuation de tous les étages d'un corps de bâtiment contenant des ateliers puisse se faire immédiatement.

Dans les ateliers occupant plusieurs étages, la construction d'un escalier extérieur incombustible pourra, si la sécurité l'exige, être prescrite par une décision du Ministre du commerce, après avis du Comité des arts et manufactures.

Les récipients pour l'huile et le pétrole servant à l'éclairage seront placés dans des locaux séparés et jamais au voisinage des escaliers.

Art. 17. — Les machines-dynamos devront être isolées électriquement.

Elles ne seront jamais placées dans un atelier où des corps explosifs, des gaz détonants ou des poussières inflammables se manient ou se produisent.

Les conducteurs électriques placés en plein air pourront rester nus ; dans ce cas, ils devront être portés par des isolateurs de porcelaine ou de verre ; ils seront écartés des masses métalliques, telles que gouttières, tuyaux de descente, etc.

A l'intérieur des ateliers, les conducteurs nus destinés à des prises de courant sur leur parcours seront écartés des murs, hors de la portée de la main, et convenablement isolés.

Les autres conducteurs seront protégés par des enveloppes isolantes.

Toutes précautions seront prises pour éviter l'échauffement des conducteurs à l'aide de coupe-circuits et autres dispositifs analogues.

Art. 18. — Les ouvriers et ouvrières qui ont à se tenir près des machines doivent porter des vêtements ajustés et non flottants.

Art. 19. — Les délais d'exécution des travaux de transformation qu'implique le présent règlement sont fixés : à trois mois à compter de sa promulgation, pour les articles 2, § 1 ; 3, § 2 ; 4, §§ 1 et 2 ; 6, §§ 1, 2, 3, 4 et 5 ; 8, § 2 ; 11 ; 12, §§ 1, 2 et 3 ; 14, § 2 ; 15, § 1 ; 16, §§ 1 et 2 ; 17 ; et à un an pour les articles 5, § 1 et 10, § 2.

Art. 20. — Le Ministre du commerce, de l'industrie et des colonies est chargé de l'exécution du présent décret, qui sera inséré au *Bulletin des lois* et publié au *Journal officiel* de la République française.

LOI DU 29 DÉCEMBRE 1900

Fixant les conditions du travail des femmes employées dans les magasins, boutiques et autres locaux en dépendant.

Art. 1er. — Les magasins, boutiques et autres locaux en dépendant, dans lesquels des marchandises et objets divers sont manutentionnés ou offerts au public par un personnel féminin, devront être, dans chaque salle, munis d'un nombre de sièges égal à celui des femmes qui y sont employées.

Art. 2. — Les inspecteurs du travail sont chargés d'assurer l'exécution de la présente loi ; à cet effet, ils ont entrée dans tous les établissements visés par l'article 1er.

Les contraventions sont constatées par les procès-verbaux des inspecteurs et inspectrices, qui font foi jusqu'à preuve contraire. Les procès-verbaux sont dressés en double exemplaire dont l'un est envoyé au Préfet du département et l'autre déposé au Parquet.

Les dispositions ci-dessus ne dérogent point aux règles du droit commun quant à la constatation et à la poursuite des infractions à la présente loi.

Art. 3. — Les chefs d'établissements, directeurs ou gérants des magasins, boutiques et autres locaux prévus à l'article 1er sont tenus de faire afficher à des endroits apparents les dispositions de la présente loi ainsi que les noms et les adresses des inspecteurs et inspectrices de la circonscription.

Art. 4. — Lesdits chefs d'établissements, directeurs ou gérants qui auront contrevenu aux prescriptions de la présente loi seront poursuivis devant le tribunal de simple police et passibles d'une amende de 5 à 15 francs. L'amende sera appliquée autant de fois qu'il y aura de contraventions. Les chefs d'établissements seront civilement responsables des condamnations prononcées contre leurs directeurs ou gérants.

Art. 5. — En cas de récidive, le contrevenant sera poursuivi devant le tribunal correctionnel et puni d'une amende de 16 à 100 francs. Il y a récidive lorsque, dans les douze mois antérieurs au fait poursuivi, le contrevenant a déjà subi une condamnation pour une contravention identique. En cas de pluralité de contraventions entraînant les peines de la récidive, l'amende sera appliquée autant de fois qu'il aura été relevé de nouvelles contraventions. Les tribunaux correctionnels pourront appliquer les dispositions de l'article 463 du Code pénal sur les circonstances atténuantes, sans qu'en aucun cas l'amende, pour chaque contravention, puisse être inférieure à 5 francs.

Art. 6. — L'affichage du jugement peut, suivant les circonstances et en cas de récidive seulement, être ordonné par le tribunal de police correctionnelle. Le tribunal peut également ordonner, dans le même cas, l'insertion du jugement aux frais du contrevenant dans un ou plusieurs journaux du département.

Art. 7. — Seront punis d'une amende de 100 à 500 francs, et en cas de récidive de 500 à 1.000 francs, tous ceux qui auront mis obstacle à l'accomplissement des devoirs d'un inspecteur.

L'article 463 du Code pénal est applicable aux condamnations prononcées en vertu du présent article.

Les dispositions du Code pénal, qui prévoient et répriment les actes de résistance, les outrages et violences contre les officiers de la police judiciaire, sont, en outre, applicables à ceux qui se rendront coupables de faits de même nature à l'égard des inspecteurs.

Art. 8. — Les dispositions de la présente loi seront mises en vigueur un mois après sa promulgation.

APPENDICE

LOI DU 11 JUIN 1880

Relative aux chemins de fer d'intérêt local et aux tramways.

CHAPITRE PREMIER. — *Chemins de fer d'intérêt local.*

Art. 1er. — L'établissement des chemins de fer d'intérêt local par les départements ou les communes, avec ou sans le concours des propriétaires intéressés est soumis aux dispositions suivantes.

Art. 2. — S'il s'agit de chemins à établir par un département, sur le territoire d'une ou plusieurs communes, le Conseil général arrête, après instruction préalable par le Préfet et après enquête, la direction de ces chemins, le mode et les conditions de leur construction, ainsi que les traités et les dispositions nécessaires pour en assurer l'exploitation, en se conformant aux clauses et conditions du cahier des charges-type approuvé par le Conseil d'Etat, sauf les modifications qui seraient apportées par la convention et la loi d'approbation.

Si la ligne doit s'étendre sur plusieurs départements, il y aura lieu à l'application des articles 89 et 90 de la loi du 10 août 1871.

S'il s'agit de chemins de fer d'intérêt local à établir par une commune sur son territoire, les attributions conférées au Conseil général par le paragraphe premier du présent article seront exercées par le Conseil municipal, dans les mêmes conditions et sans qu'il soit besoin de l'approbation du Préfet.

Les projets de chemins de fer d'intérêt local départementaux ou communaux ainsi arrêtés sont soumis à l'examen du Conseil général des ponts et chaussées et du Conseil d'Etat. Si le projet a été arrêté par un Conseil municipal, il est accompagné de l'avis du Conseil général.

L'utilité publique est déclarée et l'exécution est autorisée par une loi.

Art. 3. — L'autorisation obtenue, s'il s'agit d'un chemin de fer concédé par le Conseil général, le Préfet, après avoir pris l'avis de l'ingénieur en chef du département, soumet les projets d'exécution au Conseil général qui statue définitivement.

Néanmoins, dans les deux mois qui suivent la délibération, le Ministre des travaux publics, sur la proposition du Préfet, peut, après avoir pris l'avis du Conseil général des ponts-et-chaussées, appeler le Conseil général du département à délibérer de nouveau sur lesdits projets.

Si la ligne doit s'étendre sur plusieurs départements et s'il y a désaccord entre les Conseils généraux, le Ministre statue.

S'il s'agit d'un chemin concédé par un conseil municipal, les attributions exercées par le Conseil général, aux termes du paragraphe premier du présent article, appartiennent au Conseil municipal dont la délibération est soumise à l'approbation du Préfet.

Si un chemin de fer d'intérêt local doit emprunter le sol d'une voie publique, les projets d'exécution sont précédés de l'enquête prévue par l'article 29 de la présente loi. Dans ce cas, sont également applicables les articles 34, 35, 37 et 38 ci-après.

Les projets de détail des ouvrages sont approuvés par le Préfet, sur l'avis de l'ingénieur en chef.

Art. 4. — L'acte de concession détermine les droits de péage et les prix de transport que le concessionnaire est autorisé à percevoir pendant toute la durée de sa concession.

Art. 5. — Les taxes perçues dans les limites du maximum fixé par le cahier des charges sont homologuées par le Ministre des travaux publics, dans le cas où la ligne s'étend sur plusieurs départements et dans le cas de tarifs communs à plusieurs lignes. Elles sont homologuées par le Préfet dans les autres cas.

Art. 6. — L'autorité qui fait la concession a toujours le droit :
1º d'autoriser d'autres voies ferrées à s'embrancher sur des li-

gnes concédées ou à s'y raccorder ; — 2° d'accorder à des entreprises nouvelles, moyennant le paiement des droits de péage fixés par le cahier des charges, la faculté de faire circuler leurs voitures sur les lignes concédées ; — 3° de racheter la concession aux conditions qui seront fixées par le cahier des charges ; — 4° de supprimer ou de modifier une partie du tracé, lorsque la nécessité en aura été reconnue après enquête.

Dans ces deux derniers cas, si les droits du concessionnaire ne sont pas réglés par un accord préalable ou par un arbitrage établi soit par le cahier des charges, soit par une convention postérieure, l'indemnité qui peut lui être due est liquidée par une commission spéciale formée comme il est dit au paragraphe 3 de l'article 11 de la présente loi.

Art. 7. — Le cahier des charges détermine : 1° les droits et les obligations du concessionnaire pendant la durée de la concession ; — 2° les droits et les obligations du concessionnaire à l'expiration de la concession ; — 3° les cas dans lesquels l'inexécution des conventions de la concession peut entraîner la déchéance du concessionnaire, ainsi que les mesures à prendre à l'égard du concessionnaire déchu. La déchéance est prononcée, dans tous les cas, par le Ministre des travaux publics, sauf recours au Conseil d'Etat par la voie contentieuse.

Art. 8. — Aucune concession ne pourra faire obstacle à ce qu'il soit accordé des concessions concurrentes, à moins de stipulation contraire dans l'acte de concession.

Art. 9. — A l'expiration de la concession, le concédant est substitué à tous les droits du concessionnaire sur les voies ferrées qui doivent lui être remises en bon état d'entretien. Le cahier des charges règle les droits et les obligations du concessionnaire en ce qui concerne les autres objets mobiliers ou immobiliers servant à l'exploitation de la voie ferrée.

Art. 10. — Toute cession totale ou partielle de la concession, la fusion des concessions ou des administrations, tout changement de concessionnaire, la substitution de l'exploitation directe à l'exploitation par concession, l'élévation des tarifs au-dessus du maximum fixé, ne pourront avoir lieu qu'en vertu d'un décret délibéré en Conseil d'Etat, rendu sur l'avis conforme du Conseil général, s'il s'agit de lignes concédées par les départements ou du Conseil municipal, s'il s'agit de lignes concédées par les communes.

Les autres modifications pourront être faites par l'autorité qui a consenti la concession ; s'il s'agit de lignes concédées par les départements, elles seront faites par le Conseil général statuant conformément aux articles 48 et 49 de la loi du 10 août 1873 ; s'il s'agit de lignes concédées par les communes ; elles seront faites par le Conseil municipal dont la délibération devra être approuvée par le Préfet.

En cas de cession, l'inobservation des conditions qui précèdent entraîne la nullité et peut donner lieu à la déchéance.

Art. 11. — A toute époque une voie ferrée peut être distraite du domaine public départemental ou communal et classée par une loi dans le domaine de l'Etat.

Dans ce cas, l'Etat est substitué aux droits et obligations du département ou de la commune à l'égard des entrepreneurs ou concessionnaires, tels que ces droits et obligations résultent des conventions légalement autorisées.

En cas d'éviction du concessionnaire, si ces droits ne sont pas réglés par un accord préalable ou par un arbitrage établi, soit par le cahier des charges, soit par une convention postérieure, l'indemnité qui peut lui être due est liquidée par une commission spéciale qui fonctionne dans les conditions réglées par la loi du 29 mai 1845. Cette commission sera instituée par un décret et composée de neuf membres, dont trois désignés par le Ministre des travaux publics, trois par le concessionnaire et trois par l'unanimité des six membres déjà désignés ; faute par ceux-ci de s'entendre dans le mois de la notification à eux faite de leur nomination, le choix de ceux des trois membres qui n'auront pas été désignés à l'unanimité sera fait par le premier président et les présidents réunis de la Cour d'appel de Paris.

En cas de désaccord entre l'Etat et le département ou la commune, les indemnités ou dédommagements qui peuvent être dus par l'Etat sont déterminés par un décret délibéré en Conseil d'Etat.

Art. 12. — Les ressources créées en vertu de la loi du 21 mai 1836 peuvent être appliquées, en partie, à la dépense des voies ferrées, par les communes qui ont assuré l'exécution de leur réseau subventionné et l'entretien de tous les chemins classés.

Art. 13. — Lors de l'établissement d'un chemin de fer d'intérêt local, l'Etat peut s'engager, en cas d'insuffisance du produit brut pour couvrir les dépenses d'exploitation et 5 0/0 par an du capital de premier établissement, tel qu'il a été prévu par l'acte de concession, augmenté, s'il y a lieu, des insuffisances constatées pendant la période assignée à la construction par ledit acte, à subvenir pour partie au payement de cette insuffisance, à la condition qu'une partie au moins équivalente sera payée par le département ou par la commune, avec ou sans le concours des intéressés.

La subvention de l'Etat sera formée : 1° d'une somme fixe de 500 francs par kilomètre exploité ; 2° du quart de la somme nécessaire pour élever la recette brute annuelle (impôts déduits) au chiffre de 10.000 francs par kilomètre pour les lignes établies de manière à recevoir les véhicules des grands réseaux ; 8.000 fr. pour les lignes qui ne peuvent recevoir ces véhicules.

En aucun cas, la subvention de l'Etat ne pourra élever la recette brute au-dessus de 10.500 francs et de 8.500 francs, suivant les cas, ni attribuer au capital de premier établissement plus de 5 0/0 par an.

La participation de l'Etat sera suspendue quand la recette brute annuelle atteindra les limites ci-dessus fixées.

Art. 14. — La subvention de l'Etat ne peut être accordée que dans les limites fixées pour chaque année par la loi de finances.

La charge annuelle imposée au Trésor en exécution de la présente loi ne peut en aucun cas dépasser 400.000 francs pour l'ensemble des lignes situées dans un même département.

Art. 15. — Dans le cas où le produit brut de la ligne pour laquelle une subvention a été payée devient suffisant pour couvrir les dépenses d'exploitation et 6 0/0 par an du capital de premier établissement tel qu'il est prévu par l'article 13, la moitié du surplus de la recette est partagée entre l'Etat, le département ou s'il y a lieu, la commune et les autres intéressés, dans la proportion des avances faites par chacun d'eux, jusqu'à concurrence du complet remboursement de ces avances, sans intérêts.

Art. 16. — Un règlement d'administration publique déterminera :

1º Les justifications à fournir par les concessionnaires pour établir les recettes et les dépenses annuelles ; — 2º les conditions dans lesquelles seront fixés, en exécution de la présente loi, le chiffre de la subvention due par l'Etat, le département, ou les communes, et, lorsqu'il y aura lieu, la part revenant à l'Etat, au département, aux communes ou aux intéressés, à titre de remboursement de leurs avances sur le produit net de l'exploitation.

Art. 17. — Les chemins de fer d'intérêt local qui reçoivent ou ont reçu une subvention du Trésor peuvent seuls être assujettis envers l'Etat à un service gratuit ou à une réduction du prix des places.

Art. 18. — Aucune émission d'obligations pour les entreprises prévues par la présente loi ne pourra avoir lieu qu'en vertu d'une autorisation donnée par le Ministre des travaux publics, après avis du Ministre des finances.

Il ne pourra être émis d'obligations pour une somme supérieure au montant du capital-actions, qui sera fixé à la moitié au moins de la dépense jugée nécessaire pour le complet établissement et la mise en exploitation de la voie ferrée. Le capital-actions devra être effectivement versé, sans qu'il puisse être tenu compte des actions libérées ou à libérer autrement qu'en argent.

Aucune émission d'obligations ne doit être autorisée avant que les 4/5 du capital-actions aient été versés et employés en achat de terrains, approvisionnements sur place ou en dépôt de cautionnement.

Toutefois, les concessionnaires pourront être autorisés à émettre des obligations, lorsque la totalité du capital-actions aura été versée et s'il est dûment justifié que plus de la moitié de ce capital-actions a été employée dans les termes du paragraphe précédent ; mais les fonds provenant de ces émissions anticipées devront être déposés à la Caisse des dépôts et consignations et ne pourront être mis à la disposition des concessionnaires que sur l'autorisation formelle du Ministre des travaux publics.

Les dispositions des paragraphes 2, 3 et 4 du présent article ne seront pas applicables dans le cas où la concession serait faite à une compagnie déjà concessionnaire d'autres chemins de fer en exploitation, si le Ministre des travaux publics reconnaît que les revenus nets de ces chemins sont suffisants pour assurer l'acquittement des charges résultant des obligations à émettre.

Art. 19. — Le compte-rendu détaillé des résultats de l'exploitation, comprenant les dépenses d'établissement et d'exploitation et les recettes brutes, sera remis tous les trois mois, pour être publié, au Préfet, au Président de la commission départementale et au Ministre des travaux publics.

Le modèle des documents à fournir sera arrêté par le Ministre des travaux publics.

Art. 20. — Par dérogation aux dispositions de la loi du 15 juillet 1845 sur la police des chemins de fer, le Préfet peut dispenser de poser des clôtures sur tout ou partie de la voie ferrée ; il peut également dispenser de poser des barrières au croisement des chemins peu fréquentés.

Art. 21. — La construction, l'entretien et les réparations des voies ferrées avec leurs dépendances, l'entretien du matériel et le service de l'exploitation sont soumis au contrôle et à la surveillance des Préfets, sous l'autorité du Ministre des travaux publics.

Les frais de contrôle sont à la charge des concessionnaires. Ils seront réglés par le cahier des charges ou à défaut par le Préfet, sur l'avis du Conseil général, et approuvés par le Ministre des travaux publics.

Art. 22. — Les dispositions de l'article 20 de la présente loi sont également applicables aux concessions de chemins de fer industriels destinés à desservir des exploitations particulières.

Art. 23. — Sur la proposition des Conseils généraux ou municipaux intéressés et après adhésion des concessionnaires, la substitution aux subventions en capital promises en exécution de l'article 5 de la loi de 1865, de la subvention en annuités stipulée par la présente loi pourra, par décret délibéré en Conseil d'État, être autorisée en faveur des lignes d'intérêt local actuellement déclarées d'utilité publique et non encore exécutées.

Ces lignes seront soumises dès lors à toutes les obligations résultant de la présente loi.

Il n'y aura pas lieu de renouveler les concessions consenties ou les mesures d'instruction accomplies avant la promulgation de la présente loi, si toutes les formalités qu'elle prescrit ont été observées par avance.

Art. 24. — Toutes les conventions relatives aux concessions et rétrocessions de chemins de fer d'intérêt local, ainsi que les cahiers des charges annexés, ne seront passibles que du droit d'enregistrement fixe d'un franc.

Art. 25. — La loi du 12 juillet 1865 est abrogée.

CHAPITRE II. — Tramways.

Art. 26. — Il peut être établi sur les voies dépendant du domaine public de l'État, des départements ou des communes, des tramways ou voies ferrées à traction de chevaux ou de moteurs mécaniques. Ces voies ferrées ainsi que les déviations accessoires construites en dehors du sol des routes et chemins et classées comme annexes, sont soumises aux dispositions suivantes.

Art. 27. — La concession est accordée par l'État, lorsque la ligne doit être établie, en tout ou en partie, sur une voie dépendant du domaine public de l'État.

Cette concession peut être faite aux villes ou aux départements intéressés avec faculté de rétrocession.

La concession est accordée par le Conseil général, au nom du département, lorsque la voie ferrée, sans emprunter une route nationale, doit être établie, en tout ou en partie, soit sur une route départementale, soit sur un chemin de grande communication ou d'intérêt commun, ou doit s'étendre sur le territoire de plusieurs communes.

Si la ligne doit s'étendre sur plusieurs départements, il y aura lieu à l'application des articles 89 et 90 de la loi du 10 août 1871.

La concession est accordée par le Conseil municipal, lorsque la voie ferrée est établie entièrement sur le territoire de la commune et sur un chemin vicinal ordinaire ou sur un chemin rural.

Art. 28. — Le département peut accorder la concession à l'Etat ou à une commune avec faculté de rétrocession ; une commune peut agir de même à l'égard de l'Etat ou du département.

Art. 29. — Aucune concession ne peut être faite qu'après une enquête dans les formes déterminées par un règlement d'administration publique et dans laquelle les Conseils généraux des départements et les Conseils municipaux des communes, dont la voie doit traverser le territoire, seront entendus, lorsqu'il ne leur appartiendra pas de statuer sur la concession. L'utilité publique est déclarée et l'exécution est autorisée par un décret délibéré en Conseil d'Etat, sur le rapport du Ministre des travaux publics, après avis du Ministre de l'intérieur.

Art. 30. — Toute dérogation ou modification apportée aux clauses du cahier des charges-type approuvé par le Conseil d'Etat, devra être expressément formulée dans les traités passés au sujet de la concession, lesquels seront soumis au Conseil d'Etat et annexés au décret.

Art. 31. — Lorsque, pour l'établissement d'un tramway, il y aura lieu à expropriation, soit pour l'élargissement d'un chemin vicinal, soit pour l'une des déviations prévues à l'article 26 de la présente loi, cette expropriation pourra être opérée conformément à l'article 16 de la loi du 21 mai 1836 sur les chemins vicinaux et à l'article 2 de la loi du 8 juin 1864.

Art. 32. — Les projets d'exécution sont approuvés par le Ministre des travaux publics, lorsque la concession est accordée par l'Etat. Les dispositions de l'article 3 sont applicables, lorsque la concession est accordée par un département ou par une commune.

Art. 33. — Les taxes perçues dans les limites du maximum fixé par l'acte de concession sont homologuées par le Ministre des travaux publics, dans le cas où la concession est faite par l'Etat et par le Préfet dans les autres cas.

Art. 34. — Les concessionnaires de tramways ne sont pas

soumis à l'impôt des prestations établi par l'article 3 de la loi du 21 mai 1836, à raison des voitures et des bêtes de trait exclusivement employées à l'exploitation du tramway. Les départements ou les communes ne peuvent exiger des concessionnaires une redevance ou un droit de stationnement qui n'aurait pas été stipulé expressément dans l'acte de concession.

Art. 35. — A l'expiration de la concession, l'Administration peut exiger que les voies ferrées qu'elle avait concédées soient supprimées en tout ou en partie et que les voies publiques et leurs déviations lui soient remises en bon état de viabilité, aux frais du concessionnaire.

Art. 36. — Lors de l'établissement d'un tramway desservi par des locomotives et destiné au transport des marchandises en même temps qu'au transport des voyageurs, l'Etat peut s'engager, en cas d'insuffisance du produit brut pour couvrir les dépenses d'exploitation et 5 0/0 par an du capital d'établissement tel qu'il a été prévu par l'acte de concession et augmenté, s'il y a lieu, des insuffisances constatées pendant la période assignée à la construction par ledit acte, à subvenir pour partie au paiement de cette insuffisance, à condition qu'une partie au moins équivalente sera payée par le département ou par la commune, avec ou sans le concours des intéressés.

La subvention de l'Etat sera formée : 1º d'une somme fixe de 500 francs par kilomètre exploité ; 2º du quart de la somme nécessaire pour élever la recette brute annuelle (impôts déduits) au chiffre de 6.000 francs par kilomètre.

En aucun cas, la subvention de l'Etat ne pourra élever la recette brute au-dessus de 6.500 francs, ni attribuer au capital de premier établissement plus de 5 0/0 par an.

La participation de l'Etat sera suspendue de plein droit, quand les recettes brutes annuelles atteindront la limite ci-dessus fixée.

Art. 37. — La loi du 15 juillet 1845 sur la police des chemins de fer est applicable aux tramways, à l'exception des articles 4, 5, 6, 7, 8, 9 et 10.

Art. 38. — Un règlement d'administration publique déterminera les mesures nécessaires à l'exécution des dispositions qui précèdent et notamment : 1° les conditions spéciales auxquelles doivent satisfaire, tant pour leur construction que pour la circulation des voitures et des trains, les voies ferrées dont l'établissement sur le sol des voies publiques aura été autorisé ; — 2° les rapports entre le service de ces voies ferrées et les autres services intéressés.

Art. 39. — Sont applicables aux tramways les dispositions des articles 4, 6 à 12, 14 à 19, 21 et 24 de la présente loi.

DÉCRET DU 18 MAI 1881

Portant règlement d'Administration publique sur la forme des enquêtes en matière de chemins de fer d'intérêt local et de tramways.

Art. 1er. — Les demandes tendant à établir des voies ferrées, à traction de chevaux ou de moteurs mécaniques, sur les voies dépendant du domaine public sont adressées : — au Ministre des travaux publics, lorsque la concession doit, conformément à l'article 27 de la loi du 11 juin 1880, être accordée par l'Etat ; — au Préfet, lorsqu'elle doit être accordée par le Conseil général ; — au Maire, lorsqu'elle peut l'être par le Conseil municipal.

Art. 2. — La demande doit être accompagnée d'un avant-projet comprenant : — 1° Un extrait de carte à l'échelle de $\frac{1}{80.000}$;

— 2° Un plan général des voies publiques empruntées, ainsi que des déviations proposées, à l'échelle de $\frac{1}{10.000}$, avec indication des constructions qui bordent ces voies publiques, des chemins publics ou particuliers qui s'en détachent, des plantations et des ouvrages d'art qui en dépendent ; on désignera sur ce plan, au moyen de teintes conventionnelles, les sections du tramway que l'on projette de continuer avec simple ou double voie et celles qui seraient établies avec rails encastrés dans la chaussée et plate-forme accessible à la circulation des voitures ordinaires, ou avec des rails saillants et plate-forme impraticable pour les voitures ordinaires ; on indiquera aussi les emplacements des stations, haltes, garages et en général de toutes les dépendances du tramway ; — 3º Un profil en long à l'échelle de $\frac{1}{5.000}$ pour les longueurs et de $\frac{1}{1.000}$ pour les hauteurs, indiquant au moyen d'un trait et de cotes noires les déclivités de la voie publique existante, et au moyen d'un trait et de cotes rouges celles de la voie ferrée, ainsi que les déviations projetées ; — 4º Des profils en travers types, à l'échelle de 0 m,02 centimètres par mètre, indiquant les dispositions de la plate-forme de la voie ferrée avec le gabarit du matériel roulant, coté de dehors en dehors, de toutes les saillies latérales que ce matériel comporte ; ces profils en travers devant s'appliquer soit au cas où la voie ferrée resterait accessible et praticable pour les voitures ordinaires, soit au cas où la plate-forme de la voie ferrée ne devrait pas être accessible à la circulation des voitures ordinaires ; — 5º Un plan à l'échelle de 0 m,005 millimètres pour mètre de chacune des traverses suivies par le tramway. Ce dernier plan sera dressé dans la forme des plans d'alignement des traverses. Il indiquera les propriétés bâties en bordure avec les noms des propriétaires. Les caniveaux et les trottoirs y seront tracés exactement. La zone qui doit être occupée par la circulation du matériel roulant du tramway (toutes saillies latérales comprises) sera limitée au moyen de deux traits bleus et cette zone sera recouverte d'une teinte bleue. Des cotes en nombre suffisant serviront à indiquer, notamment dans les parties étroites, la largeur de la zone qui serait affectée à la circulation du matériel du tramway, la largeur de chacune des parties latérales de la chaussée qui resteraient libres entre la zone teintée en bleu, comme il est dit ci-dessus, et les bordures des trottoirs, ainsi que la largeur de chaque trottoir ou les largeurs qui seraient comprises entre la même zone et les façades des constructions.

Art. 3. — A l'avant-projet sera joint un mémoire descriptif indiquant le but de l'entreprise, les avantages qu'on peut s'en promettre et les dépenses qu'elle entraînera. On y annexera le tarif des droits dont le produit serait destiné à couvrir les frais

les travaux projetés. Les données suivantes seront relatées dans un chapitre spécial du mémoire descriptif : — 1º Le genre de service auquel le tramway serait affecté : voyageurs seulement, voyageurs et messageries ou voyageurs et marchandises ; — 2º Le mode d'exploitation projeté, avec arrêts seulement à certaines gares et haltes déterminées, ou bien avec arrêts en pleine voie, à l'effet de prendre et de laisser sur tous les points du parcours les voyageurs et les marchandises d'une certaine catégorie (sous réserve de l'observation des règlements de police à intervenir), indépendamment des stationnements aux gares et haltes indiquées ; — 3º Le minimum du rayon des courbes suivant lesquelles la voie ferrée sera tracée ; — 4º Le maximum des déclivités des rampes et pentes de la voie ferrée ; — 5º Le mode de traction qui serait employé ; — 6º Le maximum de largeur du matériel roulant, toutes saillies latérales comprises ; — 7º Les dispositions qui seraient proposées à l'effet de maintenir l'accès des chemins publics ou particuliers, ainsi que des maisons riveraines ; — 8º Le minimum de la distance qui séparera la zone affectée au tramway des façades des propriétés riveraines situées en rase campagne ou de l'arête extérieure de l'accotement des voies publiques ; — 9º Le maximum de la longueur des trains ; — 10º Le maximum de la vitesse des trains ; — 11º Le nombre minimum des trains qui seront mis chaque jour à la disposition du public.

Art. 4. — Après instruction la demande est soumise à l'autorité qui doit faire la concession, et celle-ci décide s'il y a lieu de procéder à l'enquête. Quand cette autorité a décidé que l'enquête doit avoir lieu, le Préfet prend un arrêté pour fixer le jour et les lieux où l'enquête sera ouverte et pour nommer les membres de la commission, le tout conformément aux règles ci-après. Cet arrêté est affiché dans toutes les communes de chacun des cantons que la ligne doit traverser.

Art. 5. — La commission d'enquête se compose de sept membres au moins et de neuf au plus, pris parmi les principaux propriétaires de terres, de bois, de mines, les négociants et les chefs d'établissements industriels. Si la ligne ne doit pas sortir des limites d'une commune, la commission se réunit à la mairie de cette commune ; si elle traverse plusieurs communes d'un même arrondissement, la commission se réunit à la sous-préfecture de cet arrondissement ; si elle traverse plusieurs arrondissements d'un même département, la commission siège à la préfecture ; si elle traverse plusieurs départements, il est nommé une commission par département et chacune d'elle siège à la préfecture. La Commission désigne elle-même son Président et son Secrétaire.

Art. 6. — Les pièces indiquées aux articles 2 et 3, ainsi que des registres destinés à recevoir les observations auxquelles peut donner lieu l'entreprise projetée restent déposés pendant un mois à la mairie de chaque chef-lieu de canton que la ligne doit traverser, ou à la mairie de la commune si la ligne ne sort pas du territoire d'une commune. En outre, le plan de chaque traverse mentionné au n° 5 de l'article 2 est déposé pendant le même temps avec un registre spécial à la mairie de la commune traversée. Les pièces ci-dessus sont fournies par le demandeur en concession, et à ses frais.

Art. 7. — A l'expiration du délai ci-dessus fixé, la commission d'enquête se réunit sur la convocation du Préfet, du sous-Préfet ou du Maire, suivant le lieu où elle doit siéger ; elle examine les déclarations consignées aux registres de l'enquête, entend les Ingénieurs des Ponts et chaussées et des Mines employés dans le département et après avoir recueilli, auprès de toutes les personnes qu'elle juge utile de consulter, les renseignements dont elle croit avoir besoin, elle donne son avis motivé tant sur l'utilité de l'entreprise que sur les diverses questions qui ont été posées par l'Administration ou soulevées au cours de l'enquête. Ces diverses opérations, dont elle dresse procès-verbal, doivent être terminées dans un délai de quinze jours.

Art. 8. — Aussitôt que le procès-verbal de la commission d'enquête est clos, et au plus tard à l'expiration du délai fixé en vertu de l'article précédent, le Président de la commission transmet ledit procès-verbal au Préfet avec les registres et les autres pièces.

Art. 9. — Les Chambres de commerce, et à défaut les Chambres consultatives des Arts et Manufactures des villes intéressées à l'exécution des travaux, sont appelées par le Préfet à délibérer et à exprimer leur opinion sur l'utilité et la convenance de l'entreprise. Les procès-verbaux de leurs délibérations doivent être remis au Préfet avant l'expiration du délai fixé dans l'article 7.

Art. 10. — Les Conseils généraux des départements et les Conseils municipaux des communes dont la voie projetée doit traverser le territoire, convoqués au besoin en session extraordinaire, sont appelés à délibérer et à émettre leur avis sur les mêmes objets, lorsqu'il ne leur appartient pas de statuer sur la concession.

Art. 11. — Lorsque toutes les formalités prescrites par les articles précédents ont été remplies, ainsi que celles qui peuvent être nécessaires aux termes des lois et règlements sur les travaux mixtes, le Préfet adresse dans le plus bref délai possible le dossier complet, avec l'avis des ingénieurs et son avis particulier, à l'autorité qui doit donner la concession ; il joint à ce dossier le projet du cahier des charges de la concession.

Art. 12. — Les dispositions qui précèdent sont applicables aux chemins de fer d'intérêt local qui doivent emprunter le sol des voies publiques sur une partie de leur parcours. Les avant-projets et mémoires descriptifs de ces lignes de chemins de fer sont complétés conformément aux articles 2 et 3 du présent Décret et au paragraphe 5 de l'article 3 de la loi du 11 juin 1880, pour ce qui concerne les sections à poser sur les voies publiques. L'enquête faite dans les formes ci-dessus sert pour faire déclarer l'utilité publique de l'entreprise et pour en faire autoriser l'exécution tant sur le sol des routes et chemins qu'en dehors des voies publiques.

Art. 13. — Le Ministre des travaux publics est chargé de l'exécution du présent décret qui sera publié au *Journal officiel* et inséré au *Bulletin des Lois*.

DÉCRET DU 6 AOUT 1881

Modifié par décrets des 30 janvier 1894, 3 août 1898, 25 juillet 1899 et 13 février 1900, portant règlement d'administration publique pour l'exécution de l'article 38 de la loi du 11 juin 1880, concernant l'établissement et l'exploitation des voies ferrées sur le sol des voies publiques.

TITRE PREMIER

Construction.

Art. 1er. — Aucun travail ne peut être entrepris pour l'établissement d'une voie ferrée sur le sol de voies publiques qu'avec l'autorisation de l'Administration compétente, donnée sur le vu des projets d'exécution.

Chaque projet d'exécution comprend l'extrait de carte, le plan général, le profil en long, les profils en travers types et les plans de traverse, dont la production est exigée par l'article 2 du règlement d'administration publique du 18 mai 1881, ces documents dressés dans la forme prescrite par l'article précité et dûment complétés ou rectifiés d'après les résultats de l'instruction à laquelle l'avant-projet a été soumis.

Le projet d'exécution comprend en outre :

1° Des profils en travers à l'échelle de un cinq-millième pour mètre, relevés en nombre suffisant, principalement dans les traverses et dans les parties où les voies publiques empruntées n'ont pas la largeur et le profil normal ;

2° Un devis descriptif dans lequel sont reproduites, sous forme de tableau, les indications relatives aux déclivités et aux courbes déjà données sur le profil en long ;

3° Un mémoire dans lequel toutes les dispositions essentielles du projet sont justifiées.

Dans le cas où les travaux ne sont pas exécutés par le département, les projets d'exécution sont remis au Préfet en deux expéditions.

L'une de ces expéditions est rendue au concessionnaire ou à la commune, si c'est elle qui exécute les travaux, revêtue de l'approbation qui aura été donnée, suivant les cas, soit par le Ministre des travaux publics, soit par le Préfet, en se conformant à la décision de l'autorité compétente et l'autre expédition demeurera entre les mains du Préfet.

Lorsque les travaux sont exécutés par le département ou la commune pour être remis ensuite à un exploitant, les projets sont communiqués à ce dernier avant toute approbation, pour qu'il puisse fournir ses observations.

Les projets comprenant les déviations en dehors du sol des routes et chemins sont soumis à l'approbation du Ministre des travaux publics, pour ce qui concerne la grande voirie et les cours d'eau, et ne peuvent être adoptés par l'autorité qui a donné la concession, que sous la réserve des décisions prises ou à prendre par le Ministre des travaux publics sur les objets qui précèdent.

Avant comme pendant l'exécution, le concessionnaire aura la faculté de proposer aux projets approuvés les modifications qu'il jugerait utiles ; mais ces modifications ne pourront être exécutées qu'avec l'approbation de l'autorité qui a revêtu de sa sanction les dispositions à modifier.

De son côté, l'Administration pourra ordonner d'office les modifications dont l'expérience ou les changements à opérer sur la voie publique feraient reconnaître la nécessité.

En aucun cas, ces modifications ne pourront donner lieu à indemnité.

Art. 2. — La position des bureaux d'attente et de contrôle qui peuvent être autorisés sur la voie publique, celle des égouts, de leurs bouches et regards, et des conduites d'eau et de gaz, doivent être indiquées sur les plans présentés par le concessionnaire, ainsi que tout ce qui serait de nature à influer sur la position de la voie ferrée et sur le bon fonctionnement des divers services qui peuvent en être affectés.

Art. 3. — Le projet d'exécution indique le nombre des voies à établir sur les différentes sections des lignes concédées, ainsi que le nombre et la disposition des gares d'évitement.

Art. 4. — La largeur de la voie est fixée, pour chaque concession, par le cahier des charges.

La largeur et la hauteur maxima des caisses des véhicules ainsi que de leurs chargements et la largeur extrême occupée par le matériel roulant, y compris toutes saillies, sont fixées par le cahier des charges.

Dans les parties à plusieurs voies, la largeur de chaque entre-voie est telle qu'il reste un intervalle libre d'au moins cinquante centimètres (0 m, 50) entre les parties les plus saillantes de deux véhicules qui se croisent.

Art. 5. — L'autorité qui a fait la concession détermine les sections de la ligne où la voie sera établie au niveau de la chaussée, avec rails noyés, en restant accessible et praticable pour les voitures ordinaires, et celle où elle sera placée sur un accotement praticable pour les piétons, mais interdit aux voitures ordinaires.

Le cahier des charges de chaque concession détermine les largeurs qui doivent être réservées pour la libre circulation sur la voie publique, de telle façon que le croisement de deux voitures soit toujours assuré, l'une de ces deux voitures pouvant être le véhicule du tramway dans le premier des deux cas considérés ci-dessus.

Les dispositions prescrites doivent d'ailleurs assurer, dans tous les cas, la sécurité du piéton qui circule sur la voie publique et celle du riverain dont les bâtiments sont en façade sur cette voie.

Si l'emplacement occupé par la voie ferrée reste accessible et praticable pour les voitures ordinaires, les rails sont à gorge ou accompagnés de contre-rails ; la largeur des vides ou ornières ne peut excéder vingt-neuf millimètres (0 m, 029) dans les parties droites et trente-cinq millimètres (0 m, 035) dans les parties courbes. Les voies ferrées sont posées au niveau de la chaussée, sans saillie ni dépression sur le profil normal de celle-ci.

Toutefois l'Administration peut, à titre révocable, dispenser le concessionnaire de poser des rails à gorge ou des contre-rails sur tout ou partie des voies publiques dont le sol est emprunté par la voie ferrée.

Art. 6. — Le concessionnaire fournit, sur les points qui lui sont indiqués, des emplacements pour le dépôt des matériaux d'entretien qui trouvaient place auparavant sur l'accotement occupé par la voie ferrée.

Lorsque, pour maintenir la voie de fer dans les limites de courbure et de déclivité fixées par le cahier des charges, ou pour maintenir le fonctionnement des services intéressés (article 2), on doit faire subir quelques modifications à l'état de la voie publique, le concessionnaire exécute tous les travaux, soit à ses frais, soit avec le concours des services intéressés, s'il y a lieu, conformément aux projets approuvés par l'Administration.

Il opère pareillement les élargissements qui sont indispensables afin de restituer à la voie publique la largeur exigée en vertu de l'article précédent.

Il doit maintenir l'accès à la voie publique des voitures ordinaires, au droit des chemins publics et particuliers ainsi que des entrées charretières qui seraient interceptées par la voie de fer. La traversée des routes et des chemins publics ou particuliers est opérée à niveau, sans que le rail forme saillie ou dépression sur la surface de ces chemins.

Le concessionnaire doit d'ailleurs prendre les dispositions nécessaires pour faciliter l'exécution des travaux qui sont prescrits ou autorisés par l'Administration afin de créer de nouveaux accès soit aux chemins publics et particuliers, soit aux propriétés riveraines.

Art. 7. — Les déviations à construire en dehors du sol des routes et chemins, et à classer comme annexes, sont établies conformément aux dispositions arrêtées par l'autorité compétente.

Art. 8. — Le concessionnaire est tenu de rétablir et d'assurer à ses frais, pendant la durée de la concession, les écoulements d'eau qui seraient arrêtés, suspendus ou modifiés par ses travaux

Il rétablit de même les communications publiques ou particulières que l'exécution de ses travaux l'oblige à modifier momentanément.

Art. 9. — La démolition des chaussées et l'ouverture des tranchées pour la pose et l'entretien de la voie ferrée sont effectuées avec célérité et avec toutes les précautions convenables.

Les chaussées doivent être remises dans le meilleur état.

Les travaux sont conduits de manière à ne pas compromettre la liberté et la sûreté de la circulation. Toute fouille restant ouverte sur le sol des voies publiques, ainsi que tout dépôt de matériaux, est éclairée et gardée au besoin pendant la nuit, jusqu'à ce que la voie publique soit débarrassée et rendue conforme au profil normal du projet.

Art. 10. — Le cahier des charges indiquera si le tramway devra s'arrêter en pleine voie pour prendre ou laisser des voyageurs ou des marchandises sur tous les points du parcours, ou si, au contraire, il ne s'arrêtera qu'à des gares, stations ou haltes désignées, ou si enfin les deux modes d'exploitation seront combinés.

Dans ces deux derniers cas, si les gares, stations et haltes n'ont pas été déterminées par le cahier des charges, elles le seront lors de l'approbation des projets définitifs par l'autorité concédante, sur la proposition du concessionnaire et après enquête.

Si, pendant l'exploitation, de nouvelles stations, gares ou haltes sont reconnues nécessaires d'accord entre l'autorité concédante et le concessionnaire, il sera procédé à une enquête spéciale dans les formes prescrites par le règlement d'administration publique du 18 mai 1881, et l'emplacement en sera définitivement arrêté par le Préfet, le concessionnaire entendu.

Le nombre, l'étendue et l'emplacement des gares d'évitement seront déterminés par le Préfet, le concessionnaire entendu ; si la sécurité l'exige, le Préfet pourra, pendant le cours de l'exploitation, prescrire l'établissement de nouvelles gares d'évitement ainsi que l'augmentation des voies dans les stations et aux abords des stations.

Le concessionnaire est tenu, préalablement à tout commencement d'exécution, de soumettre au Préfet le projet des gares, stations ou haltes, lequel se compose :

1º D'un plan à l'échelle de un cinq centième, indiquant les voies, les quais, les bâtiments et leur distribution intérieure, ainsi que la disposition de leurs abords ;

2º D'une élévation des bâtiments à l'échelle d'un centimètre par mètre ;

3º D'un mémoire descriptif dans lequel les dispositions essentielles du projet sont justifiées.

Art. 11. — Tous les terrains nécessaires pour l'établissement de la voie ferrée et de ses dépendances en dehors du sol des routes et chemins, pour la déviation des voies de communication et des cours d'eau déplacés, et, en général, pour l'exécution des travaux, quels qu'ils soient, auxquels cet établissement peut donner lieu, sont achetés et payés par le concessionnaire, à moins que l'autorité qui fait la concession n'ait pris l'engagement de fournir elle-même les terrains.

Les indemnités pour occupation temporaire ou pour détérioration de terrains, pour chômage, modification ou destruction d'usines, et pour tous dommages quelconques résultant des travaux sont supportées et payées par le concessionnaire.

Art. 12. — L'entreprise étant d'utilité publique, le concessionnaire est investi, pour l'exécution des travaux dépendant de sa concession, de tous les droits que les lois et règlements confèrent à l'Administration en matière de travaux publics, soit pour l'acquisition par voie d'expropriation, soit pour l'extraction, le transport ou le dépôt des terres, matériaux, etc., et il demeure en même temps soumis à toutes les obligations qui dérivent, pour l'Administration, de ces lois et règlements.

Art. 13. — Dans les limites de la zone frontière et dans le rayon des servitudes des enceintes fortifiées, le concessionnaire est tenu, pour l'étude et l'exécution de ses projets, de se soumettre à l'accomplissement de toutes les formalités et de toutes les conditions exigées par les lois, décrets et règlements concernant les travaux mixtes.

Art. 14. — Si la voie ferrée traverse un sol déjà concédé pour l'exploitation d'une mine, le Ministre des travaux publics détermine les mesures à prendre pour que l'établissement de cette voie ne nuise pas à l'exploitation de la mine, et, réciproquement, pour que, le cas échéant, l'exploitation de la mine ne compromette pas l'existence de la voie ferrée.

Les travaux de consolidation à faire dans l'intérieur de la mine en raison de la traversée de la voie ferrée, et tous les dommages résultant de cette traversée pour les concessionnaires de la mine, sont à la charge du concessionnaire de la voie ferrée.

Art. 15. — Si la voie ferrée s'étend sur des terrains renfermant des carrières ou les traverse souterrainement, elle ne peut être livrée à la circulation avant que les excavations qui pourraient en compromettre la solidité aient été remblayées ou consolidées.

Le Ministre des travaux publics détermine la nature et l'étendue des travaux qu'il convient d'entreprendre à cet effet, et qui sont d'ailleurs exécutés par les soins et aux frais du concessionnaire.

Art. 16. — Les travaux sont soumis au contrôle et à la surveillance du Préfet, sous l'autorité du Ministre des travaux publics.

Ce contrôle et cette surveillance ont pour objet d'empêcher le concessionnaire de s'écarter des dispositions prescrites par le présent règlement et de celles qui résultent soit des cahiers des charges, soit des projets approuvés.

Art. 17. — A mesure que les travaux sont terminés sur des parties de voie ferrée susceptibles d'être livrées utilement à la circulation, il est procédé à la reconnaissance et, s'il y a lieu, à la réception provisoire de ces travaux par un ou plusieurs commissaires que le Préfet désigne.

Sur le vu du procès-verbal de cette reconnaissance, le Préfet autorise, s'il y a lieu, la mise en exploitation des parties dont il s'agit; après cette autorisation, le concessionnaire peut mettre lesdites parties en service et y percevoir les taxes déterminées par le cahier des charges. Toutefois, ces réceptions partielles ne deviennent définitives que par la réception générale de la voie ferrée, laquelle est faite dans la même forme que les réceptions partielles.

Art. 18. — Immédiatement après l'achèvement des travaux et

au plus tard six mois après la mise en exploitation de la ligne ou de chaque section, le concessionnaire doit faire faire à ses frais un bornage contradictoire avec chaque propriétaire riverain en présence du Préfet ou de son représentant, ainsi qu'un plan cadastral des parties de la voie ferrée et de ses dépendances qui sont situées en dehors du sol des routes et chemins. Il fait dresser également à ses frais, et contradictoirement avec les agents désignés par le Préfet, un état descriptif de tous les ouvrages d'art qui ont été exécutés, ledit état accompagné d'un atlas contenant les dessins cotés de tous les ouvrages.

Une expédition dûment certifiée des procès-verbaux de bornage, du plan cadastral, de l'état descriptif et de l'atlas est dressée aux frais du concessionnaire et déposée dans les archives de la préfecture.

Les terrains acquis par le concessionnaire postérieurement au bornage général, en vue de satisfaire aux besoins de l'exploitation, et qui, par cela même, deviennent partie intégrante de la voie ferrée, donnent lieu, au fur et à mesure de leur acquisition, à des bornages supplémentaires, et sont ajoutés sur le plan cadastral ; addition est également faite sur l'atlas de tous les ouvrages d'art exécutés postérieurement à sa rédaction.

TITRE II

Entretien et exploitation.

Art. 19. — La voie ferrée et tout le matériel qui en dépend doivent être constamment entretenus en bon état, de manière que la circulation y soit toujours facile et sûre.

Les frais d'entretien et ceux auxquels donnent lieu les réparations ordinaires et extraordinaires de la voie ferrée sont à la charge du concessionnaire.

Sur les sections à rails noyés où la voie ferrée est accessible aux voitures ordinaires, l'entretien du pavage ou de l'empierrement de la surface affectée à la circulation du tramway est réglé, pour chaque concession, par le cahier des charges, qui indique le service chargé d'exécuter cet entretien, ainsi que la répartition des dépenses.

Sur les sections où la voie ferrée n'est pas accessible aux voitures ordinaires, l'entretien qui est à la charge du concessionnaire comprend la surface entière des voies, augmentée d'une zone d'un mètre (1m,00), qui sera mesurée à partir de chaque rail extérieur.

Si la voie ferrée et les parties de la voie publique dont l'entretien est confié au concessionnaire ne sont pas constamment entretenues en bon état, il y est pourvu d'office, à la diligence du Préfet et aux frais du concessionnaire, sans préjudice, s'il y a lieu, de l'application des dispositions indiquées ci-après dans l'article 41.

Le montant des avances faites est recouvré au moyen de rôles que le Préfet rend exécutoires.

Art. 20. — Le matériel roulant qui est mis en circulation sur la voie ferrée doit passer librement dans le gabarit dont les dimensions sont fixées conformément aux dispositions de l'article 4 du présent règlement.

La traction est opérée conformément aux clauses de la concession.

Art. 21. — Les machines locomotives à vapeur sont construites sur les meilleurs modèles ; elles doivent satisfaire aux prescriptions des articles 7, 8, 9, 11 et 15 de l'ordonnance du 15 novembre 1846, et pour ce qui concerne spécialement leur générateur, aux dispositions du décret du 30 avril 1880.

Les types des machines employées, leur poids et leur maximum de charge par essieu doivent être approuvés par le Préfet, sur l'avis du service du contrôle, eu égard aux besoins de l'exploitation et à la composition, ainsi qu'à l'état de la voie.

Les machines-tenders et les tenders doivent être munis de frein à main. Les moyens de freinage des machines et tenders doivent être assez puissants pour que, lancées avec une vitesse de 20 kilomètres à l'heure, sur des rails secs et propres et sur une voie en palier, les machines puissent être arrêtées sur un espace de 20 mètres au plus, à partir du moment où le serrage est ordonné.

Les locomotives à feu ne doivent donner aucune odeur et ne

doivent répandre sur la voie publique ni flammèches, ni escarbilles, ni cendres, ni fumée, ni eau excédante, le concessionnaire étant expressément responsable de tout incendie causé par l'emploi des machines à feu soit sur la voie publique, soit dans les propriétés riveraines.

Aucune locomotive ne peut être mise en service qu'en vertu d'un permis spécial de circulation délivré par le Préfet, sur la proposition du service du contrôle, après accomplissement des formalités prescrites pour les locomotives de chemins de fer et après vérification de l'efficacité des moyens de freinage.

Art. 22. — Les machines fixes et les machines locomotives de tout autre système que la machine locomotive à vapeur munie d'un foyer doivent satisfaire aux prescriptions spéciales arrêtées par le Ministre des travaux publics.

S'il est fait usage de l'énergie électrique pour la traction, l'étude et l'exécution des projets, ainsi que l'exploitation de la ligne concédée, sont soumises à l'accomplissement de toutes les formalités et à toutes les conditions prescrites par les lois, décrets et règlements concernant les installations électriques.

Art. 23. — Les voitures de voyageurs doivent satisfaire aux prescriptions des articles 8, 9, 12, 13, 14 et 15 de l'ordonnance royale du 15 novembre 1846. Elles sont suspendues sur ressorts et peuvent être à deux étages.

L'étage inférieur est complètement couvert, garni de banquettes avec dossiers, fermé à glaces au moins pendant l'hiver, muni de rideaux et éclairé pendant la nuit ; l'étage supérieur est garni de banquettes avec dossiers ; on y accède au moyen d'escaliers qui sont accompagnés, ainsi que les couloirs latéraux donnant accès aux places, de garde-corps solides d'au moins un mètre dix centimètres (1m,10) de hauteur effective.

Sur les voies ferrées où la traction est opérée au moyen de locomotives, l'étage supérieur est couvert et protégé à l'avant et à l'arrière par des cloisons.

Les dossiers et les banquettes doivent être inclinés, et les dossiers sont élevés à la hauteur des épaules des voyageurs.

Il peut y avoir des places de plusieurs classes ; la disposition particulière des places de chaque classe est conforme aux prescriptions arrêtées par le Préfet.

Les wagons destinés au transport des marchandises, des chevaux ou des bestiaux, les plates-formes, et en général toutes les parties du matériel roulant, sont de bonne et solide construction, et satisfont aux prescriptions des articles 8, 9 et 15 de l'ordonnance royale du 15 novembre 1846.

Chaque voiture, sans exception, est munie de freins. Ces freins doivent être assez puissants pour que, en joignant leur action à celle des moyens de freinage de la machine, les trains lancés avec une vitesse de 20 kilomètres à l'heure sur des rails secs et propres et sur une voie en palier, puissent être arrêtés sur un espace de 20 mètres au plus à partir du moment où le serrage est ordonné.

Le Préfet, après avis du service du contrôle et le concessionnaire entendu, peut prescrire l'emploi de freins continus et même automatiques.

Art. 24. — Le matériel roulant et tout le matériel servant à l'exploitation sont constamment maintenus dans un bon état d'entretien et de propreté.

Si le matériel dont il s'agit n'est pas entretenu en bon état, il y est pourvu d'office, à la diligence du Préfet et aux frais du concessionnaire, sans préjudice, s'il y a lieu, des dispositions indiquées ci-après dans l'article 41.

Art. 25. — Le concessionnaire est tenu de prendre à ses frais, partout où la nécessité en aura été reconnue par le Préfet sur l'avis du service du contrôle, et eu égard au mode d'exploitation employé, les mesures nécessaires pour assurer la liberté et la sécurité du passage des voitures et des trains sur la voie ferrée et celle de la circulation ordinaire sur les routes et chemins que suit ou traverse la voie ferrée.

Art. 26. — Lorsqu'un atelier de réparation est établi sur une voie, des signaux doivent indiquer si l'état de la voie ne permet pas le passage des voitures ou des trains, ou s'il suffit d'en ralentir la marche.

Art. 27. — Toute voiture isolée ou tout train porte extérieurement un feu blanc à l'avant et un feu rouge à l'arrière. Les fanaux sont à réflecteurs ; ils sont allumés au coucher du soleil et ne peuvent être éteints avant son lever.

Art. 28. — Il est interdit d'admettre dans les convois qui portent des voyageurs aucune matière pouvant donner lieu soit à des explosions, soit à des incendies, sauf les exceptions autorisées par le Ministre des travaux publics. Le transport de ces matières est réglé par le Préfet sous l'autorité du Ministre des travaux publics.

Art. 29. — Le cocher doit avoir l'appareil de manœuvre du frein sous la main : il doit porter son attention sur l'état de la voie, sur l'approche des voitures ordinaires ou des troupeaux, et ralentir ou même arrêter la marche en cas d'obstacle, suivant les circonstances ; il doit se conformer aux signaux de ralentissement ou d'arrêt qui lui sont faits par les gardiens et ouvriers de la voie.

Le cocher est muni d'une trompe ou d'un cornet, ou de tout autre instrument du même genre, afin de signaler son approche.

Dans les tramways à service de voyageurs, le cocher doit se trouver en communication, au moyen d'un signal d'arrêt, soit avec le receveur, soit avec les voyageurs dans les voitures où il n'y a pas de receveur.

Art. 30. — Sur les lignes de tramways à traction mécanique, la longueur des trains ne peut dépasser soixante mètres (60 m,00). Sous la réserve de cette condition, qui est de rigueur, tout convoi ordinaire de voyageurs doit contenir des voitures ou des compartiments de toutes classes en nombre suffisant pour le service public.

Les machines et voitures entrant dans la composition de tous les trains sont liées entre elles par des attaches rigides, avec ressorts.

Art. 31. — Les machines sont placées en tête des trains. Il ne peut être dérogé à cette disposition que pour les manœuvres à exécuter dans les stations ou pour le cas de secours ; dans ces cas spéciaux, la vitesse ne doit pas dépasser cinq kilomètres à l'heure (5 kil.).

Les trains sont remorqués par une seule machine, sauf à la montée des rampes de forte inclinaison ou en cas d'accident.

Il est, dans tous les cas, interdit d'atteler simultanément plus de deux machines à un train ; la machine placée en tête règle la marche du train, dont la vitesse ne doit jamais dépasser dix kilomètres à l'heure (10 kil.) dans le cas d'un double attelage.

Art. 32. — Chaque machine à feu est conduite par un mécanicien et un chauffeur.

Il ne peut être employé que des mécaniciens agréés par le Préfet, sur le rapport du service du contrôle.

Le chauffeur doit être capable d'arrêter la machine en cas de besoin.

Chaque train est accompagné, en outre, du nombre de conducteurs gardes-freins qui sera jugé nécessaire ; il y a d'ailleurs, en tous cas, sur la dernière voiture, un conducteur qui est mis en communication avec le mécanicien.

Lorsqu'il y a plusieurs conducteurs dans un train, l'un d'eux doit avoir autorité sur les autres.

Pour les voitures isolées ou pour les trains dont tous les véhicules sont munis de freins continus, le Ministre des travaux publics peut autoriser la suppression du chauffeur, sous la réserve que le conducteur chef du train puisse toujours accéder à la machine et soit en état de l'arrêter en cas de besoin.

Avant le départ du train, le mécanicien s'assure si toutes les parties de la locomotive sont en bon état, et, particulièrement, si les moyens de freinage dont il dispose fonctionnent convenablement. Il ne doit mettre le train en marche que lorsque le conducteur chef de train a donné le signal du départ.

En marche, le mécanicien doit porter son attention sur l'état de la voie, sur l'approche des voitures ordinaires ou des troupeaux, et ralentir ou même arrêter en cas d'obstacles, suivant les circonstances ; il doit se conformer aux signaux qui lui sont faits par les gardiens et ouvriers de la voie.

Cet agent signale l'approche du train au moyen d'une trompe, d'une cloche, ou de tout autre instrument du même genre, à l'exclusion du sifflet à vapeur.

Dans les tramways à service de voyageurs, le mécanicien doit se trouver en commmunication, au moyen d'un signal d'arrêt, soit avec le receveur, ou employé, soit avec les voyageurs.

Aucune personne autre que le mécanicien et le chauffeur ne peut monter sur la locomotive, à moins d'une permission spéciale et écrite du directeur de l'exploitation de la voie ferrée. Sont exceptés de cette interdiction les fonctionnaires chargés de la surveillance.

Art. 33. — Le Préfet détermine, sur la proposition du concessionnaire, et l'avis du service du contrôle, le maximum de la vitesse des convois de voyageurs et de marchandises sur les différentes sections de la ligne, ainsi que le tableau du service des trains.

La vitesse des trains, en marche, ne peut dépasser vingt kilomètres à l'heure s'il est fait usage de freins ordinaires, et vingt-cinq kilomètres, s'il est fait usage de freins continus. Ces vitesses doivent d'ailleurs être diminuées dans la traversée des lieux habités, ou en cas d'encombrement de la route.

Le mouvement doit également être ralenti ou même arrêté toutes les fois que l'arrivée d'un train, effrayant les chevaux ou autres animaux, pourrait être la cause de désordres et occasionner des accidents.

Les trains ne peuvent stationner en dehors des gares que durant le temps strictement nécessaire pour les besoins du service.

Le Préfet peut autoriser, sur la demande du concessionnaire, et sur la proposition du service du contrôle, l'arrêt de certains trains pendant le temps déterminé par l'horaire, pour prendre ou laisser des voyageurs ou des marchandises sur des points de la voie ferrée situés en dehors des gares, stations ou haltes. Cette autorisation ne peut être donnée qu'à titre précaire et révocable, si ce service n'est pas prévu au cahier des charges.

Les locomotives ou les voitures isolées ne peuvent stationner sur les voies affectées à la circulation.

Il est expressément interdit d'effectuer le nettoyage des grilles sur la voie publique.

Art. 34. — Des machines *de réserve* et des wagons de secours munis de tous les agrès et outils nécessaires en cas d'accident, doivent être entretenus, constamment prêts à partir, sur les lignes et aux points qui sont désignés par le Préfet, si celui-ci le prescrit, après avis du service du contrôle.

Chaque train doit d'ailleurs être muni des outils les plus indispensables.

Aux stations ou bureaux de contrôle ou d'attente désignés par le Préfet, le concessionnaire entretiendra les médicaments et moyens de secours nécessaires en cas d'accident.

TITRE III
Police et surveillance.

Art. 35. — Il est défendu à toute personne étrangère au service de la voie ferrée :

1° De déranger, altérer ou modifier, sous quelque prétexte que ce soit, la voie ferrée et les ouvrages qui en dépendent ;

2° De stationner sur la voie de fer ou d'y faire stationner des voitures ;

3° D'y laisser séjourner des chevaux, bestiaux ou animaux d'aucune sorte ;

4° D'y jeter ou déposer aucuns matériaux ni objets quelconques ;

5° D'emprunter les rails de la voie ferrée pour la circulation de voitures étrangères au service.

Tout conducteur de voiture doit, à l'approche d'un train ou d'une voiture appartenant au service de la voie ferrée, prendre en main les guides ou le cordeau de son équipage, de façon à se rendre maître de ses chevaux, dégager immédiatement la voie et s'en écarter de manière à livrer toute la largeur nécessaire au passage du matériel de la voie ferrée.

Tout conducteur de troupeau doit écarter les bestiaux de la voie ferrée à l'approche d'un train ou d'une voiture appartenant au service de cette voie.

Art. 36. — Il est défendu aux voyageurs :

1° D'entrer dans les voitures ou d'en sortir pendant la marche et autrement que par la portière réservée à cet effet ;

2° De passer d'une voiture dans une autre, de se pencher au dehors, de stationner debout sur les impériales pendant la marche.

Il est interdit d'admettre dans les voitures plus de voyageurs que ne le comporte le nombre de places indiqué dans chaque compartiment.

L'entrée des voitures est interdite :

1° A toute personne en état d'ivresse ;

2° A tous individus porteurs d'armes à feu chargées ou de paquets qui, par leur nature, leur volume ou leur odeur, pourraient gêner ou incommoder les voyageurs. Tout individu porteur d'une arme à feu doit, avant son admission dans les voitures, faire constater que son arme n'est pas chargée.

Aucun chien n'est admis dans les voitures servant au transport des voyageurs ; toutefois, la Compagnie peut placer dans des compartiments spéciaux les voyageurs qui ne voudraient pas se séparer de leurs chiens, pourvu que ces animaux soient muselés, en quelque saison que ce soit.

Art. 37. — Les personnes qui veulent expédier des marchandises classées comme dangereuses ou infectes par les règlements en vigueur, doivent en faire la déclaration formelle au moment où elles les livrent au service de la voie ferrée et se conformer à toutes les prescriptions des dits règlements en ce qui concerne le conditionnement, l'emballage et la marque des colis.

Art. 38. — Des affiches placées dans les stations et dans les bureaux d'attente et de contrôle font connaître au public les heures de départ des convois ordinaires, les stations qu'ils doivent desservir, les heures auxquelles ils doivent arriver à ces stations et en partir.

Si l'exploitation de la ligne comporte des arrêts en pleine voie, afin de prendre ou de laisser soit des voyageurs, soit des marchandises, ces affiches font connaître cette circonstance, en n'annonçant, dans ce cas, que les heures de départ des gares extrêmes.

Art. 39. — Le Préfet nomme, sous l'autorité du Ministre des travaux publics, les agents chargés du contrôle et de la surveillance prévus par l'article 21 de la loi du 11 juin 1880.

Ces agents sont pris dans le service des ponts et chaussées et des mines. Ils ont notamment pour mission :

1° En ce qui concerne l'exploitation commerciale :

De surveiller le mode d'application des tarifs approuvés et l'exécution des mesures prescrites pour la réception et l'enregistrement des colis, leur transport et leur remise aux destinataires ;

De veiller à l'exécution des mesures prescrites pour que le service des transports ne soit pas interrompu aux points extrêmes de lignes en communication l'une avec l'autre ;

De vérifier les conditions des traités qui seraient passés par les Compagnies avec les entreprises de transport par terre ou par eau en correspondance avec la voie ferrée, et de signaler toutes les infractions au principe de l'égalité des taxes ;

De constater le mouvement de la circulation des voyageurs et des marchandises, les dépenses d'entretien et d'exploitation, et les recettes.

2° En ce qui concerne l'exploitation technique :

De vérifier l'état de la voie de fer, des terrassements, des ouvrages d'art et du matériel roulant, et de veiller à l'exécution des règlements relatifs à la police et à la sûreté de la circulation.

3° En ce qui concerne la police :

De surveiller la composition, le départ, l'arrivée, la marche et le stationnement des trains, l'observation des règlements de police, tant par le public que par le concessionnaire, sur les voies publiques empruntées par la voie ferrée, l'entrée, le stationnement et la circulation des voitures dans les cours et stations, l'admission du public dans les gares et sur les quais de la voie ferrée.

Les concessionnaires sont tenus de fournir des locaux convenables aux agents du contrôle spécialement désignés par le Préfet. Ils sont aussi tenus de présenter aux agents du contrôle, à toute réquisition, les registres de dépenses et de recettes relatifs à l'exploitation commerciale, ainsi que les registres de réception et d'expédition des colis.

Toutes les fois qu'il arrive un accident sur la voie ferrée, il en est fait immédiatement déclaration, par le chef de train, à l'agent du contrôle dont le poste est le plus voisin. Le Préfet et le chef du contrôle en sont immédiatement informés par les soins du concessionnaire.

Outre la surveillance ordinaire, le Préfet délègue, aussi souvent qu'il le juge utile, un ou plusieurs commissaires à l'effet de reconnaître et de constater l'état de la voie ferrée, de ses dépendances et de son matériel, et à l'effet d'exercer une surveillance spéciale sur tout ce qui ne rentre pas dans les attributions des agents du contrôle.

Art. 40. — Le concessionnaire est tenu, ainsi que le public, de se conformer aux prescriptions des arrêtés qui sont pris par les Préfets pour l'exécution des dispositions qui précèdent.

Toutes les dépenses qu'entraîne l'exécution de ces prescriptions sont à la charge du concessionnaire.

Le concessionnaire est tenu de soumettre à l'approbation du Préfet les règlements de service intérieur relatifs à l'exploitation de la voie ferrée.

Les règlements dont il s'agit sont obligatoires non seulement pour le concessionnaire, mais encore pour tous ceux qui obtiendront ultérieurement l'autorisation d'établir des lignes ferrées d'embranchement ou de prolongement, et en général pour toutes les personnes qui emprunteront l'usage du chemin de fer.

Art. 41. — Si l'exploitation de la voie ferrée vient à être interrompue en totalité ou en partie, si le mauvais état de la voie ou du matériel roulant compromet la sécurité du public, si le mauvais entretien de la partie de la route dont le concessionnaire doit prendre soin compromet la sécurité publique, le Préfet prend immédiatement, aux frais et risques du concessionnaire, les mesures nécessaires afin d'assurer provisoirement le service.

Si, dans les trois mois de l'organisation du service provisoire, le concessionnaire n'a pas visiblement justifié qu'il est en état de reprendre et de continuer l'exploitation, et s'il ne l'a pas ef-

fectivement reprise, la déchéance pourra être prononcée par le
Ministre des travaux publics, sauf recours au Conseil d'Etat par
la voie contentieuse.

Il est pourvu tant à la continuation et à l'achèvement des travaux qu'à l'exécution des autres engagements contractés par le
concessionnaire au moyen d'une adjudication qui sera ouverte
sur une mise à prix des ouvrages exécutés, des matériaux approvisionnés et des parties de la voie ferrée déjà livrées à l'exploitation.

Nul ne sera admis à concourir à cette adjudication s'il n'a été
préalablement agréé par le Préfet.

A cet effet, les personnes qui voudraient concourir seront tenues de déclarer, dans le délai qui sera fixé, leur intention, par
un écrit déposé à la préfecture et accompagné des pièces propres
à justifier des ressources nécessaires pour remplir les engagements à contracter.

Ces pièces seront examinées par le Préfet en Conseil de préfecture. Chaque soumissionnaire sera informé de la décision prise
en ce qui le concerne, et, s'il y a lieu, du jour de l'adjudication.

Les personnes qui auront été admises à concourir devront
faire, soit à la caisse des dépôts et consignations, soit à la caisse
du trésorier-payeur général du département, le dépôt de garantie, qui devra être égal au moins au trentième de la dépense à faire
par le concessionnaire.

L'adjudication aura lieu suivant les formes indiquées aux articles 11, 12, 13, 15 et 16 de l'ordonnance royale du 10 mai
1829.

Les soumissions ne pourront pas être inférieures à la mise à
prix.

L'adjudicataire sera substitué aux charges et aux droits du
concessionnaire évincé ; il recevra notamment les subventions
de toute nature à échoir aux termes de l'acte de concession ; le
concessionnaire évincé recevra de lui le prix que la nouvelle adjudication aura fixé.

La partie du cautionnement qui n'aura pas encore été restituée
deviendra la propriété de l'autorité qui a fait la concession.

Si l'adjudication ouverte n'amène aucun résultat, une seconde adjudication sera tentée sur les mêmes bases après un délai de trois mois ; si cette seconde tentative reste également sans résultat, le concessionnaire sera définitivement déchu de tous droits, et alors les ouvrages exécutés, les matériaux approvisionnés et les parties de voie ferrée déjà livrées à l'exploitation appartiendront à l'autorité qui a fait la concession.

TITRE IV

Dispositions diverses.

Art. 42. — Dans le cas où le Gouvernement ordonne ou autorise la construction de routes nationales, départementales ou vicinales, de chemins de fer ou de canaux qui traversent une ligne concédée, ou l'installation de communications télégraphiques ou téléphoniques qui obligent à modifier les transmissions d'énergie établies en vue de la traction électrique, le concessionnaire ne peut s'opposer à ces travaux ; mais toutes les dispositions nécessaires sont prises pour qu'il n'en résulte aucun obstacle à la construction ou au service de la voie ferrée, ni aucun frais pour le concessionnaire.

Art. 43. — Toute exécution ou autorisation ultérieure de route, de canal, de chemin de fer, de travaux de navigation dans la contrée où est située une voie ferrée qui a fait l'objet d'une concession, ou dans toute autre contrée voisine ou éloignée, ne peut donner ouverture à aucune demande d'indemnité de la part du concessionnaire.

Art. 44. — L'autorisation d'établir ou de maintenir une voie ferrée sur le sol des voies publiques peut être retirée à toute époque, en totalité ou en partie, dans les formes suivies pour la concession, lorsque la nécessité en a été reconnue dans l'intérêt public par le Gouvernement, après une enquête, le tout sous réserve de l'application des articles 6 et 11 de la loi du 11 juin 1880.

Art. 45. — Le concessionnaire n'est admis à réclamer aucune indemnité :

Ni à raison des dommages que le roulage ordinaire pourrait occasionner aux ouvrages de la voie ferrée ;

Ni à raison de l'état de la chaussée et des conséquences qui pourraient en résulter pour l'état et l'entretien de la voie ;

Ni enfin pour une cause quelconque résultant de l'usage de la voie publique.

Les indemnités dues à des tiers pour des dommages pouvant résulter de la construction ou de l'exploitation de la voie ferrée sont entièrement à la charge du concessionnaire.

Art. 46. — En cas d'interruption de la voie ferrée par suite de travaux exécutés sur la voie publique, le concessionnaire peut être tenu de rétablir provisoirement les communications, soit en déplaçant momentanément ses voies, soit en employant pour la traversée de l'obstacle des voitures ordinaires qui puissent le tourner en suivant d'autres lignes.

Art. 47. — Le Gouvernement, le département et les communes ont le droit de concéder de nouvelles voies de fer s'embranchant sur une voie ferrée déjà concédée ou à établir en prolongement de la même voie.

Le concessionnaire de la ligne principale ne peut s'opposer à l'exécution de ces embranchements, ni réclamer, à l'occasion de leur établissement, une indemnité quelconque, pourvu qu'il n'en résulte aucun obstacle à la circulation ni aucuns frais particuliers pour son entreprise.

Les concessionnaires des voies de fer d'embranchement ou de prolongement ont la faculté, moyennant l'observation du paragraphe 1er de l'article 20 du présent règlement, et des règlements de police et de service qui régissent la ligne principale, et moyennant les tarifs du cahier des charges de cette dernière ligne, de faire circuler leurs voitures, wagons et machines sur la ligne principale. Cette faculté est réciproque à l'égard desdits embranchements et prolongements.

Dans le cas où les divers concessionnaires ne peuvent s'entendre sur l'exercice de cette faculté, le Ministre des travaux publics statue sur les difficultés qui s'élèvent entre eux à cet égard.

Le concessionnaire d'une voie ferrée ne peut toutefois être tenu d'admettre sur ses rails un matériel dont le poids serait hors de proportion avec les éléments constitutifs de ses voies.

Dans le cas où un concessionnaire d'embranchement ou de prolongement joignant la ligne principale n'use pas de la faculté de circuler sur cette ligne, comme aussi dans le cas où le concessionnaire de cette dernière ligne ne veut pas circuler sur les prolongements et embranchements, ces concessionnaires sont tenus de s'arranger entre eux de manière que le service de transport ne soit jamais interrompu aux points de jonction des diverses lignes.

Celui des concessionnaires qui se sert d'un matériel qui n'est pas sa propriété paie une indemnité en rapport avec l'usage et la détérioration de ce matériel. Dans le cas où les concessionnaires ne se mettent pas d'accord sur la quotité de l'indemnité ou sur les moyens d'assurer la continuation du service sur toute la ligne, l'Administration y pourvoit d'office et prescrit toutes les mesures nécessaires.

Le concessionnaire est tenu, si l'autorité supérieure le juge convenable, de partager l'usage des stations établies à l'origine des voies de fer d'embranchement avec les Compagnies qui deviendraient concessionnaires desdits embranchements.

Il est fait un partage équitable des frais résultant de l'usage commun desdites gares, et les sommes à payer par les Compagnies nouvelles sont, en cas de dissentiment, réglées par voie d'arbitrage.

En cas de désaccord sur le principe ou l'exercice de l'usage commun des gares, il est statué par le Ministre des travaux publics, les concessionnaires entendus.

Art. 48. — Le concessionnaire de toute voie ferrée affectée au transport des marchandises est tenu de s'entendre avec tout propriétaire de carrières, de mines ou d'usines, avec tout propriétaire ou concessionnaire de magasins généraux et avec tout concessionnaire de l'outillage des ports maritimes ou de navigation intérieure qui, offrant de se soumettre aux conditions prescrites ci-après, demande un embranchement ; à défaut d'accord, le Préfet statue sur la demande, le concessionnaire entendu.

Les embranchements sont construits aux frais des propriétaires de carrières, de mines et d'usines, des propriétaires ou concessionnaires de magasins généraux, ou des concessionnaires de l'outillage des ports maritimes ou de la navigation intérieure, et de manière qu'il ne résulte de leur établissement aucune entrave à la circulation générale, aucune cause d'avarie pour le matériel, ni aucuns frais particuliers pour le service de la ligne principale.

Leur entretien est fait avec soin, aux frais de leurs propriétaires et sous le contrôle du Préfet. Le concessionnaire a le droit de faire surveiller par ses agents cet entretien, ainsi que l'emploi de son matériel sur les embranchements.

Le Préfet peut, à toute époque, prescrire les modifications qui sont jugées utiles dans la soudure, le tracé ou l'établissement de la voie desdits embranchements, et les changements sont opérés aux frais des propriétaires.

Le Préfet peut même, après avoir entendu les propriétaires, ordonner l'enlèvement temporaire des aiguilles de soudure, dans le cas où les établissements embranchés viendraient à suspendre en tout ou en partie leurs transports.

Le concessionnaire est tenu d'envoyer des wagons sur tous les embranchements autorisés, destinés à faire communiquer des établissements de carrières, de mines ou d'usines, de magasins généraux ou d'outillage des ports maritimes ou de navigation intérieure avec la ligne principale.

Le concessionnaire amène ses wagons à l'entrée des embranchements.

Les expéditeurs ou destinaires font conduire les wagons dans leurs établissements pour les charger ou décharger, et les ramènent au point de jonction avec la ligne principale, le tout à leurs frais.

Les wagons ne peuvent d'ailleurs être employés qu'au transport d'objets et marchandises destinés à la ligne principale.

Le temps pendant lequel les wagons séjournent sur les embranchements particuliers ne peut excéder six heures, lorsque l'embranchement n'a pas plus d'un kilomètre. Ce temps est augmenté d'une demi-heure par kilomètre en sus du premier, non compris les heures de la nuit, depuis le coucher jusqu'au lever du soleil.

Dans le cas où les limites de temps sont dépassées, nonobstant l'avertissement spécial donné par le concessionnaire, il peut exiger une indemnité égale à la valeur du droit de loyer des wagons, pour chaque période de retard après l'avertissement.

S'il est jugé nécessaire par le Préfet, statuant sur l'avis du service du contrôle, d'établir un gardien aux aiguilles d'un embranchement industriel, le traitement de cet agent est à la charge du propriétaire de l'embranchement ; mais il est nommé et payé par le concessionnaire.

En cas de difficulté, il est statué par l'Administration, le concessionnaire entendu.

Les propriétaires d'embranchement sont responsables des avaries que le matériel peut éprouver pendant son parcours ou son séjour sur ces lignes.

Dans le cas d'inexécution d'une ou de plusieurs des conditions énoncées ci-dessus, le Préfet peut, sur la plainte du concessionnaire et après avoir entendu le propriétaire de l'embranchement, ordonner par un arrêté la suspension du service et faire supprimer la soudure, sauf recours à l'Administration supérieure et sans préjudice de tous dommages-intérêts que le concessionnaire serait en droit de répéter pour la non-exécution de ces conditions.

Le concessionnaire est indemnisé de la fourniture et de l'envoi de son matériel sur les embranchements par la perception du tarif qui est fixé par son cahier des charges pour chaque kilomètre parcouru.

Tout kilomètre entamé est payé comme s'il avait été parcouru en entier.

Le chargement et le déchargement sur les embranchements s'opèrent aux frais des expéditeurs ou destinataires, soit qu'ils les fassent eux-mêmes, soit que la Compagnie du tramway consente à les opérer.

Dans ce dernier cas, ces frais sont l'objet d'un règlement arrêté par le Préfet, sur la proposition du concessionnaire.

Tout wagon envoyé par le concessionnaire sur un embranchement doit être payé comme wagon complet, lors même qu'il ne serait pas complètement chargé.

La surcharge, s'il y en a, est payée au prix du tarif légal et au prorata du poids réel. Le concessionnaire est en droit de refuser les chargements qui dépasseraient le maximum déterminé par son cahier des charges.

Ce maximum sera revisé par le Préfet, de manière à être toujours en rapport avec la capacité des wagons.

Les wagons sont pesés à la station d'arrivée par les soins et aux frais du concessionnaire.

Art. 49. — La contribution foncière pour les dépendances situées en dehors de l'assiette des routes, chemins et autres voies publiques, est établie en raison de la surface occupée par ces dépendances ; la cote en est calculée comme pour les canaux, conformément à la loi du 25 avril 1803.

Les bâtiments et magasins dépendant de l'exploitation de la voie ferrée sont assimilés aux propriétés bâties de la localité. Toutes les contributions auxquelles ces édifices peuvent être soumis sont, aussi bien que la contribution foncière, à la charge du concessionnaire.

Art. 50. — Les agents et gardes que le concessionnaire établit, soit pour la perception des droits, soit pour la surveillance et la police de la voie de fer et de ses dépendances, peuvent être assermentés, et sont, dans ce cas, assimilés aux gardes champêtres. Ces agents sont revêtus d'un uniforme ou sont porteurs d'un signe distinctif.

Art. 51. — Tout concessionnaire doit adresser chaque année au Préfet des états statistiques conformes aux modèles qui seront arrêtés par le Ministre des travaux publics et qui comprennent les renseignements relatifs à l'année entière (du 1er janvier au 31 décembre).

Cet envoi est fait le 15 avril de chaque année au plus tard.

Les renseignements fournis par le concessionnaire peuvent être publiés.

Indépendamment de ces états annuels, le compte rendu des résultats de l'exploitation, comprenant les dépenses d'établissement et d'exploitation et les recettes brutes, est remis au Préfet dans le mois qui suit l'expiration de chaque trimestre. Ce compte rendu est dressé en trois expéditions, destinées au Préfet, au représentant de l'autorité qui a donné la concession et au Ministre des travaux publics ; il est publié, au moins par extraits, dans le *Journal officiel*, conformément aux prescriptions de l'article 19 de la loi du 11 juin 1880.

Art. 52. — Les frais de visite, de surveillance et de réception des travaux, et les frais de contrôle de l'exploitation, sont supportés par le concessionnaire.

Afin de pourvoir à ces frais, le concessionnaire est tenu de verser chaque année, à la caisse centrale du trésorier-payeur général du département, la somme qui est fixée dans le cahier des charges de la concession par chaque kilomètre de voie ferrée concédé.

Si le concessionnaire ne verse pas la somme ci-dessus réglée aux époques fixées, le Préfet rend un rôle exécutoire, et le montant en est recouvré comme en matière de contributions publiques.

Art. 53. — Il est tenu dans chaque station et dans chaque bureau d'attente un registre coté et parafé par le maire de la commune, lequel est destiné à recevoir les réclamations des personnes (voyageurs ou autres), qui auraient des plaintes à former soit contre le concessionnaire, soit contre ses agents.

Ce registre est présenté à toute réquisition du public ; il est visé par les agents du service du contrôle et de surveillance administrative.

Art. 54. — Dans tous les cas où, conformément aux dispositions du présent règlement, le Préfet doit statuer sur la proposition d'un concessionnaire, celui-ci est tenu de lui soumettre cette proposition dans le délai qui a été déterminé ; faute de quoi le Préfet peut statuer directement.

Si le Préfet pense qu'il y a lieu de modifier la proposition du concessionnaire, il doit, sauf le cas d'urgence, entendre celui-ci avant de prescrire les modifications dont il s'agit.

Art. 55. — Des exemplaires du présent règlement, ainsi que des articles de l'ordonnance royale du 15 novembre 1846, du décret du 30 avril 1880 et du décret du 12 août 1874, auxquels il se réfère, sont constamment affichés, à la diligence du concessionnaire, aux abords des bureaux des voies ferrées qui empruntent le sol des voies publiques, ainsi que dans les salles d'attente.

Le conducteur ou receveur de toute voiture, le conducteur principal de tout train en marche sont munis d'un exemplaire du règlement. Des extraits sont délivrés, chacun pour ce qui le concerne, aux cochers, receveurs, mécaniciens, chauffeurs, gardes-freins et autres agents employés sur la voie ferrée.

Des extraits, en ce qui concerne les règles à observer par les voyageurs pendant le trajet sont placés dans chaque caisse de voiture.

Art. 56. — Sont constatées, poursuivies et réprimées conformément aux dispositions de la loi du 15 juillet 1845, qui ont été rendues applicables aux tramways par l'article 37 de la loi du 11 juin 1880, les contraventions au présent règlement, aux décisions ministérielles et aux arrêtés pris par les Préfets pour l'exécution de ce règlement.

Art. 57. — Les dispositions du présent règlement sont applicables aux chemins de fer d'intérêt local sur les sections où ces chemins de fer empruntent le sol des voies publiques, sans préjudice de l'application de l'ordonnance du 15 novembre 1846.

Art. 58. — Le Ministre des travaux publics est chargé de l'exécution du présent décret, qui sera inséré au *Bulletin des lois* et au *Journal officiel*.

DÉCRET DU 20 MARS 1882

**Modifié par Décret du 23 décembre 1885, portant Règlement
d'Administration publique pour l'application
des articles 16 et 39 de la loi du 11 juin 1880.**

Art. 1er. — Le capital de premier établissement qui doit servir
de base pour l'application des articles 13 et 36 de la loi susvisée est fixé dans les conditions ci-après et dans les limites
du maximum prévu par les actes de concession, à moins qu'il
n'ait été fixé à forfait par une stipulation expresse. Ce capital
comprend toutes les sommes que le concessionnaire justifie avoir
dépensées dans un but d'utilité pour l'exécution des travaux de
construction proprement dits, l'achat du matériel fixe et d'exploitation, le parachèvement de la ligne après sa mise en exploitation, la constitution du capital-actions, l'émission des obligations, les intérêts des capitaux engagés pendant la période
assignée à la construction par l'acte de concession ou jusqu'à la
mise en exploitation si elle a lieu avant le délai fixé. Il peut être
augmenté, s'il y a lieu, des insuffisances de recettes résultant
de l'exploitation partielle des sections qui seraient ouvertes pendant ladite période de construction. Les dépenses relatives à la
constitution du capital-actions et à l'émission des obligations ne
sont admises en compte que jusqu'à concurrence d'un maximum
spécialement stipulé dans l'acte de concession.

Art. 2. — Tout concessionnaire de chemin de fer d'intérêt
local ou de tramway subventionné, doit remettre au Préfet du
département, dans un délai de quatre mois, à partir du jour de la
mise en exploitation de la ligne entière, le compte détaillé des dépenses de premier établissement qu'il a faites jusqu'à ce jour. Il
présente, avant le 31 mars de chaque année, un compte supplémentaire de celles qu'il peut être autorisé à ne faire qu'après la
mise en exploitation pour le parachèvement de la ligne ; mais
en tous cas, le compte de premier établissement doit être clos
quatre ans au plus tard après la mise en exploitation de la ligne
entière. Dans le cas où l'acte de concession a prévu que le

capital de premier établissement pourrait être successivement augmenté jusqu'à concurrence d'une somme déterminée et pendant un certain délai, pour travaux complémentaires, tels que : agrandissements de gares, augmentation du matériel roulant, pose de secondes voies ou de voies de garage, le concessionnaire doit, chaque année, avant le 31 mars, présenter un compte détaillé des dépenses qu'il a ainsi faites pendant l'année précédente, en vertu d'une autorisation spéciale et préalable donnée par le Ministre des travaux publics, quand l'État a consenti à garantir ce capital complémentaire, et par le Préfet dans les autres cas.

Art. 3. — Avant le 31 mars de chaque année, le concessionnaire remet au Préfet du département un compte détaillé, établi d'après ses registres et comprenant pour l'année précédente : 1º Les produits bruts, de toute nature, de l'exploitation ; — 2º Les frais d'entretien et d'exploitation, à moins que ces frais n'aient été déterminés à forfait par l'acte de concession ou par un acte postérieur. Le compte d'entretien et d'exploitation ne peut comprendre aucune dépense d'établissement ni aucune dépense pour augmentation du matériel roulant.

Art. 4. — Le Ministre des travaux publics détermine, après avoir pris l'avis du Ministre des finances, les justifications que le concessionnaire doit produire à l'appui de ces différents comptes, dont les développements par article sont présentés conformément aux modèles arrêtés par lui.

Art. 5. — Les comptes ainsi produits par le concessionnaire sont soumis à l'examen d'une commission instituée par le Ministre des travaux publics et composée ainsi qu'il suit : Le Préfet ou le secrétaire général délégué, président ; — Un membre du Conseil général du département ou du Conseil municipal, si la concession émane d'une commune, ledit membre désigné par le Conseil auquel il appartient ; — Un ingénieur des ponts et chaussées ou des mines, désigné par le Ministre des travaux publics ; — Un fonctionnaire de l'Administration des finances désigné par le Ministre des finances. La commission désigne elle-même son secrétaire ; s'il est pris hors de son sein, il n'a que voix consultative. Le président a voix prépondérante en cas

de partage. Dans le cas où la ligne s'étend sur plusieurs départe-
tements, il est institué une commission spéciale pour chaque
département. Ces commissions peuvent se réunir et délibérer
en commun si la concession a été faite conjointement par les
Conseils généraux de ces départements, par application des
articles 89 et 90 de la loi du 10 août 1871 ; la présidence appartient au Préfet du département que la ligne traverse dans la
plus grande longueur.

Art. 6. — Le concessionnaire est tenu de représenter les registres, pièces comptables, correspondances et tous autres documents que la commission juge nécessaires à la vérification des
comptes. La commission peut se transporter au besoin par elle-
même où par ses délégués, soit au siège de l'entreprise, soit
dans les gares, stations ou bureaux de la ligne.

Art. 7. — La commission adresse son rapport avec les comptes
et les pièces justificatives au Ministre des travaux publics, qui
les examine après les avoir communiqués au Ministre des finances. Si cet examen ne révèle pas de difficultés ou si les
modifications jugées nécessaires sont acceptées par le Ministre
des finances, le département, les communes et le concessionnaire, le Ministre des travaux publics arrête définitivement le
capital de premier établissement qui doit servir de base pour
l'application des articles 13 et 36 de la loi du 11 juin 1880. Il est
procédé de la même manière pour arrêter annuellement le
chiffre de la subvention due par l'Etat, le département ou les
communes, et lorsqu'il y a lieu, la part revenant à l'Etat, au
département, aux communes ou aux intéressés, à titre de remboursement de leurs avances, sur le produit net de l'exploitation.

Art. 8. — Lorsqu'il n'y a pas accord entre l'Etat, le département ou la commune et le concessionnaire, les comptes sont
soumis, avec toutes les pièces à l'appui, à la commission de
vérification des comptes des Compagnies de chemins de fer instituée en exécution du décret du 28 mars 1883. La commission
adresse son rapport au Ministre des travaux publics qui statue
après avoir pris l'avis du Ministre des finances, sauf recours en

Conseil d'Etat. Par dérogation à l'article 7, cette commission est toujours consultée sur les comptes des lignes d'intérêt local et des tramways dont les concessionnaires sont liés à l'Etat par des conventions financières pour des chemins de fer d'intérêt général. Elle est en outre consultée directement et sans l'intervention de la commission locale prévue par l'article 5 sur les comptes des lignes d'intérêt local et des tramways non concédés, ainsi que sur les comptes des tramways concédés à un département ou à une commune et non rétrocédés. Dans tous les cas, elle a les pouvoirs conférés par l'article 6 aux commissions locales.

Art. 9. — En présentant son compte annuel, le concessionnaire peut demander une avance sur la somme qui lui est due à titre de subvention. Le montant de l'avance est déterminé par le Ministre des travaux publics sur le rapport de la commission locale, après communication au Ministre des finances. Dans le cas où le règlement définitif des comptes de l'exercice ferait reconnaître que cette avance a été trop considérable, le concessionnaire devra rembourser immédiatement l'excédent au Trésor, au département ou à la commune, avec les intérêts à 4 0/0 l'an.

Art. 10. — La comptabilité de tout concessionnaire subventionné est soumise à la vérification de l'inspection générale des finances, qui a, pour l'accomplissement de cette mission, tous les droits dévolus aux commissions de contrôle par l'article 6 du présent décret.

Art. 11. — Dans le cas où l'Etat n'a pris aucun engagement et où l'entreprise de chemin de fer ou de tramway est subventionnée seulement par un département ou par une commune, il est procédé à l'examen et au règlement des comptes dans les mêmes formes ; mais les attributions conférées au Ministre des travaux publics par les articles 4, 5, 7 et 9 sont exercées par le Préfet, sans qu'il soit besoin de consulter le Ministre des finances. Lorsqu'une des parties conteste le compte arrêté par le Préfet, l'article 8 est applicable.

Art. 12. — Si la subvention est donnée par le département ou la commune en capital, en terrains, en travaux ou sous toute autre forme que celle d'annuités, elle est évaluée et transformée en annuités au taux de 4 0/0, pour l'application des articles 13 et 36 de la loi, aux termes desquels l'Etat ne peut subvenir pour partie aux insuffisances annuelles, qu'à la condition qu'une partie au moins équivalente sera payée par le département ou la commune.

Art. 13. — La subvention à allouer pour l'année de la mise en exploitation de la ligne sera calculée d'après les bases indiquées dans les articles 13 et 36 de la loi susvisée, au prorata du temps écoulé depuis le jour de l'ouverture jusqu'au 31 décembre suivant.

Art. 14. — Chaque loi ou décret par lequel l'Etat s'engage à subventionner un chemin de fer d'intérêt local ou un tramway, fixe le maximum de la charge annuelle qui peut résulter pour le Trésor de l'application des articles 13 ou 36 de la loi susvisée, de manière que le montant réuni de ces maxima ne dépasse en aucun cas la somme de 400.000 francs fixée par l'article 14 pour l'ensemble des lignes situées dans un même département.

Art. 15. — Le Ministre des travaux publics et le Ministre des finances sont chargés, chacun en ce qui le concerne, de l'exécution du présent décret qui sera promulgué au *Journal officiel* et inséré au *Bulletin des Lois*.

CIRCULAIRE MINISTÉRIELLE DU 12 JANVIER 1888

Relative aux Chemins de fer et tramways à voie étroite.

En présence de l'extension que prennent en France, sous le régime de la loi du 11 juin 1880, les chemins de fer d'intérêt local et tramways à vapeur à voie étroite, le Gouvernement a été amené à reconnaître que, pour aider à la prospérité commerciale de ces entreprises, qui le plus souvent engagent les finances de l'Etat, et rendre ces voies ferrées véritablement utilisables pour les transports militaires, il devenait indispensable de les approprier, par l'adoption d'une largeur de voie unique, à la circulation d'un même matériel.

Cette largeur ne peut être, évidemment, que celle d'un mètre (1 m, 00) entre les bords intérieurs des rails, déjà réalisée sur la presque totalité des lignes existantes.

En conséquence, après avoir pris l'avis de mon collègue de la guerre, j'ai résolu de ne provoquer à l'avenir, sauf exceptions dûment justifiées et admises par mon Administration, d'accord avec l'autorité militaire, la déclaration d'utilité publique d'aucun chemin de fer ou tramway à vapeur à voie étroite qui serait projeté avec une largeur de voie autre que celle sus-indiquée.

J'ai décidé, en outre, toujours dans le double intérêt invoqué ci-dessus, que, toutes les fois qu'une ligne d'intérêt local ou tramway à voie étroite devra se relier à une ou plusieurs lignes à voie normale, le cahier des charges de la concession devra contenir une clause spéciale prescrivant l'établissement dans la ou les gares de jonction, de moyens de transbordement commodes pour les voyageurs et les marchandises.

Je vous prie de m'accuser réception de la présente circulaire et d'en donner connaissance au Conseil général de votre département, dans sa plus prochaine session.

VOIES FERRÉES DES QUAIS MARITIMES

Les voies ferrées des quais maritimes établies sur le sol des voies publiques sont assimilées aux tramways et régies par la loi du 17 juin 1880 et par les décrets rendus en exécution de cette loi.

CIRCULAIRE MINISTÉRIELLE DU 23 AVRIL 1888

Relative à l'exploitation des voies ferrées des quais maritimes.

Les règlements en vigueur pour l'exploitation des voies ferrées des quais des ports présentent, dans leurs dispositions générales, de très grandes différences. Quelques-uns sont mal conçus ou insuffisants.

L'Administration a pensé qu'il convenait d'établir un règlement général type applicable à tous les ports, en réservant à des règlements additionnels locaux les dispositions de détail motivées par les circonstances spéciales à chaque port.

Après avoir recueilli les observations des services intéressés, j'ai, sur l'avis du Conseil général des ponts-et-chaussées, arrêté le modèle ci-joint de règlement général.

Règlement général. — Vous voudrez bien, M. le Préfet, prendre un arrêté conforme à ce modèle, pour chacun des ports maritimes munis de voies ferrées dans votre département. Si un port comporte des voies ferrées exploitées par plusieurs Compagnies, il devra y avoir, pour ce port, autant d'arrêtés préfectoraux distincts qu'il y aura de Compagnies exploitantes. Tous ces arrêtés seront datés du 15 juin 1888. Ils seront, par vos soins, insérés au *Recueil des actes administratifs* de la préfecture, puis notifiés respectivement aux Compagnies intéressées et, enfin, publiés et affichés en la forme ordinaire, chacun dans la ou les communes auxquelles ils s'appliquent ; ces insertions, notifications et publications des arrêtés portant règlement général n'auront lieu, d'ailleurs, que lorsque vous serez en mesure de remplir simultanément les mêmes formalités pour les arrêtés spéciaux dont il sera question plus loin.

Le modèle de règlement général ci-joint doit être reproduit, sans aucune modification, dans vos arrêtés, si ce n'est que vous pourrez éventuellement diminuer, pour des situations locales exceptionnelles, la distance de 1 m, 35 mentionnée à l'article 10. Dès la réception de l'ampliation de la présente circulaire, les ingénieurs du service maritime compléteront, pour chacun des ports de leur service, l'art. 1er, et, s'il y a lieu, l'art. 15. Si la distance normale de 1 m, 35 prévue à l'article 10 est absolument inapplicable sur certains points d'un port, en raison de circonstances locales, ils vous indiqueront la distance qui doit y être substituée, en la justifiant.

Règlements de détail locaux. — Les ingénieurs du service maritime prépareront immédiatement, la Compagnie entendue, les projets d'arrêtés spéciaux, prévus au paragraphe 1er de l'article 3 et à l'article 12 du règlement général, arrêtés qui ont pour objet de réglementer, dans chaque port, eu égard aux circonstances locales : 1° les heures affectées à la conduite des wagons, de la gare aux quais ou inversement, ainsi que les manœuvres à faire pour répartir le matériel vide ou chargé à l'arrivée, ou pour la formation des trains au départ ; 2° les conditions particulières du stationnement des wagons sur les voies des quais.

Les prescriptions de ces arrêtés doivent être telles que les manœuvres de trains ou de wagons soient effectuées suivant le mode et aux heures les plus commodes pour le commerce et le service de l'exploitation, en tenant compte de la circulation sur les chaussées des quais, ponts, chemins publics, etc. Ces heures et ces manœuvres doivent être subordonnées, dans tous les cas, aux besoins de la navigation.

Les projets d'arrêtés ainsi dressés par les ingénieurs, — soit qu'il s'agisse des arrêtés primitifs à préparer aujourd'hui, soit qu'il s'agisse des arrêtés modificatifs ou complémentaires à préparer ultérieurement, pour tenir compte des modifications survenues dans les conditions de l'exploitation du port, — seront communiqués par l'ingénieur en chef à la Compagnie exploitante pour recevoir ses observations. Ils me seront ensuite soumis avec les observations de la Compagnie, le rapport des ingénieurs du service maritime et votre avis personnel. Vous attendrez, dans tous les cas, mon approbation, avant de les rendre exécutoires.

Indépendamment des arrêtés de détail relatifs aux manœuvres et aux stationnements des wagons, le règlement général (§ 3 de l'art. 3) prévoit une autre catégorie d'arrêtés que vous pouvez être conduit à prendre, dans certains cas, pour autoriser exceptionnellement la circulation et le stationnement, sur les voies des quais, de wagons affectés à d'autres services qu'à celui des marchandises en provenance ou à destination des navires. Il doit être bien entendu que de telles autorisations ne pourront être données que si elles sont motivées par un sérieux intérêt public et si, d'ailleurs, il n'en doit résulter aucune gêne pour l'exploitation du port. Les arrêtés y relatifs, dressés par les ingénieurs du service maritime, la Compagnie entendue, ne pourront être mis en vigueur qu'après avoir reçu mon approbation.

Il importe que je reçoive, avant le 20 mai prochain, les dossiers relatifs aux divers projets d'arrêtés destinés à compléter le règlement général pour les divers ports de votre département.

J'adresse ampliation de la présente circulaire aux ingénieurs des services maritimes.

RÈGLEMENT GÉNÉRAL

Pour l'exploitation des voies ferrées des ports maritimes.

Le Préfet du département d.....

Vu la loi du 15 juillet 1845 et l'ordonnance royale du 15 novembre 1846 ;

Vu la loi du 11 juin 1880 et le décret réglementaire du 6 août 1881 ;

Vu la circulaire en date du 23 avril 1888 de M. le Ministre des travaux publics ;

Arrête :

Art. 1er. — L'exploitation des voies ferrées du port de ....
et des embranchements qui relient ces voies aux gares de ....
.... est soumise aux conditions déterminées par le présent arrêté.

Art. 2. — La traction des wagons, entre la gare et les quais, peut être faite au moyen de chevaux ou de machines locomotives.

Pour les manœuvres des wagons sur les voies des quais, on peut employer les mêmes moteurs ou des appareils de traction installés à cet effet.

Art. 3. — La Compagnie chargée de l'exploitation n'est autorisée à effectuer la conduite des wagons, de la gare aux quais ou inversement, ainsi que les manœuvres à faire pour répartir le matériel vide ou chargé à l'arrivée, ou pour la formation des trains au départ, qu'aux heures et suivant les conditions de détail qui résultent des arrêtés préfectoraux spéciaux réglementant ces heures et manœuvres.

Les manœuvres ont lieu par les soins du personnel de la gare, sous la responsabilité du chef de gare, ou de l'agent qu'il aura désigné pour le remplacer.

Les wagons ne peuvent être amenés sur les voies des quais que pour le chargement ou le déchargement des marchandises en provenance ou à destination des navires, sauf dans le cas où une dérogation à cette règle a été autorisée, en raison de circonstances exceptionnelles, par un arrêté préfectoral homologué par le Ministre des travaux publics.

Les wagons ne sont admis à stationner sur les voies des quais que pendant le temps nécessaire aux opérations de chargement ou de déchargement, ainsi qu'aux manœuvres à l'arrivée et au départ.

Art. 4. — Quand les manœuvres désignées à l'article précédent sont faites avec des chevaux, ou à l'aide des appareils spéciaux du port pour les manœuvres de quai, les employés chargés de la conduite du matériel doivent se tenir constamment à la portée des freins, prêts à les faire agir au besoin.

A cet effet, chaque train ou chaque tranche de wagons attelés doit compter au moins un wagon sur trois muni de freins ; les wagons sans frein, non attelés à des wagons à freins, ne peuvent être manœuvrés qu'isolément, et l'on doit se servir des engins spéciaux usités en pareil cas, soit pour modérer leur marche, soit pour les mettre à l'arrêt.

Sur les voies en pente, les chevaux doivent être attelés à l'arrière des wagons et les remorquer parallèlement à l'un des côtés de la voie.

A la traversée des ponts, les chevaux doivent toujours être attelés en tête des wagons.

Sur les voies des quais, ainsi qu'à la traversée des rues, routes et chemins publics, les chevaux doivent être constamment conduits au pas.

Art. 5. — Lorsque la traction du matériel vide ou chargé est faite à l'aide de machines, tout employé chargé de diriger la manœuvre, doit s'assurer, avant de donner le signal de marche, que la voie est complètement libre et avertir le public à l'aide de plusieurs coups de cornet saccadés ; cet avertissement est répété, s'il y a lieu, pendant la manœuvre, pour écarter les pétons et les voitures de la voie que doit suivre la machine.

Un coup de cornet prolongé donne le signal de marche : la vitesse ne doit pas dépasser celle d'un homme allant au pas.

Un agent, porteur d'un drapeau rouge roulé pendant le jour, ou d'un feu blanc, soit pendant la nuit, soit en temps de brouillard, doit se tenir à 20 mètres en avant de la machine, si elle est attelée en tête des wagons, ou du premier wagon lorsque la machine sera attelée en queue.

Cet agent marche en dehors de la voie, du côté droit, dans le sens du mouvement, de façon à permettre au mécanicien d'apercevoir les signaux en tout temps ; si un obstacle quelconque s'opposait à ce que le mécanicien pût bien voir ces signaux, d'autres agents en nombre suffisant et convenablement placés, les lui transmettraient.

L'arrêt immédiat est commandé, soit par le drapeau rouge déployé, soit par le drapeau roulé agité vivement, ou par le feu blanc agité vivement.

Les mêmes précautions sont prises pour les mouvements des machines isolées.

En cas de refoulement par la machine, tous les wagons doivent être attelés avant d'être mis en mouvement.

Art. 6. — Quand un ou plusieurs wagons ont été mis à la disposition d'un expéditeur ou d'un destinataire et qu'ils doivent stationner sur les voies des quais, l'expéditeur ou le destinataire doit prendre toutes les mesures nécessaires pour éviter qu'ils soient mis en mouvement, soit par l'action du vent, soit par leur propre poids sur les pentes, soit par toute autre cause.

A cet effet, on doit abattre les freins qui seront maintenus au moyen des clavettes dont ils sont munis ; les wagons sans frein sont calés.

L'expéditeur ou le destinataire peut, sous sa responsabilité personnelle, exécuter ou faire exécuter, par les agents désignés par lui, tous les mouvements de wagons nécessaires au chargement ou au déchargement ; il veille à l'observation des prescriptions édictées par le présent article 6, pour immobiliser les wagons après les manœuvres.

Si les manœuvres sont faites avec des chevaux, l'expéditeur ou le destinataire, ou ses agents, sont tenus de prendre toutes les mesures de sécurité prévues à l'article 4.

Immédiatement après le chargement ou le déchargement des wagons, tous les détritus qui proviennent de ces opérations sont enlevés par les soins de l'expéditeur ou du destinataire.

Art. 7. — Dans tous les cas, le lançage des wagons sur les voies ferrées est formellement interdit, même pour les manœuvres faites à bras d'hommes.

Art. 8. — Dans les cas prévus par les articles 4 et 6, avant tout mouvement des wagons, les agents préposés aux manœuvres, soit par la Compagnie, soit par l'expéditeur ou le destinataire, doivent s'assurer que la voie est libre ; ils recourent, en outre, à tous les moyens en usage pour avertir le public et pour prévenir les accidents.

Art. 9. — Il est interdit aux personnes étrangères à la Compagnie, autres que celles désignées à l'article 6, de toucher aux véhicules stationnant sur les quais.

Toute avarie de matériel, tout accident résultant d'une infraction à ces prescriptions resteront à la charge des personnes qui en seront les auteurs.

Art. 10. — Il est formellement interdit de laisser séjourner des voitures sur les voies ferrées et d'y faire des dépôts, de quelque nature qu'ils soient, susceptibles d'entraver la circulation des trains et des machines.

A cet effet, une distance de 1 m, 35 cm. au moins, doit toujours exister entre tout dépôt et les bords extérieurs des rails.

Par exception aux dispositions qui précèdent, les voitures en chargement ou en déchargement peuvent stationner sur les voies, à la condition expresse qu'elles seront toujours attelées et qu'elles seront déplacées à toute réquisition pour livrer passage aux trains et aux machines.

Art. 11. — Pendant la nuit ou en temps de brouillard, tout train en marche est éclairé :

1° Par un feu vert à l'avant et un feu rouge à l'arrière, s'il est remorqué par des chevaux ;

2° Par un feu blanc à l'avant et un feu rouge à l'arrière, s'il est remorqué par une locomotive.

Il en est de même pour une machine isolée.

Art. 12. — Le stationnement des wagons sur les voies des quais ne peut avoir lieu que conformément aux prescriptions des arrêtés préfectoraux spéciaux qui réglementent ce stationnement.

Art. 13. — Les agents de la Compagnie, ceux des expéditeurs ou des destinataires, sont tenus de se conformer strictement aux ordres qui leur sont donnés par les officiers et maîtres de port, au sujet des manœuvres et du stationnement des machines et des wagons sur les voies des quais.

Ils restent soumis, en outre, à toutes les dispositions des règlements généraux de police du port, intervenus ou à intervenir, et auxquelles il n'aura pas été dérogé par les arrêtés spéciaux relatifs à l'exploitation des voies ferrées.

Art. 14. — Les contraventions aux dispositions qui précèdent seront constatées par des procès-verbaux.

Ces procès-verbaux seront dressés :

Par les officiers et maîtres de port, dans les limites du port ;

Par les agents des ponts et chaussées dûment assermentés et par les commissaires de surveillance administrative, en dehors de ces limites.

Les officiers et maîtres de port verbaliseront, notamment, contre les auteurs des contraventions aux dispositions de l'article 10 du présent arrêté, et ils feront, sans délai, dégager d'office les voies ferrées encombrées.

Les marchandises et voitures pouvant gêner la circulation des wagons et des locomotives seront enlevées et mises en dépôt ; elles ne pourront ensuite être retirées du dépôt qu'après paiement des frais d'enlèvement et de transport, et, s'il y a lieu, de magasinage et de gardiennage, suivant état arrêté et rendu exécutoire par le Préfet, sur la proposition de l'ingénieur en chef du port.

Art. 15. — Le présent arrêté ne s'applique pas aux voies ferrées séparées des voies publiques par des clôtures permanentes, ou même par des clôtures temporaires fermées seulement pour le passage des trains.

(S'il existe des gares maritimes non closes et des voies ouvertes parcourues par des trains de voyageurs, l'exploitation de ces gares et la circulation de ces trains feront l'objet d'une réserve analogue ; elles seront réglementées par des arrêtés préfectoraux rendus sur la proposition de l'ingénieur en chef du port et homologués par le Ministre des travaux publics, la Compagnie entendue.)

Art. 16. — Sont abrogés tous les arrêtés préfectoraux antérieurs portant règlement de police de l'exploitation des voies ferrées des quais du port de …….

TABLE CHRONOLOGIQUE

TABLE ANALYTIQUE DES MATIÈRES

I. — TRAVAUX PUBLICS

II. — SERVICES FINANCIERS

III. — POLICE DES CHEMINS DE FER

Pages

Menaces, art. 18.

Mines, art. 3.

Occupation temporaire, art. 3.

Passages à niveau, art. 4.

Plantations, art. 3.

Procès-verbaux, art. 23, 24.

Propriétés riveraines, art. 2, 3, 5 à 11.

Règlements de grande voirie, art. 1, 2, 3.

Résistance aux agents, art. 25.

Responsabilité des concessionnaires, art. 22.

Voies de fait envers les agents, art. 25.

Loi du 26 mars 1897 . . . . **22**

Barrières, art. 1.

Clôtures, art. 1, 2.

Enquête, art. 3.

Ordonnance du 15 novembre 1846, modifiée par le décret du 1er mars 1901. . . . . **23**

Accidents. — Avis à donner, art. 55.

Affichage de l'ordonnance dans les gares, art. 74.

Affichage dans les compartiments des règles à observer par les voyageurs, art. 74.

Affichage de l'horaire des trains, art. 43.

Affichage des taxes et des tarifs des frais accessoires, art. 48.

Aiguilleurs, art. 3.

Animaux. — Exclusion des voitures à voyageurs, art. 62.

Animaux de petite taille, art. 62.

Animaux abandonnés, art. 63.

Animaux. — Introduction dans l'enceinte du chemin de fer, art. 57.

Armes à feu, art. 60.

Arrêt des trains, art. 28, 32.

Arrêtés préfectoraux, art. 1, 76.

Arrivée des trains, art. 27.

Bifurcations, art. 37.

Boîtes de secours, art. 24, 71.

Cendriers, art. 11.

Chauffage des trains, art. 24.

Chiens, art. 62.

Circulation des trains, art. 25 à 43.

Circulation momentanée à voie unique, art. 34.

Commissaires de surveillance administrative, art. 54.

Communication aux fonctionnaires du contrôle des registres, traités, ordres de services, etc., art. 53.

Compartiments réservés, art. 58.

Composition des trains, art. 16 à 24.

Conducteurs de trains et gardes-freins, art. 17, 18, 23, 32, 74.

Contraventions, art. 76.

Contre-rails, art. 5.

Contrôle et surveillance de l'exploitation, art. 51, 52.

Cours des gares, art. 1.

Cracher (défense de), art. 58.

Croisements de trains, art. 25.

Déclassements, art. 58.

Dégradations, art. 57.

Départ des trains, art. 26, 27.

Dépôts de matériaux, art. 57.

Double traction, art. 20.

IV. — POLICE SANITAIRE DES ANIMAUX

Pages

/I. — FRAIS ACCESSOIRES

VII. — TRANSPORTS

VIII. — DOUANES

Pages

XIII. — ACCIDENTS DU TRAVAIL

Loi du 9 avril 1898, modifiée par la loi du 22 mars 1902.   151

XIV. — RÉGLEMENTATION DU TRAVAIL

APPENDICE

Chemins de fer d'intérêt local et tramways.

RÉPERTOIRE ALPHABÉTIQUE

A

Abaissement des taxes de transport. — Cah. des ch., art. 48.

Abandon de poste. — L. du 15 juillet 1845, art. 20 ; — Arr. minist. des 4 et 23 nov. 1899, art. 8 ; — Arr. minist. du 10 oct. 1901, art. 9.

Abris chauffés pour les aiguilleurs de pleine voie, les bloqueurs, les gardes-barrières et les gardes-sémaphores. — Arr. minist. du 10 oct. 1901, art. 3.

Accidents. — Ord. du 15 nov. 1846 mod., art. 55 ; — Loi du 12 juin 1893, art. 11.

— du travail. — L. du 9 avril 1898 ; — Déc. du 28 février 1899 ; — Déc. du 5 mars 1899 ; — L. du 13 avril 1900, art. 31 ; — Déc. du 23 mars 1902.

Accotements de la voie. — Cah. des ch., art. 7.

Acomptes sur un travail en cours. — L. du 12 janv. 1895, art. 5.

Acquisitions de terrains. — Cah. des ch., art. 21 et 22.

Acte d'opposition sur les titres adirés. — L. du 15 juin 1872, art. 2 et 11 ; — Déc. du 10 avril 1873, art. 1.

Actes de malveillance. — L. du 15 juillet 1845, art. 16 et 17.

Administrations hospitalières. — L. du 27 février 1880, art. 8.

Adultes. — Voir Ouvriers.

Aération des ateliers. — Déc. du 10 mars 1894, art. 5, 6 et 9.

Affichage de l'Ordonnance sur la police des chemins de fer. — Ord. du 15 nov. 1846 mod., art. 74.

— dans les compartiments des règles à observer par les voyageurs. — Ord. du 15 nov. 1846 mod., art. 74.

— de l'horaire des trains. — Ord. du 15 nov. 1846 mod., art. 43.

— des taxes et du tarif des frais accessoires. — Ord. du 15 nov. 1846 mod., art. 48.

— des surtaxes locales. — L. du 26 octobre 1897, art. 3.

— des projets de modifications de tarifs. — Cah. des ch., art. 48.

— de la loi sur le travail des enfants, des filles mineures et des femmes. — L. du 2 nov. 1892, art. 11.

Affichage de la loi sur les accidents du travail. — L. du 9 avril 1898, art. 31.

— de la loi sur le travail des femmes dans les magasins. — L. du 29 déc. 1900, art. 3.

— des heures de service des aiguilleurs de pleine voie. — Arr. minist. du 10 oct. 1901, art. 6.

— des heures de service des bloqueurs. — Arr. minist. du 10 oct. 1901, art. 6.

— des heures de service des gardes-barrières. — Arr. minist. du 10 oct. 1901, art. 6.

— des heures de service des gardes-sémaphores. — Arr. minist. du 10 oct. 1901, art. 6.

— des heures de service des agents des gares. — Arr. minist. du 23 nov. 1899, art. 5.

— des heures de service des agents de la voie. — Arr. minist. du 10 oct. 1901, art. 6.

— des tableaux et graphiques de roulement des mécaniciens et chauffeurs. — Arr. minist. du 4 nov. 1899, art. 5.

— des tableaux et graphiques de roulement des agents des trains. — Arr. minist. du 4 nov. 1899, art. 5.

— des heures de travail et de repos des ouvriers. — L. du 2 nov. 1892, art. 11.

Age d'admission des enfants employés dans les usines et manufactures. — L. du 2 nov. 1892, art. 2.

Agents assermentés. — Cah. des ch., art. 64.

— des Compagnies. — Voir Personnel des Compagnies.

— des gares. — Arr. minist. du 23 nov. 1899 ; — Circ. minist. du 24 nov. 1899.

— des trains. — Arr. minist. du 4 nov. 1899 ; — Circ. minist. du 24 nov. 1899.

— de la voie. — Arr. minist. du 10 oct. 1901.

— des Contributions indirectes. — Cah. des ch., art. 55.

— des Douanes. — Cah. des ch., art. 55.

— de l'Enregistrement. — L. du 13 mai 1863, art. 10 ; — L. du 30 mars 1872, art. 2.

— des Postes. — Cah. des ch., art. 56.

— du Télégraphe. — Cah. des ch., art. 58.

— de change. — L. du 15 juin 1872, art. 13 ; — L. du 27 février 1880, art. 3.

Aiguilleurs. — Ord. du 15 nov. 1846 mod., art. 3.

— de pleine voie. — Arr. minist. du 10 octobre 1901.

Aliénation de titres appartenant aux mineurs et interdits. — L. du 27 fév. 1880, art. 1 à 4.

Aliénés. — L. du 27 février 1880, art. 8.

Alignement. — L. du 15 juillet 1845, art. 3.

Allongement des délais de transport. — Cah. des ch., art. 50.

Anciens militaires. — Cah. des ch., art. 65.

Animaux. — Cah. des ch., art. 42 ; — L. du 21 juillet 1881 ; — Déc. du 22 juin 1882 ; — Arr. minist. du 26 mai 1903 ; — Arr. minist. du 27 octobre 1900, art. 8 à 11, 19, 20, 21, 31 et 37.

— abandonnés. — Ord. du 15 nov. 1846 mod., art. 63.

— dangereux. — Cah. des ch., art. 47.

— exclus des voitures à voyageurs. — Ord. du 15 nov. 1846 mod., art. 62.

— introduits dans l'enceinte du chemin de fer. — Ord. du 15 nov. 1846 mod., art. 57.

— de petite taille. — Ord. du 15 nov. 1846 mod., art. 62 ; — Arr. minist. du 27 octobre 1900, art. 11 et 37.

— de prix. — Cah. des ch., art. 47.

Appareils de protection. — Déc. du 10 mars 1894, art. 12.

— de levage. — Arr. minist. du 27 octobre 1900, art. 14.

— à vapeur. — L. du 12 juin 1893, art. 13.

Appel des décisions des juges de paix en matière de saisies-arrêts. — L. du 12 janv. 1895, art. 10.

— des décisions rendues en matière d'accidents du travail. — L. du 9 avril 1898, art. 17.

Apprentis. — L. du 9 avril 1898, art. 8 ; — L. du 2 nov. 1892, art. 31.

Approbation des règlements relatifs au service de l'exploitation. — Cah. des ch., art. 33.

Aqueducs. — Cah. des ch., art. 18.

Armes à feu. — Ord. du 15 nov. 1846 mod., art. 60.

Arrêt des trains. — Ord. du 15 nov. 1846 mod., art. 28, 32.

Arrêtés préfectoraux. — Ord. du 15 nov. 1846 mod., art. 1 et 76 ; — Arr. minist. du 12 juillet 1879, art. 3.

Arrivée des trains. — Ord. du 15 nov. 1846 mod., art. 27.

Ascendants des victimes d'accidents du travail. — L. du 9 avril 1898, art. 3, § C.

Ascenseurs. — Déc. du 10 mars 1894, art. 11.

Assistance judiciaire en matière d'accidents du travail. — L. du 9 avril 1898, art. 22.

— publique. — L. du 27 février 1880, art. 8.

Autorisation relative aux grands travaux publics. — L. du 27 juillet 1870, art. 1er.

— relative à la construction du chemin de fer. — Cah. des ch., art. 3.

— de surtaxes locales. — L. du 26 octobre 1897, art. 2 et 5.

Autorisation de toucher les dividendes ou le capital des titres adirés. — L. du 15 juin 1872, art. 3, 4, 5, 7 et 8.

Autorisation du conseil de famille pour l'aliénation des valeurs appartenant aux mineurs et interdits. — L. du 27 fév. 1880, art. 1er.

— nécessaire pour pratiquer une saisie-arrêt. — L. du 12 janv. 1895, art. 6 et 7.

Avances sur traitements. — L. du 12 janv. 1895, art. 4 et 5.

Avaries de marchandises. — C. com., art. 105.

Avis à donner en cas d'accidents. — Ord. du 15 nov. 1846 mod., art. 55.

— d'arrivage. — Arr. minist. du 27 octobre 1900, art. 31 à 33.

— de fourniture de wagons. — Arr. minist. du 27 octobre 1900, art. 33.

— de souffrance. — Arr. minist. du 27 octobre 1900, art. 34.

B

Bagages. — Cah. des ch., art. 44 ; — Arr. minist. du 27 octobre 1900, art. 2, 3 et 7.

Banquette de la voie. — Cah. des ch., art. 7.

Barrières. — L. du 15 juillet 1845, art. 4 ; — L. du 26 mars 1897, art. 1er ; — Arr. minist. du 12 juillet 1879 ; — Cah. des ch., art. 13 et 31.

Bassins. — Déc. du 10 mars 1894, art. 10.

Bénéficiaires de la loi sur les saisies-arrêts. — L. du 12 janv. 1895, art. 1er.

— de la loi sur les accidents du travail. — L. du 9 avril 1898, art. 1er.

Bestiaux. — Voir Animaux.

Bifurcations. — Ord. du 15 nov. 1846 mod., art. 37.

Billets de banque. — L. du 15 juin 1872, art. 16.

Bloqueurs. — Arr. minist. du 10 octobre 1901.

Boîtes de secours. — Ord. du 15 nov. 1846 mod., art. 24 et 71.

Bordereau de collocation en matière de saisies-arrêts. — L. du 12 janv. 1895, art. 11.

Bornage. — Cah. des ch., art. 29.

Bulletin officiel des oppositions sur les titres au porteur. — L. du 15 juin 1872, art. 15 et 17 ; — Déc. du 10 avril 1873, art. 2 et 4 ; — Déc. du 8 mai 1902, art. 1er.

Bureaux d'entrée de Douanes. — L. du 22 août 1791, titre 2, art. 1er.

— d'octroi. — Ord. du 9 déc. 1814, art. 28, 34, 42 et 43.

— télégraphiques dans les gares. — Cah. des ch., art. 58.

C

Cabinets d'aisances. — Déc. du 10 mars 1894, art. 4.

Cadastre. — Cah. des ch., art. 29.

Caisses de retraites, de prévoyance et de secours. — L. du 27 déc. 1890, art. 2 ; — L. du 10 avril 1902 ; — L. du 27 déc. 1895.

— patronales ou syndicales de retraites et de secours. — L. du 27 déc. 1895, art. 3.

— de secours et de prévoyance. — L. du 9 avril 1898, art. 5 et 6.

Caisse nationale des retraites.— 1er déc. du 18 févr.1899, art.15 à 25.

— des dépôts et consignations — L. du 15 juin 1872, art. 4 et 5 ; — L. du 27 fév. 1880, art. 5 et 6.

Camionnage. — Cah. des ch., art. 52.

— d'office. — Arr. minist. du 27 octobre 1900, art.7 et 35.

Canaux. — Cah. des ch., art. 60.

Capitaux appartenant aux mineurs ou interdits. — L. du 27 fév. 1880, art. 6.

Carrières. — L. du 15 juillet 1845, art. 3 ; — Cah. des ch., art. 25.

Catégories de passages à niveau. — Arr. minist. du 12 juillet 1879, art. 1er.

Caution en matière de titres adirés. — L. du 15 juin 1872, art. 4, 5 et 6

Cautionnement des concessionnaires de chemins de fer. — Cah. des ch., art. 38.

— des compagnies d'assurances contre les accidents du travail. — 2e déc. du 28 fév. 1899, art. 3 à 6.

Cendriers. — Ord. du 15 nov. 1846 mod., art. 11.

Cercueils. — Arr. min. du 27 octobre 1900, art. 8 à 10 et 31.

Certificat médical en matière d'accidents du travail. — L. du 9 avril 1898, art. 11 ; — Déc. du 23 mars 1902, art. 1er.

— médical des enfants employés dans les usines et manufactures. — L. du 2 nov. 1892, art. 2.

Cessation d'industrie. — Loi du 9 avril 1898, art. 28. — 3e déc. du 28 fév. 1899, art. 1 et 2.

Cessions. — L. du 12 janv. 1895, art. 2.

Chargements par les expéditeurs. — Arr. minist. du 27 octobre 1900, art. 28 et 36.

Charges autorisées pour les enfants. — Déc. du 13 mai 1893, art. 11.

— autorisées pour les filles mineures. — Déc. du 13 mai 1893, art. 11.

Chauffage des trains. — Ord. du 15 nov. 1846 mod., art. 24.

Chauffeurs. — Voir Mécaniciens.

Chemins. — Cah. des ch., art. 17 et 60.

Chemins de fer d'intérêt local. — L. du 11 juin 1880 ; — Déc. du 18 mai 1881 ; Déc. du 6 août 1881 ; — Déc. du 20 mars 1882 ; — Circ. minist. du 12 janvier 1888. — Voir Appendice.

Chiens. — Ord. du 15 nov. 1846 mod., art. 62 ; — Cah. des ch., art. 42 ; — Arr. minist. du 27 octobre 1900, art. 2 et 6.

Circulation gratuite. — Cah. des ch., art. 55.

— des trains. — Ord. du 15 nov. 1846 mod., art. 25 à 43.

— du matériel étranger. — Cah. des ch., art. 61.

— momentanée à voie unique. — Ord. du 15 nov. 1846 mod., art. 34.

Classes (nombre de). — Cah. des ch., art. 32.

Classification des marchandises. — Cah. des ch., art. 45.

Clôtures. — L. du 15 juillet 1845, art. 4 ; — L. du 26 mars 1897, art. 1 et 2 ; — Cah. des ch., art. 20.

Comités de patronage. — L. du 2 nov. 1892, art. 25.

Commis. — L. du 12 janv. 1895, art. 1er.

Commissaires de surveillance administrative. — Ord. du 15 nov. 1846 mod., art. 54.

Commissions départementales. — L. du 2 nov. 1892, art. 24.

— supérieures. — L. du 2 nov. 1892, art. 22 et 23.

Communication aux fonctionnaires du contrôle des registres, traités, ordres de service, etc. — Ord. du 15 nov. 1846 mod., art. 53.

— des registres des récépissés aux agents de l'Enregistrement. — L. du 13 mai 1863, art. 10.

Compagnies d'assurances contre les accidents du travail. — 2e Déc. du 28 fév. 1899, art. 1 à 20.

Compartiments réservés. — Ord. du 15 nov. 1846 mod., art. 58.

— de voyageurs. — Affichage des règles à observer. — Ord. du 15 nov. 1846 mod., art. 74.

Compétence en matière d'accidents du travail. — L. du 9 avril 1898, art. 15 et 16.

Composition des trains. — Ord. du 15 nov. 1846 mod., art. 16 à 24 ; — Cah. des ch., art. 43.

Comptage des marchandises. — Arr. minist. du 27 octobre 1900, art. 5 et 17.

Comptes spéciaux des surtaxes locales. — L. du 26 oct. 1897, art. 3 et 4.

Concession du chemin de fer. — Cah. des ch., art. 1, 35, 36 et 61.

— nouvelles à la Compagnie. — Cah. des ch., art. 38 et 61.

— nouvelles à d'autres Compagnies. — Cah. des ch., art. 61.

Conciliation en matière de saisies-arrêts. — L. du 12 janv. 1895, art. 6.

— en matière d'accidents du travail. — L. du 9 avril 1898, art. 16.

Conducteurs de trains. — Ord. du 15 nov. 1846 mod., art. 17, 18, 23, 32 et 74 ; — Arr. minist. du 4 nov. 1899 ; — Circ. minist. du 24 nov. 1899.

Conducteurs de voitures publiques. — L. du 22 août 1791, titre 2, art. 29 ; — L. du 28 avril 1816, art. 25 ; — Ord. du 9 déc. 1814, art. 28 et 33.

Conservation des ouvrages du chemin de fer. — Cah. des ch., art. 33.

Constructions. — L. du 15 juillet 1845, art. 3, 5, 9, 10 et 11.

Contestations relatives à l'exécution et à l'interprétation du cahier des charges. — Cah. des ch., art. 69.

— relatives au contrat de louage. — L. du 27 déc. 1890, art. 1.

— relatives à la gestion des caisses de retraites, de prévoyance et de secours. — L. du 27 déc. 1895, art. 5.

Contrat de louage. — L. du 27 déc. 1890, art. 1er.

Contraventions. — L. du 15 juillet 1845, art. 19 et 21 ; — Ord. du 15 nov. 1846 mod., art. 76 ; — Dép. minist. des 6 mars et 9 sept. 1897.

— de voirie commises par les concessionnaires du chemin de fer. — L. du 15 juillet 1845, art. 12 à 15, 23, 24, 26 et 27.

— de voirie commises par les propriétaires riverains du chemin de fer. — L. du 15 juillet 1845, art. 11, 23, 24, 26 et 27.

— occasionnant un accident. — L. du 15 juillet 1845, art. 19, 21.

— en matière de Douane. — L. du 22 août 1791, titre 2, art. 29.

— en matière de Contributions indirectes. — L. du 21 juin 1873, art. 13.

— en matière d'Octroi. — Ord. du 9 déc. 1814, art. 28, 33 et 42.

— à la loi sur les accidents du travail. — L. du 9 avril 1898, art. 14, 31.

— aux lois sur la réglementation du travail. — Déc. du 9 sept. 1848, art. 4 et 5 ; — L. du 2 nov. 1892, art. 26 à 29 ; — L. du 12 juin 1893, art. 5 ; — Loi du 29 déc. 1900, art. 4 à 6.

Contre-rails. — Ord. du 15 nov. 1846 mod., art. 5.

Contribution foncière. — Cah. des ch., art. 63.

Contributions indirectes. — Cah. des ch., art. 55 ; — L. du 21 juin 1873, art. 13.

Contrôle et surveillance de l'exploitation. — Ord. du 15 nov. 1846 mod., art. 51 et 52 ; — Cah. des ch., art. 34, 66 et 67.

— de l'État sur les caisses patronales ou syndicales de retraites et de secours. — L. du 27 déc. 1895, art. 3.

— de l'État sur les compagnies d'assurances contre les accidents du travail. — 2e Déc. du 28 fév. 1899, art. 10 à 20.

— de l'État sur les syndicats de garantie contre les accidents du travail. — 2e Déc. du 28 fév. 1899, art. 24 et 25.

Conventions contraires à la loi sur les accidents du travail. — L. du 9 avril 1898, art. 30.

Conversion de titres. — L. du 23 juin 1857, art. 8. — L. du 25 février 1901, art. 15.

— de titres appartenant à des mineurs ou interdits. — L. du 27 fév. 1880, art. 5 et 10.

Conversion en capital des rentes allouées pour accidents du travail.
— L. du 9 avril 1898, art. 9 et 21.

Correspondances et réexpéditions. — Cah. des ch., art. 53.

Coupons détachés. — L. du 15 juin 1872, art. 2 et 8.

Courbes. — Cah. des ch., art. 8.

Courriers. — Ord. du 9 déc. 1814, art. 33.

Courroies. — L. du 12 juin 1893, art. 2 ; — Déc. du 10 mars 1894, art. 5.

Cours d'eau. — Cah. des ch., art. 15.

Cours des gares. — Ord. du 15 nov. 1846 mod., art. 1er.

Coût des récépissés de groupage. — L. du 30 mars 1872, art. 2.

Cracher (Interdiction de). — Ord. du 15 nov. 1846 mod., art. 58.

Crimes contre la sûreté du chemin de fer. — L. du 15 juillet 1845, art. 16 et 17.

Croisements de trains. — Ord. du 15 nov. 1846 mod., art. 25.

Cube d'air par ouvrier. — Déc. du 10 mars 1894, art. 5.

Curateur. — L. du 27 fév. 1880, art. 4.

Cuves. — Déc. du 10 mars 1894, art. 10.

D

Dames seules. — Cah. des ch., art. 32.

Déchargements par les destinataires. — Arr. minist. du 27 oct. 1900, art. 29 et 36.

Déchéance de la concession. — Cah. des ch., art. 39, 40 et 41.

Déclaration des valeurs dépendant d'une succession. — L. du 25 fév. 1901, art. 15.

— à la douane. — L. du 22 août 1791, titre 2, art. 8 et 9 ; — L. du 20 avril 1816, art. 25.

— à l'octroi. — Ord. du 9 déc. 1814, art. 28, 29, 33 et 34.

— de sommes retenues en vertu de saisies-arrêts. — L. du 12 janv. 1895, art. 9.

— des accidents du travail. — L. du 9 avril 1898, art. 11 ; — Déc. du 23 mars 1902, art. 1er.

Déclassements. — Ord. du 15 nov. 1846 mod., art. 58.

Dégradations. — Ord. du 15 nov. 1846 mod., art. 57.

Délais d'achèvement des travaux. — Cah. des ch., art. 2.

— de livraison de marchandises. — Cah. des ch., art. 50 ; — Arr. minist. du 27 octobre 1900, art. 31 et 36.

Délais de transport des marchandises. — Cah. des ch., art. 50.

— des réclamations en matière de transports. — C. Com., art. 105.

Délits. — L. du 15 juillet 1845, art. 19 et 21.

Denrées. — Arr. minist. du 27 oct. 1900, art. 2, 3, 6 et 31.

Départ des trains. — Ord. du 15 nov. 1846 mod., art. 26 et 27.

Dépôt de bagages. — Arr. minist. du 27 oct. 1900, art. 7.

— de matériaux dans l'enceinte du chemin de fer. — L. du 15 juillet 1845, art. 2 et 8 à 11 ; — Ord. du 15 nov. 1846 mod., art. 57.

Dérogations à la durée du travail des agents des gares. — Arr. minist. du 23 nov. 1899, art. 6 à 8.

— à la durée du travail des agents des trains. — Arr. minist. du 4 nov. 1899, art. 6 à 8.

— à la durée du travail des agents de la voie. — Arr. minist. du 10 oct. 1901, art. 7 à 9.

— à la durée du travail des aiguilleurs de pleine voie. — Arr. minist. du 10 oct. 1901, art. 7 à 9.

— à la durée du travail des bloqueurs. — Arr. minist. du 10 oct. 1901, art. 7 à 9.

— à la durée du travail des gardes-barrières. — Arr. minist. du 10 oct. 1901, art. 7 à 9.

— à la durée du travail des gardes-sémaphores. — Arr. minist. du 10 oct. 1901, art. 7 à 9.

— à la durée du travail des mécaniciens et chauffeurs. — Arr. minist. du 4 nov. 1899, art. 6 à 8.

— à la durée du travail des enfants. — Déc. du 13 mai 1893, art. 16.

— à la durée du travail des femmes. — Déc. du 13 mai 1893, art. 16.

— à la durée du travail des filles mineures. — Déc. du 13 mai 1893, art. 16.

— à la durée du travail des ouvriers adultes. — Déc. du 9 sept. 1848, art. 2 ; — Déc. du 28 mars 1902 ; — Circ. minist. du 24 sept. 1902.

Descendants des victimes d'accidents du travail. — L. du 9 avril 1898, art. 3, § C.

Désinfectants prescrits. — Arr. minist. du 26 mai 1903, art. 5 et 6.

Désinfection des hangars, quais, etc., où séjournent des animaux. — Déc. du 22 juin 1882, art. 93 ; — Arr. minist. du 26 mai 1903, art. 8.

— des wagons ayant servi au transport d'animaux. — L. du 21 juill. 1881, art. 16 et 17 ; — Déc. du 22 juin 1882, art. 93 ; — Arr. minist. du 26 mai 1903, art. 1 à 11 ; — Arr. minist. du 27 octobre 1900, art. 37.

Destinataires de marchandises assujetties à des droits de douane. — L. du 18 avril 1816, art. 25.

Dettes alimentaires. — L. du 12 janv. 1895, art. 3.

Dimanches et jours fériés. — Cah. des ch., art. 26 ; — Arr. minist. du 27 oct. 1900, art. 36.

Domicile. — Cah. des ch., art. 68.

Dommages résultant des travaux du chemin de fer. — Cah. des ch., art. 21.

Douanes. — L. du 22 août 1791 ; — L. du 28 avril 1816.

Double traction. — Ord. du 15 nov. 1846 mod., art. 20.

Double voie. — Cah. des ch., art. 6.

Droit de transmission sur les titres convertis. — L. du 23 juin 1857, art. 8.

— de décharge des objets transportés. — L. du 28 fév. 1872, art. 11.

Droits de l'Etat à l'expiration de la concession. — Cah. des ch., art. 36.

— de l'Etat sur les agents des Compagnies. — Déc. du 27 mars 1852.

— de réquisition de l'Etat pour les transports militaires. — Cah. des ch., art. 54.

— de réquisition de l'Administration des télégraphes. — Cah. des ch., art. 58.

— des créanciers colloqués sur les sommes retenues en vertu de saisies-arrêts. — Loi du 12 janvier 1895, art. 11.

— de timbre des récépissés. — L. du 13 mai 1863, art. 10 ; — L. du 23 août 1871, art. 2 ; — L. du 28 février 1872, art. 11 ; — L. du 30 mars 1872, art. 1er.

— d'enregistrement des objets transportés. — Arr. minist. du 27 oct. 1900, art. 2, 8, 12, 19 et 24.

— de gare. — Arr. minist. du 27 oct. 1900, art. 13.

— de stationnement des wagons. — Arr. minist. du 27 octobre 1900, art. 28 à 30.

— de transmission de réseau à réseau. — Arr. minist. du 27 oct. 1900, art. 15 et 21.

Duplicata de titres adirés. — L. du 15 juin 1872, art. 15.

Durée de la concession du chemin de fer. — Cah. des ch., art. 35.

— du travail des agents des Compagnies. — Ord. du 15 nov. 1846 mod., art. 68.

— du travail des agents des gares. — Arr. minist. du 23 nov. 1899, art. 2 ; — Circ. minist. du 24 nov. 1899.

— du travail des agents des trains. — Arr. minist. du 4 nov. 1899, art. 2 ; — Circ. minist. du 24 nov. 1899.

— du travail des agents de la voie. — Arr. minist. du 10 oct. 1901, art. 2.

Durée du travail des aiguilleurs de pleine voie. — Arr. minist. du 10 octobre 1901, art. 3.

— du travail des bloqueurs. — Arr. minist. du 10 octobre 1901, art 3.

— du travail des gardes-barrières. — Arr. minist. du 10 octobre 1901, art. 3.

— du travail des gardes-sémaphores. — Arr. minist. du 10 octobre 1901, art. 3.

Durée du travail des mécaniciens et chauffeurs. — Arr. minist. du
    4 nov. 1899, art. 2 et 4 ; — Circ. minist. du 24 nov. 1899.
— du travail des enfants. — L. du 3 nov. 1892, art. 2 ; — Circ. mi-
    nist. du 17 mai 1900.
— du travail des femmes. — L. du 2 nov. 1892, art. 3 ; — Circ. mi-
    nist. du 17 mai 1900.
— du travail des filles mineures. — L. du 2 nov. 1892, art. 3 ; — Circ.
    minist. du 17 mai 1900.
— du travail des ouvriers adultes. — Déc. du 9 sept. 1848, art. 1er ;
    — Circ. minist. du 17 mai 1900 ; — Déc. du 28 mars 1902 ; —
    Circ. minist. du 21 sept. 1902.
Dynamos. — Déc. du 10 mars 1894, art. 17.

E

Eaux. — L. du 15 juillet 1845, art. 3 ; — Cah. des ch., art. 15.
Eau potable. — Déc. du 10 mars 1894, art. 8.
Echafaudages. — Déc. du 10 mars 1894, art. 10.
Eclairage des gares. — Ord. du 15 novembre 1846 mod., art. 6.
— des passages à niveau. — Ord. du 15 nov. 1846 mod., art. 6 et 38.
— des souterrains. — Ord. du 15 nov. 1846 mod., art. 6.
— des trains. — Ord. du 15 nov. 1846 mod., art. 24.
Effets de la saisie-arrêt unique. — L. du 12 janv. 1895, art. 12.
Elévateurs. — Déc. du 10 mars 1894, art. 11.
Emanations putrides. — Déc. du 10 mars 1894, art. 3.
Embranchements. — Ord. du 15 nov. 1846 mod., art. 37.
— particuliers. — Cah. des ch., art. 62.
— des ports maritimes. — L. du 13 avril 1898, art. 87.
Emoluments des greffiers en matière de saisies-arrêts. — L. du 12 janv.
    1895, art. 16.
— des greffiers en matière d'accidents du travail. — L. du 9 avril 1898,
    art. 29 ; — Déc. du 5 mars 1899 ; — L. du 13 avril 1900, art. 31.
Emploi des capitaux appartenant aux mineurs et interdits. — L. du
    27 fév. 1880, art. 6.
— des sommes retenues sur les traitements des cotisants aux caisses
    de retraites et de secours ou versées par les chefs d'entreprises.
    — L. du 27 déc. 1895, art. 2 et 3.
Employés. — L. du 12 janv. 1895, art. 1.
Enfants des victimes d'accidents du travail. — L. du 9 avril 1898, art.
    3, § B.
— employés dans les ateliers, usines et manufactures. — L. du 2 nov.
    1892, art. 2 à 7, 10, 12, 13 et 14 ; — Circ. minist. du 17 mai
    1900 ; — Déc du 13 mai 1893, art. 1 à 16.

Engrenages. — L. du 12 juin 1893, art. 2 ; — Déc. du 10 mars 1894, art. 12.

Enquête administrative relative aux grands travaux publics. — L. du 27 juillet 1870, art. 1.

— relative à la dispense de barrières et clôtures. — L. du 26 mars 1897, art. 3.

— du juge de paix en matière d'accidents du travail. — L. du 9 avril 1898, art. 12 et 13.

Enregistrement gratuit des actes et jugements relatifs aux accidents du travail. — L. du 9 avril 1898, art. 29.

Entrepôt d'octroi à domicile. — Ord. du 9 déc. 1814, art. 41 à 44 ; — Déc. du 12 fév. 1870, art. 8, 13, 14.

— des postes dans les gares. — Cah. des ch., art. 56.

Entretien du chemin de fer. — Ord. du 15 nov. 1846 mod., art. 2 et 31 ; — Cah. des ch., art. 30.

— du matériel roulant. — Cah. des ch., art. 32.

Escaliers. — Déc. du 10 mars 1894, art. 10 et 16.

— extérieur incombustible. — Déc. du 10 mars 1894, art. 16.

Essieux. — Ord. du 15 nov. 1846 mod., art. 9.

Etablissements assujettis à la loi sur les accidents du travail. — L. du 9 avril 1898, art. 1er.

— assujettis à la loi sur l'hygiène et la sécurité des travailleurs. — L. du 12 juin 1893, art. 1er.

— mixtes. — L. du 2 nov. 1892, art. 3 ; — Circ. minist. du 17 mai 1900 ; — Déc. du 28 mars 1902.

Etat descriptif des ouvrages d'art. — Cah. des ch., art. 29.

Etiquettes de désinfection. — Arr. minist. du 26 mai 1903, art. 3 et 4.

Excavations. — L. du 15 juillet 1845, art. 6, 9, 10 et 11.

Excédents de surtaxes locales. — L. du 26 octobre 1897, art. 3.

Exécution des travaux du chemin de fer. — Cah. des ch., art. 2, 27 et 28.

— du cahier des charges. — Cah. des ch., art. 69.

Exonération des droits d'octroi. — Déc. du 12 fév. 1870, art. 13.

— de la responsabilité des transporteurs en matière de contraventions relatives aux contributions indirectes. — L. du 21 juin 1873, art. 13.

Expertise des marchandises transportées. — C. com., art. 106.

— médicale des victimes d'accidents du travail. — L. du 9 avril 1898, art. 17.

Expiration de la concession du chemin de fer. — Cah. des ch., art. 36.

Extinction de l'action contre le voiturier. — C. com., art. 105.

Extraction de matériaux. — L. du 15 juillet 1845, art. 3 ; — Cah. des ch., art. 22.

F

Factage. — Cah. des ch., art. 52.

Fardeaux autorisés pour les enfants. — Déc. du 13 mai 1893, art. 11.

— pour les filles mineures. — Déc. du 13 mai 1893, art. 11.

Faute inexcusable. — L. du 9 avril 1898, art. 20.

Femmes gardes-barrières. — Arr. minist. du 12 juillet 1879 ; — Arr. minist. du 10 oct. 1901, art. 5.

— employées dans les ateliers, usines et manufactures. — L. du 2 nov. 1892, art. 3 à 7 et 12 à 14 ; — Circ. minist. du 17 mai 1900 ; — Déc. du 13 mai 1893, art. 1, 2, 13, 14 et 16.

Fermeture des établissements reconnus dangereux ou insalubres. — L. du 12 juin 1893, art. 8.

Filles mineures employées dans les ateliers, usines et manufactures. — L. du 2 nov. 1892, art. 3 à 7 et 12 à 14 ; — Circ. minist. du 17 mai 1900 ; — Déc. du 13 mai 1893, art. 1 à 10 et 12 à 16.

Flammèches. — Ord. du 15 nov. 1846 mod., art. 11.

Flottage. — Cah. des ch., art. 17.

Fonctionnaires du contrôle de l'Etat. — Cah. des ch., art. 55 ; — Ord. du 15 nov. 1846 mod., art. 53 et 54.

Fonds de garantie en matière d'accidents du travail. — L. du 9 avril 1898, art. 25. — 1ᵉʳ Déc. du 28 fév. 1899, art. 26 à 30.

Formalités relatives à l'exécution des travaux publics. — L. du 27 juillet 1870, art. 1ᵉʳ.

— à remplir en cas de non-paiement des indemnités allouées aux victimes d'accidents du travail. — 1ᵉʳ Déc. du 28 fév. 1899, art. 1 à 14.

Formation des trains. — Ord. du 15 nov. 1846 mod., art. 22.

Formes de protestation en cas de perte ou d'avaries de marchandises. — C. com., art. 105.

Fossés. — Cah. des ch., art. 7.

Fournitures aux ouvriers. — L. du 12 janv. 1895, art. 4.

Fourrière. — Arr. minist. du 27 oct. 1900, art. 6, 10, 21 à 23.

Frais accessoires. — Ord. du 15 nov. 1846 mod., art. 47 et 48 ; — Cah. des ch., art. 51 ; — Arr. minist. du 27 octobre 1900.

— de contrôle et de surveillance. — Cah. des ch., art. 33 et 67.

— et dépens en matière de saisies-arrêts. — L. du 12 janv. 1895, art. 13.

— de désinfection. — L. du 21 juillet 1881, art. 37 ; — Arr. minist. du 26 mai 1903, art. 10 ; — Arr. minist. du 27 oct. 1900, art. 37.

— médicaux et pharmaceutiques des victimes d'accidents du travail. — L. du 9 avril 1898, art. 4 et 15.

Frais funéraires des victimes d'accidents du travail. — L. du 9 avril 1898, art. 4 et 15.

— de manutention. — Arr. minist. du 27 oct. 1900, art. 3, 9, 13, 20, 25 et 33.

— de gare. — Arr. minist. du 27 oct. 1900, art. 13.

Franchise de bagages. — Cah. des ch., art. 44.

Fraudes en matière de billets. — Dép. minist. des 6 mars et 9 sept. 1897.

— en matière de contributions indirectes. — L. du 21 juin 1873, art. 13.

— en matière de douanes. — L. du 22 août 1791, titre 2, art. 29.

— d'octroi. — Ord. du 9 déc. 1814, art. 28 et 33.

Freins. — Ord. du 15 nov. 1846 mod., art. 17 et 36.

Fumée des machines. — Cah. des ch., art. 32.

Fumeurs. — Ord. du 15 nov. 1846 mod., art. 58.

Fumiers. — Arr. minist. du 26 mai 1903, art. 9.

G

Garanties en matière d'accidents du travail. — L. du 9 avril 1898, art. 23 à 28 ; — 1er déc. du 28 fév. 1899, art. 26 à 30 ; — 2e déc. du 28 fév. 1899, art. 2.

Gardes-barrières. — Arr. minist. du 12 juillet 1879 ; — Cah. des ch., art. 31 ; — Arr. minist. du 10 oct. 1901, art. 3 à 9.

— mariés. — Arr. minist. du 10 oct. 1901, art. 5.

Gardes-freins. — Ord. du 15 nov. 1846 mod., art. 17, 18, 23, 32 et 74 ; — Arr. minist. du 4 nov. 1899 ; — Circ. minist. du 24 nov. 1899.

Gardes-sémaphores. — Arr. minist. du 10 oct. 1901, art. 3 à 9.

Gardiennage des passages à niveau. — Arr. minist. du 12 juillet 1879, art. 2.

Gares. — Ord. du 15 nov. 1846 mod., art. 6 et 65 ; — Cah. des ch., art. 9.

— communes. — Cah. des ch., art. 61.

Gens de service. — L. du 12 janv. 1895, art. 1er.

Gratuité des droits de timbre et d'enregistrement en matière de saisies-arrêts. — L. du 12 janv. 1895, art. 15.

— des droits de timbre et d'enregistrement en matière d'accidents du travail. — L. du 9 avril 1898, art. 29.

Grilles à flammèches. — Ord. du 15 nov. 1846 mod., art. 11.

Groupage. — L. du 30 mars 1872, art. 2.

Grues. — Arr. minist. du 27 octobre 1900, art. 14.

H

Heures d'ouverture et de fermeture des gares. — Cah. des ch., art. 50.

Homologation par le tribunal civil des délibérations des conseils de famille relatives à l'aliénation des titres appartenant aux mineurs et interdits. — L. du 27 fév. 1880, art. 2.

— des règlements relatifs aux caisses de retraites, de secours et de prévoyance. — L. du 27 déc. 1890, art. 2 ; — L. du 10 avril 1902.

— des tarifs. — Cah. des ch., art. 48.

Horaire des trains. — Ord. du 15 nov. 1846 mod., art. 43.

Huile. — Déc. du 10 mars 1894, art. 16.

Hygiène et sécurité des enfants, des filles mineures et des femmes. — L. du 2 nov. 1892, art. 12 à 14 ; — Déc. du 13 mai 1893.

— des travailleurs. — L. du 12 juin 1893 ; — Déc. du 10 mars 1894.

I

Impôts. — Cah. des ch., art. 63.

Incessibilité et insaisissabilité des rentes allouées aux victimes d'accidents du travail. — L. du 9 avril 1898, art. 3.

Incapacité de travail absolue et permanente. — L. du 9 avril 1898, art. 3 et 16.

— de travail partielle et permanente. — L. du 9 avril 1898, art. 3 et 16.

— de travail temporaire. — L. du 9 avril 1898, art. 3 et 15.

Indemnités allouées aux victimes d'accidents du travail. — L. du 9 avril 1898, art. 3.

Indicateurs d'aiguilles. — Ord. du 15 nov. 1846 mod., art. 37.

Indication du nombre des places dans les voitures. — Cah. des ch., art. 32.

Indigents. — Cah. des ch., art. 48.

Infractions aux lois et règlements sur la police sanitaire des animaux. — Dép. minist. du 18 avril 1903.

Insertion au *Bulletin officiel des oppositions* des numéros des titres adirés. — L. du 15 juin 1872, art. 11 et 15 ; — Déc. du 10 avril 1873, art. 1er ; — Déc. du 8 mai 1902, art. 1er.

Inspecteurs du travail. — L. du 9 avril 1898, art. 34 ; — L. du 2 nov. 1892, art. 17 à 20 ; — L. du 12 juin 1893, art. 4, 10 et 12 ; — L. du 29 déc. 1900, art. 2 et 7.

Installations des gares. — Ord. du 15 nov. 1846 mod., art. 65.

Interdiction de cracher. — Ord. du 15 nov. 1846 mod., art. 58.

— d'entrer dans les voitures et d'en sortir avant l'arrêt des trains. — Ord. du 15 nov. 1846 mod., art. 58.

— de se placer dans une voiture de classe supérieure à celle indiquée par le billet. — Ord. du 15 nov. 1846 mod., art 58.

— de prendre une place déjà occupée par un autre voyageur. — Ord. du 15 nov. 1846 mod., art. 58.

— de passer d'une voiture dans une autre. — Ord. du 15 nov. 1846 mod., art. 58.

— de se pencher en dehors des voitures. — Ord. du 15 nov. 1846 mod., art. 58.

— de manœuvrer les appareils. — Ord. du 15 nov. 1846, art. 57.

— de pénétrer dans l'enceinte du chemin de fer. — Ord. du 15 nov. 1846 mod., art. 57.

— de déposer des matériaux dans l'enceinte du chemin de fer. — Ord. du 15 nov. 1846 mod., art. 57.

— de pratiquer plus d'une saisie-arrêt. — L. du 12 janv. 1895, art. 7.

— de se prévaloir en cas d'accidents du travail de dispositions autres que celles de la loi. — L. du 9 avril 1898, art. 2.

— du travail de nuit pour les enfants, les filles mineures et les femmes. — L. du 2 nov. 1892, art. 4.

— d'abandonner le service. — L. du 15 juillet 1845, art. 20 ; — Arr. minist. des 4 nov. et 23 nov. 1899, art. 8 ; — Arr. minist. du 10 oct. 1901, art. 9.

Interdits. — L. du 27 févr. 1880.

Interprétation du cahier des charges. — Cah. des ch., art. 69.

Interruption des travaux de construction du chemin de fer. — Cah. des ch., art. 39 et 41.

— du service de l'exploitation du chemin de fer. — Cah. des ch., art. 40 et 41.

Intervalle à maintenir entre les trains. — Ord. du 15 nov. 1846 mod., art. 27.

Introduction d'animaux dans l'enceinte du chemin de fer. — Ord. du 15 nov. 1846 mod., art. 57.

Isolement des appareils dangereux. — L. du 12 juin 1893, art. 2 ; — Déc. du 10 mars 1894, art. 14.

— des moteurs. — Déc. du 10 mars 1894, art. 10.

Ivresse. — Ord. du 15 nov. 1846 mod., art. 60.

J

Jours fériés. — Cah. des ch., art. 26. — L. du 9 avril 1898, art. 11 ; — Arr. minist. du 27 oct. 1900, art. 36.

L

Lait. — Arr. minist. du 27 oct. 1900, art. 2, 3, 4, 6 et 31.

Lavabos. — Déc. du 10 mars 1894, art. 8.

Lessivage annuel des ateliers. — Déc. du 10 mars 1894, art. 2.

Lettres de voiture.— Cah. des ch., art. 49 ; — L. du 13 mai 1863, art. 10 ; — L. du 28 fév. 1872, art. 11 ; — L. du 30 mars 1872, art. 1ᵉʳ.

Livraison des marchandises. — Cah. des ch., art. 50.

— des messageries. — Cah. des ch., art. 50.

Locomotives. — Voir Machines.

M

Machines locomotives. — Ord. du 15 nov. 1846 mod., art. 7 à 11, 14, 15, 19, 20, 26, 36 et 39 ; — Cah. des ch., art. 32.

— de secours. — Ord. du 15 nov. 1846 mod., art. 40.

Magasinage. — Ord. du 15 nov. 1846 mod., art. 47 ; — Cah. des ch., art. 51 ; — Arr. minist. du 27 oct. 1900, art. 6, 10, 18, 27.

Mainlevée d'oppositions sur titres adirés. — L. du 15 juin 1872, art. 11, 17 et 18.

— de saisie- arrêt. — L. du 12 janv. 1895, art. 9.

Maisons de garde. — Cah. des ch., art. 13.

Maladies contagieuses. — Ord. du 15 nov. 1846 mod., art. 60.

Manœuvres de gares. — Ord. du 15 nov. 1846 mod., art. 19 et 22.

— des signaux. — Ord. du 15 nov. 1846 mod., art. 31, 34 et 57.

Manutention. — Arr. minist. du 27 oct. 1900, art. 3, 9, 13, 20, 25 et 33.

Marchandises. — Ord. du 15 nov. 1846 mod., art. 50 ; — Cah. des ch., art. 50 ; — L. du 26 oct. 1897, art. 1 ; — Arr. minist. du 27 oct. 1900, art. 12 à 18 et 31.

— légères. — Cah. des ch., art. 47.

Marins. — Cah. des ch., art. 54.

Masses indivisibles. — Cah. des ch., art. 47.

Matériaux. — L. du 15 juill. 1845, art. 2, 3 et 8 à 11 ; — Ord. du 15 nov. 1846 mod., art. 57 ; — Cah. des ch., art. 22.

Matériel militaire. — Cah. des ch., art 54.

Matériel roulant.— Ord. du 15 nov. 1846 mod., art. 7 à 15 et 65 ; — Arr. minist. du 27 octobre 1900, art. 24 à 27 et 31.

— étranger. — Ord. du 15 nov. 1846 mod., art. 7 et 57 ; — Arr. minist. du 27 octobre 1900, art. 29 à 31.

Matières inflammables.— L. du 15 juillet 1845, art. 7 à 11 ; — Cah. des ch., art. 50.

— dangereuses. — Ord. du 15 nov. 1846 mod., art. 21 et 61 ; — Cah. des ch., art. 47.

— précieuses. — Cah. des ch., art. 47.

Mécaniciens et chauffeurs. — Ord. du 15 nov. 1846 mod., art. 17, 18, 26, 32, 36 à 38, 70 et 74 ; — Arr. minist du 4 nov. 1899 ; — Circ. minist. du 24 nov. 1899.

Menaces. — L. du 16 juill. 1845, art. 18.

Messageries.— Ord. du 15 nov. 1846 mod., art. 43 ; — Cah. des ch., art. 50 ; — Arr. minist. du 28 octobre 1900, art. 2 à 6 et 31.

Militaires. — Cah. des ch., art. 54.

Mines. — L. du 15 juillet 1845, art. 3 ; — Cah. des ch., art. 24.

Mineurs. — L. du 20 février 1880. — Voir Enfants, filles mineures.

— émancipés.— L. du 27 février 1880, art. 4 et 9.

Ministre des travaux publics. — Ord. du 15 nov. 1846 mod., art. 31, 64 et 65.

Mise en demeure pour l'application des règlements concernant l'hygiène et la sécurité des travailleurs. — L. du 12 juin 1893, art. 6.

Modification des projets de construction du chemin de fer. — Cah. des ch., art. 3.

— des tarifs de transport. — Cah. des ch., art. 48.

Monte-charges. — Déc. du 10 mars 1894, art. 11.

N

Navigation. — Cah. des ch., art. 17.

Négociation de titres frappés d'opposition. — L. du 12 juin 1872, art. 12 à 14.

Nettoyage journalier des ateliers. — Déc. du 10 mars 1894, art. 1er.

Nombre de places dans les voitures. — Cah. des ch., art. 32.

— de véhicules dans les trains. — Ord. du 15 nov. 1846 mod., art. 17.

Notification des décisions des juges de paix en matière de saisies-arrêts. — L. du 12 janv. 1895, art 10.

Nouvelles concessions à la Compagnie.— Cah. des ch., art. 61.

— à d'autres Compagnies. — Cah. des ch., art. 59.

Nouvelles voies de communication. — Cah. des ch., art. 59.

O

Objets assujettis aux droits d'octroi. — Ord. du 9 déc. 1814, art. 11 ; — L. du 28 avril 1816, art. 148.

Objets encombrants.— Ord. du 15 nov. 1846 mod., art. 60.

— d'art et précieux. — Cah. des ch., art. 47 ; — Arr. minist. du 27 oct-1900, art. 2, 6 et 31.

Obstacles sur la voie. — Ord. du 15 nov. 1846 mod., art. 36.

— à l'accomplissement des devoirs des inspecteurs du travail. — L. du 12 juin 1893, art. 12 ; — L. du 29 déc. 1900, art. 7.

Occupation temporaire. — L. du 15 juill. 1845, art. 3 ; — Cah. des ch., art. 21 et 22.

Octroi. — Ord. du 9 déc. 1814 ; — L. du 28 avril 1816 ; — Déc. du 12 févr. 1870.

Opposition sur titres. — L. du 15 juin 1872, art. 2 et 11 ; — Déc. du 10 avril 1873, art. 1er.

— sur petits traitements. — L. du 12 janv. 1895.

Opposition aux décisions des juges de paix en matière de saisies-arrêts. — L. du 12 janv. 1895, art. 10.

— aux jugements rendus en matière d'accidents du travail. — L. du 9 avril 1898, art. 17.

Original de la saisie-arrêt sur les petits traitements. — L. du 12 janv. 1895, art. 8.

Ouvertures. — L. du 12 juin 1893, art. 2.

Ouvrages d'art. — Cah. des ch., art. 6, 16 *bis*, 18 et 29.

Ouvriers. — L. du 12 janv. 1895, art. 1er.

— adultes. — Déc. du 9 sept. 1848 ; — Circ. minist. du 17 mai 1900 ; — Déc. du 28 mars 1902 ; — Circ. minist. du 21 sept. 1902.

— enfants. — L. du 2 nov. 1892 ; — Déc. du 13 mai 1893, art. 1 à 16 ; — Circ. minist. du 17 mai 1900.

— femmes. — L. du 2 nov. 1892 ; — Déc. du 13 mai 1893, art. 12, 13 et 14 ; — Circ. minist. du 17 mai 1900.

— filles mineures. — L. du 2 nov. 1892 ; — Déc. du 13 mai 1893, art. 1 à 16 ; — Circ. minist. du 17 mai 1900.

— étrangers victimes d'accidents du travail. — L. du 9 avril 1898, art. 3.

P

Paiements relatifs aux titres adirés. — L. du 15 juin 1872, art. 9.

Passages inférieurs. — Cah. des ch., art. 10 et 11.

— à niveau. — L. du 15 juill. 1845, art. 4 ; — Ord. du 15 nov. 1846 mod., art. 4, 6, 38 et 74 ; — Arr. minist. du 12 juill. 1879 ; — Cah. des ch., art. 10, 13 et 31.

— supérieurs. — Cah. des ch., art. 10 et 12.

— entre les machines des ateliers. — Déc. du 10 mars 1894, art. 10.

Pénalités en cas de non-déclaration des valeurs dépendant d'une succession. — L. du 25 févr. 1901, art. 15.

Pénalités en matière de contraventions à la police des chemins de fer. — Ord. du 15 nov. 1846 mod., art. 76 ; — L. du 15 juill. 1845, art. 21.

— en matière de contraventions à la police sanitaire des animaux. — L. du 21 juill. 1881, art. 33 à 36 ; — Dép. minist. du 18 avril 1903.

— en matière de contraventions de voirie. — L. du 15 juill. 1845, art. 12 et 14.

— en matière de contraventions aux lois sur le timbre des récépissés. — L. du 13 mai 1863, art. 10 ; — L. du 30 mars 1872, art. 2.

— en matière de crimes contre la sûreté du chemin de fer. — L. du 15 juill. 1845, art. 16 et 17.

— en matière de délits. — L. du 15 juillet 1845, art. 18 à 21.

— en matière d'infractions à la loi sur les accidents du travail. — L. du 9 avril 1898, art. 14 et 31.

— en matière de contraventions à la loi sur l'hygiène et la sécurité des travailleurs. — L. du 12 juin 1893, art. 7, 9 et 14.

— en matière de contraventions à la loi sur le travail des ouvriers adultes. — Déc. du 9 sept. 1848, art. 4.

— en matière de contraventions à la loi sur le travail des enfants, des filles mineures et des femmes. — L. du 2 nov. 1892, art. 26 et 29.

— en matière de contraventions à la loi sur le travail des femmes dans les magasins. — L. du 29 déc. 1900, art. 4 à 6.

Pentes. — Cah. des ch., art. 8.

Personnel des Compagnies. — Ord. du 15 nov. 1846 mod., art. 3, 17 et 31 ; — Déc. du 27 mars 1852 ; — L. du 27 déc. 1890. — Voir Agents des compagnies, agents des gares, agents des trains, agents de la voie, aiguilleurs, bloqueurs, gardes-barrières, gardes-sémaphores, mécaniciens et chauffeurs.

— des trains. — Ord. du 15 nov. 1846 mod., art. 17.

Personnes autorisées à monter sur les machines. — Ord. du 15 nov. 1846 mod., art. 39.

Perte partielle de marchandises. — C. Com., art. 105.

Pesage des marchandises. — Arr. minist. du 27 octobre 1900, art. 4, 16 et 26.

Pétrole. — Déc. du 10 mars 1894, art. 16.

Piétons. — Arr. minist. du 12 juillet 1879, art. 2.

Places marquées dans les voitures à voyageurs. — Ord. du 15 nov. 1846 mod., art. 58.

Plan cadastral du chemin de fer. — Cah. des ch., art. 29.

Plantations. — L. du 15 juillet 1845, art. 3.

Police de l'exploitation. — L. du 15 juillet 1845 ; — Ord. du 15 nov. 1846 mod. ; — Cah. des ch., art. 33.

Police sanitaire des animaux. — L. du 21 juillet 1881 ; — Déc. du 22 juin 1882 ; — Arr. minist. du 26 mai 1903 ; — Arr. minist. du 27 oct. 1900, art. 37 ; — Dép. minist. du 18 avril 1903.

Pompes funèbres. — Arr. minist. du 27 octobre 1900, art. 8 à 10 et 31.

Ponts. — Cah. des ch., art. 18.

Portes de sortie des ateliers. — Déc. du 10 mars 1894, art. 16.

Porteurs d'armes à feu. — Ord. du 15 nov. 1846 mod., art. 60.

Portières. — Ord. du 15 nov. 1846 mod., art. 26.

Portion non saisissable des petits traitements. — L. du 12 janv. 1895, art. 7.

Postes. — Cah. des ch., art. 56.

Poussières. — Déc. du 10 mars 1894, art. 6 et 7.

Préfet. — Ord. du 15 nov. 1846 mod., art. 67 et 77. — Arr. minist. du 12 juillet 1879, art. 3.

— de police. — Ord. du 15 nov. 1846 mod., art. 67 et 77.

Prescription des actions en matière d'accidents du travail. — L. du 9 avril 1898, art. 18.

Prisonniers. — Cah. des ch., art. 57.

— des réclamations en matière de transports. — C. Com., art. 105 et 108.

Privilège du voiturier sur les objets transportés. — C. C., art. 2102, 6º ; — C. Com., art. 106.

— des cotisants aux caisses de retraites, de secours et de prévoyance sur les sommes retenues sur leurs traitements ou versées par les chefs d'entreprises. — L. du 27 déc. 1895, art. 1 et 4.

Prix des insertions au bulletin officiel des oppositions. — Déc. du 10 août 1873, art. 3 ; — Déc. du 8 mai 1902, art. 1er.

— des récépissés de groupage. — L. du 30 mars 1872, art. 2.

Procédure en matière de saisie-arrêt sur les petits traitements. — L. du 12 janv. 1895, titre 2.

— en matière d'accidents du travail. — L. du 9 avril 1898, art. 15 à 22.

Procès-verbaux de contraventions. — L. du 15 juill. 1845, art. 13, 23 et 24 ; — Dép. minist. des 6 mars et 9 sept. 1897.

Professions assujetties à la loi sur les accidents du travail. — L. du 9 avril 1898, art. 1er.

Projets de construction du chemin de fer. — Cah. des ch., art. 3 à 5, 9, 13 et 16 *bis*.

Propriétés riveraines du chemin de fer. — L. du 15 juill. 1845, art. 3 à 11.

Provision allouée aux victimes d'accidents du travail. — L. du 9 avril 1898, art. 16.

Puits. — L. du 12 juin 1893, art. 2 ; — Déc. du 10 mars 1894, art. 10.

Q

Qualité des matériaux employés à la construction du chemin de fer. — Cah. des ch., art. 18.

Quotité des petits traitements cessible.— L. du 12 janv. 1895, art. 1er.

— saisissable. — L. du 12 janv. 1895, art. 1er.

R

Rachat de la concession du chemin de fer. — Cah. des ch., art. 37.

Rails. — Cah. des ch., art. 19.

Rampes. — Cah. des ch., art. 8.

Rébellion. — Ord. du 15 nov. 1846 mod., art. 63.

Récépissés. — Ord. du 15 nov. 1846 mod., art. 50 ; — Cah. des ch., art. 49.

— timbrés. — L. du 13 mars 1863 ; — L. du 23 août 1871 ; — L. du 28 fév. 1872 ; — L. du 30 mars 1872.

— de groupage. — L. du 30 mars 1872, art. 2.

Réception provisoire des travaux du chemin de fer. — Cah. des ch., art. 28.

Réclamations en matière de transports. — C. Com., art. 105.

— relatives à l'exécution de la loi sur l'hygiène et la sécurité des travailleurs. — L. du 12 juin 1893, art. 6.

Recours de la caisse nationale des retraites en cas de non-paiement des indemnités allouées aux victimes d'accidents du travail. — 1er Déc. du 28 fév. 1899, art. 15 à 25.

Réexpéditions. — Voir Correspondances.

— des marchandises déclarées à la Douane. — L. du 20 avril 1816, art. 26 et 32.

Registres obligatoires pour les entrepreneurs de transports. — C. C., art. 1785.

— d'expédition des marchandises. — Ord. du 15 nov. 1846 mod., art. 50 ; — Cah. des ch., art. 49.

— des plaintes du public. — Ord. du 15 nov. 1846 mod., art. 72 et 73.

— des retards de trains. — Ord. du 15 nov. 1846 mod., art. 42.

— des greffiers en matière de saisie-arrêt.— L. du 12 janv. 1895, art. 14.

— des groupeurs. — L. du 30 mars 1872, art. 2.

Règlements de grande voirie. — L. du 15 juillet 1845, art. 1 à 3.

— de service des Compagnies. — Ord. du 15 nov. 1846, art. 56 ; — Cah. des ch., art. 33.

— de police. — C. C., art. 1786.

Régularité des transports. — Cah. des ch., art. 49.

Relais. — L. du 2 nov. 1892, art. 11. — Circ. minist. du 17 mai 1900.

Relevé annuel des autorisations de surtaxes locales. — L. du 26 octobre 1897, art. 5.

Remise du chemin de fer à l'État à l'expiration de la concession. — Cah. des ch., art. 36.

Rentes au porteur. — L. du 15 juin 1872, art. 16.

— allouées aux victimes d'accidents du travail. — L. du 9 avril 1898, art. 16.

Réparations de la voie. — Ord. du 15 nov. 1846 mod., art. 33 et 35.

Répartition des sommes retenues en vertu de saisies-arrêts. — L. du 12 janv. 1895, art. 11.

Repas des ouvriers. — Déc. du 10 mars 1894, art. 8.

Repos journalier des ouvriers adultes. — Circ. minist. du 17 mai 1900.

— journalier des enfants. — L. du 2 nov. 1892, art. 3 ; — Circ. minist. du 17 mai 1900.

— journalier des femmes. — L. du 2 nov. 1892, art. 3 ; — Circ. minist. du 17 mai 1900.

— journalier des filles mineures. — L. du 2 nov. 1892, art. 3 ; — Circ. minist. du 17 mai 1900.

— hebdomadaire des enfants. — L. du 2 nov. 1892, art. 5 et 7.

— hebdomadaire des femmes. — L. du 2 nov. 1892, art. 5 et 7.

— hebdomadaire des filles mineures. — L. du 2 nov. 1892, art. 5 et 7.

— des agents des gares. — Arr. minist. du 23 nov. 1899, art. 3 ; — Circ. minist. du 24 nov. 1899.

— des agents des trains. — Arr. minist. du 4 nov. 1899, art. 3 ; — Circ. minist. du 24 nov. 1899.

— des agents de la voie. — Arr. minist. du 10 oct. 1901, art. 4 et 5.

— des aiguilleurs de pleine voie. — Arr. minist. du 10 oct. 1901, art. 4 et 5.

— des bloqueurs. — Arr. minist. du 10 oct. 1901, art. 4 et 5.

— des gardes-barrières. — Arr. minist. du 10 oct. 1901, art. 4 et 5.

— des gardes-barrières mariés. — Arr. minist. du 10 oct. 1901, art. 5.

— des gardes sémaphores. — Arr. minist. du 10 oct. 1901, art. 4 et 5.

— des mécaniciens et chauffeurs. — Arr. minist. du 4 nov. 1899, art. 3 ; — Circ. minist. du 24 nov. 1899.

Représentants d'ouvriers étrangers victimes d'accidents du travail. — L. du 9 avril 1898, art. 3.

Réserves des Compagnies d'assurances contre les accidents du travail. — 2e Déc. du 28 fév. 1899, art. 7 à 9.

Réserves pour avaries ou perte partielle de marchandises. — C. Com., art. 105.

Réservoirs de liquides corrosifs ou chauds. — Déc. du 10 mars 1894, art. 10.

Résiliation du contrat de louage. — L. du 27 déc. 1890, art. 1er.

Résistance aux agents des Compagnies.—L. du 15 juillet 1845, art. 25 ; — Ord. du 15 nov. 1846 mod., art. 63.

Responsabilité des concessionnaires du chemin de fer. — L. du 15 juill. 1845, art. 22.

— des transporteurs.— C. C., art. 1782 à 1784 ; — C. Com., art. 103 et 104.

— des chefs d'industrie en matière d'infractions à la loi sur le travail des enfants, des filles mineures et des femmes. — L. du 2 nov. 1892, art. 26.

— des chefs d'industrie en matière d'infractions à la loi sur l'hygiène et la sécurité des travailleurs. — L. du 12 juin 1893, art. 7.

Rétention des titres frappés d'oppositions.— L. du 15 juin 1872, art. 5.

Reversibilité des rentes allouées aux victimes d'accidents du travail.— L. du 9 avril 1898, art. 9.

Revision des indemnités allouées en matière d'accidents du travail.— L. du 9 avril 1898, art. 19.

Révocation des agents des Compagnies. — Déc. du 27 mars 1852.

Rigoles. — Cah. des ch., art. 7.

Roues. — L. du 12 juin 1893, art. 2 ; — Déc. du 10 mars 1894, art. 12.

Routes. — Cah. des ch., art. 10, 14, 17, 59 et 60.

S

Saisies-arrêts. — L. du 12 janv. 1895.

— postérieures à la première. — L. du 12 janv. 1895, art. 7.

Salaires des victimes d'accidents du travail. — L. du 9 avril 1898, art. 10.

— des victimes d'accidents du travail dépassant annuellement 2400 fr. — L. du 9 avril 1898, art. 2.

Salubrité des travailleurs. — L. du 12 juin 1893 ; — Déc. du 10 mars 1894.

Secours (machines de). — Ord. du 15 nov. 1846 mod., art. 40 et 41.

Sécurité des travailleurs. — L. du 12 juin 1893 ; — Déc. du 10 mars 1894.

Service postal. — Cah. des ch., art. 56.

— télégraphique de la Compagnie. — Cah. des ch., art. 58.

— télégraphique de l'Etat. — Cah. des ch., art. 58.

— de jour et de nuit des agents des gares. — Arr. minist. du 23 nov. 1899, art. 4.

— de jour et de nuit des agents de la voie. — Arr. minist. du 10 oct. 1901, art. 5.

Service de jour et de nuit des aiguilleurs de pleine voie. — Arr. minist. du 10 oct. 1901, art. 5.

— de jour et de nuit des bloqueurs. — Arr. minist. du 10 oct. 1901, art. 5.

— de jour et de nuit des gardes-barrières.— Arr. minist. du 10 oct. 1901, art. 5.

— de jour et de nuit des gardes sémaphores. — Arr. minist. du 10 oct. 1901, art. 5.

Sièges pour les femmes employées dans les magasins. — L. du 29 déc. 1900.

Sifflet à vapeur. — Ord. du 15 nov. 1846 mod., art. 38.

Signal d'alarme. — Ord. du 15 nov. 1846 mod.; art. 23 et 58.

Signaux d'arrêt et de ralentissement. — Ord. du 15 nov. 1846 mod., art. 27, 28, 31, 32, 33 et 34.

Sociétés d'assurances contre les accidents du travail. — 2ᵉ Déc. du 28 fév. 1899, art. 1 à 20.

Souffrances. — Arr. minist. du 27 oct. 1900, art. 34.

Souterrains. — Ord. du 15 nov. 1846 mod., art. 6 ; — Cah. des ch art. 16.

Stations. — Voir gares.

Subrogé tuteur. — L. du 27 fév. 1880, art. 7.

Successions. — L. du 25 fév. 1901, art. 15.

Surtaxes locales. — L. du 26 octobre 1897.

Surveillance de l'exploitation. — Voir contrôle.

— de la voie. — Ord. du 15 nov. 1846 mod., art. 31.

— des travaux. — Cah. des ch., art. 27.

— des enfants employés dans les ateliers, usines et manufactures. — L. du 2 nov. 1892, art. 10.

— des travailleurs. — L. du 12 juin 1893, art. 4.

Syndicats de garantie contre les accidents du travail. — 2ᵉ Déc. du 28 fév. 1899, art. 21 à 25.

T

Tarif des frais accessoires. — Ord. du 15 nov. 1846 mod., art. 48 ; — Cah. des ch., art. 51.

— exceptionnel. — Cah. des ch., art. 47.

— de factage et de camionnage. — Cah. des ch., art. 52.

Tarifs spéciaux. — Cah. des ch., art. 50.

Taxes. — Ord. du 15 nov. 1846 mod., art. 44 à 50 ; — Cah. des ch., art. 42 à 53.

— additionnelles pour le fonds de garantie des accidents du travail. — L. du 9 avril 1898, art. 25.

Taxes de désinfection. — Arr. minist. du 26 mai 1898, art. 10 ; — Arr. minist. du 27 octobre 1900, art. 37.

Télégraphie. — Cah. des ch., art. 58.

Tiers auteur d'accidents du travail. — L. du 9 avril 1898, art. 7.

— porteur de titres adirés. — L. du 15 juin 1872, art. 9, 10 et 12.

Timbre gratuit des actes relatifs aux accidents du travail. — L. du 9 avril 1898, art. 29.

— des récépissés G. V. et P. V.— L. du 13 mai 1863 ; — L. du 23 août 1871 ; — L. du 28 février 1872 ; — L. du 30 mars 1872.

Titres. — L. du 23 juin 1857 ; — L. du 15 juin 1872 ; — Déc. du 10 avril 1873 ; — Déc. du 8 mai 1902 ; — L. du 27 février 1880 ; — L. du 25 février 1901.

— adirés. — L. du 15 juin 1872 ; — Déc. du 10 avril 1873 ; — Déc. du 8 mai 1902.

Traction électrique. — Ord. du 15 nov. 1846 mod., art. 75.

Trains. — Ord. du 15 nov. 1846 mod., art. 16 à 32.

— extraordinaires. — Ord. du 15 nov. 1846 mod., art. 30.

— légers. — Ord. du 15 nov. 1846 mod., art. 18 et 20.

— de voyageurs. — Ord. du 15 nov. 1846 mod., art. 20.

Traités particuliers. — Cah. des ch., art. 48 et 53.

— relatifs aux services publics. — Cah. des ch., art. 48.

Tramways. — Ord. du 15 nov. 1846 mod., art. 78 ; — L. du 11 juin 1880 ; — Déc. du 18 mai 1881 ; — Déc. du 6 août 1881 ; — Déc. du 20 mai 1882 ; — Circ. minist. du 12 janv. 1888.

Transbordement de marchandises. — Arr. minist. du 27 oct. 1900, art. 15.

Transfert de titres. — L. du 25 février 1901, art. 15.

Transmission de réseau à réseau. — Arr. minist. du 27 octobre 1900, art. 15, 21.

Transport de marchandises. — Ord. du 15 nov. 1846 mod., art. 50 : — Cah. des ch., art. 49 ; — C. C., art. 1782 à 1785 ; — C. com., art. 103 à 108.

Trappes. — L. du 12 juin 1893, art. 2 ; — Déc. du 10 mars 1894, art. 10.

Travail de nuit. — L. du 2 nov. 1892, art. 4.

Travaux publics. — L. du 27 juillet 1870.

— de construction du chemin de fer. — Cah. des ch., art. 2, 5, 27 et 28.

— souterrains. — L. du 2 nov. 1892, art. 9.

— autorisés sous condition pour les enfants et les filles mineures. — Déc. du 13 mai 1893, art. 16.

— interdits aux enfants. — Déc. du 13 mai 1893, art. 1 à 10 et 12 à 15.

— interdits aux femmes. — Déc. du 13 mai 1893, art. 1, 2, 13 et 14.

— interdits aux filles mineures. — Déc. du 13 mai 1893, art. 1 à 10 et 12 à 15.

Tunnels. — Voir souterrains.

Tuteur. — L. du 27 fév. 1880, art. 1, 5, 6 et 9.

U

Uniforme des agents des Compagnies. — Ord. du 15 nov. 1846 mod.,
art. 69.

Usages locaux. — Déc. du 9 sept. 1848, art. 3.

Usines à feu continu. — L. du 2 nov. 1892, art. 6.

Utilité publique. — Cah. des ch., art. 22.

V

Valeurs. — Cah. des ch., art. 47 ; — Arr. minist. du 27 oct. 1900,
art. 2, 6 et 31.

— dépendant d'une succession. — L. du 25 février 1901, art. 15.

— non négociables appartenant aux mineurs ou interdits. — L. du
27 fév. 1880, art. 5.

Validité des saisies-arrêts. — L. du 12 janv. 1895, art. 9.

Vapeurs insalubres. — Déc. du 10 mars 1894, art. 6 et 7.

Vendeurs, crieurs et distributeurs. — Ord. du 15 nov. 1846 mod.,
art. 66.

Versements des sommes provenant de surtaxes locales. — L. du
26 oct. 1897, art. 3.

Vestiaire pour les travailleurs. — Déc. du 10 mars 1894, art. 8.

Vêtements des travailleurs. — Déc. du 10 mars 1894, art. 18.

Veuves des victimes d'accidents du travail. — L. du 9 avril 1898, art. 3,
§ A.

Viaducs. — Cah. des ch., art. 11, 15 et 18.

Visa du greffe de la justice de paix en matière de saisies-arrêts. — L.
du 12 janv. 1895, art. 6.

Vitesse des trains. — Ord. du 15 nov. 1846 mod., art. 29 et 32 ; —
Cah. des ch., art. 33.

Voie. — Ord. du 15 nov. 1846 mod., art. 2 à 5 ; — Cah. des ch., art. 7,
16 *bis*, 19.

— unique. — Cah. des ch., art. 6.

— double. — Cah. des ch., art. 6.

— des gares. — Ord. du 15 nov. 1846 mod., art. 2 ; — Cah. des
ch., art. 9.

Voies affectées à la circulation. — Ord. du 15 nov. 1846 mod., art. 25
et 28.

Voies de communication. — Cah. des ch., art. 59.
Voies de fait. — L. du 15 juill. 1845, art. 25.
Voirie. — L. du 15 juill. 1845, art. 1 à 3.
Voitures. — Arr. minist. du 27 oct. 1900, art. 8 à 10, 19 à 21 et 31.
— à voyageurs. — Ord. du 15 nov. 1846 mod., art. 12 à 15, 26 et 59 ;
　　　— Cah. des ch., art. 32.
Volants. — Déc. du 10 mars 1894, art. 12.
Voyageurs. — Ord. du 15 nov. 1846 mod., art. 58 à 60 et 74 ; — L.
　　du 25 oct. 1897, art. 1er.

W

Wagon de choc. — Ord. du 15 nov. 1846 mod., art. 20.
— de marchandises. — Cah. des ch., art. 32.
— Poste. — Cah. des ch., art. 56.
— de secours. — Ord. du 15 nov. 1846 mod., art. 41.
— appartenant à des particuliers. — Arr. minist. du 27 octobre 1900,
　　art. 29 à 30.

Z

Zones militaires. — Cah. des ch., art. 23.

APPENDICE

RÉPERTOIRE ALPHABÉTIQUE

A

Accidents. — Déc. du 6 août 1881, art. 34.

Acquisition de terrains. — Déc. du 6 août 1881, art. 11.

Adjudication après déchéance. — Déc. du 6 août 1881, art. 41.

Affichage des règlements. — Déc. du 6 août 1881, art. 55.

— du service des trains. — Déc. du 6 août 1881, art. 38.

Animaux. — Déc. du 6 août 1881, art. 35.

Application de la loi du 15 juillet 1845 ; — L. du 11 juin 1880, art. 37.

Armes à feu. — Déc. du 6 août 1881, art. 36.

Arrêts en pleine voie. — Déc. du 6 août 1881, art. 33 et 38.

Autorisation de construire. — L. du 11 juin 1880, art. 2 ; — Déc. du 6 août 1881, art. 1er.

Avant-projet. — Déc. du 18 mai 1881, art. 2 et 12.

B

Barrières. — L. du 11 juin 1880, art. 28.

Bestiaux. — Voir Animaux.

Bornage. — Déc. du 6 août 1881, art. 18.

Bureaux d'attente et de contrôle. — Déc. du 6 août 1881, art. 2.

C

Cahier des charges. — L. du 11 juin 1883, art. 7 et 30.

Capital de premier établissement. — Déc. du 20 mars 1882, art. 1 et 2.

Carrières. — Déc. du 6 août 1881, art. 15.

Cession de la concession. — L. du 11 juin 1880, art. 10.

Chemins publics et particuliers. — Déc. du 18 mai 1881, art. 3 ; — Déc. du 6 août 1881, art. 9 et 25.

— de fer industriels. — L. du 11 juin 1880, art. 22.

Chiens. — Déc. du 6 août 1881, art. 36.

Circulation gratuite et à prix réduit. — L. du 11 juin 1880, art. 17.

— publique. — Déc. du 6 août 1881, art. 9 et 25.

Clôtures. — L. du 11 juin 1880, art. 20.

Cochers. — Déc. du 6 août 1881, art. 29.

Commission d'enquête. — Déc. du 18 mai 1881, art. 5, 7 et 8.

— des comptes. — Déc. du 20 mars 1882, art. 5 à 7 et 11.

— de vérification. — Déc. du 20 mars 1882, art. 3 et 11.

Composition des trains. — Déc. du 6 août 1881, art 30, 31 et 33.

Comptabilité. — L. du 11 juin 1880, art. 16.

Comptes d'entretien et d'exploitation. — Déc. du 20 mars 1882, art. 3.

Comptes rendus statistiques. — Déc. du 6 août 1881, art. 51.

Concession. — L. du 11 juin 1880, art. 1, 2, 7 et 26 à 29 ; — Déc. du 18 mai 1881, art. 1er.

Concessions nouvelles. — L. du 11 juin 1880, art. 6 et 8 ; — Déc. du 6 août 1881, art. 43 et 47.

Conducteurs de voitures. — Déc. du 6 août 1881, art. 35.

Contraventions. — Déc. du 6 août 1881, art. 56.

Contre-rails. — Déc. du 6 août 1881, art. 5.

Contribution foncière. — Déc. du 6 août 1881, art. 49.

Contrôle et surveillance. — L. du 11 juin 1880, art. 21 ; — Déc. du 6 août 1881, art. 16 et 39.

Courbes. — Déc. du 18 mai 1881, art. 3 ; — Déc. du 6 août 1881, art. 1er.

D

Déchéance. — L. du 11 juin 1880, art. 7 ; — Déc. du 6 août 1881, art. 44.

Demande de concession. — Déc. du 18 mai 1881, art. 1er.

Dépôts de matériaux. — Déc. du 6 août 1881, art. 35.

Déviations. — Déc. du 6 août 1881, art. 7.

Dommages. — Déc. du 6 août 1881, art. 11 et 45.

Droit d'enregistrement. — L. du 11 juin 1880, art. 24.

Droits du concessionnaire. — Déc. du 6 août 1881, art. 12.

E

Eaux. — Déc. du 6 août 1881, art. 8.

Eclairage des voitures et des trains. — Déc. du 6 août 1881, art. 27.

Embranchements industriels. — Déc. du 6 août 1881, art. 48.

Emission d'obligations. — L. du 11 juin 1880, art. 18.

Enquête. — L. du 11 juin 1880, art. 3 ; — Déc. du 18 mai 1881, art. 4 et 6 à 11.

Enregistrement. — L. du 11 juin 1880, art. 24.

Entretien de la voie. — Déc. du 6 août 1881, art. 19.

Entrevoie. — Déc. du 6 août 1881, art. 4.

Exécution des travaux. — Déc. du 6 août 1881, art. 9.

Expiration de la concession. — L. du 11 juin 1880, art. 9 et 35.

Expropriation. — L. du 11 juin 1880, art. 31.

F

Frais de contrôle. — L. du 11 juin 1880, art. 21 ; — Déc. du 6 août 1881, art. 52.

Freins. — Déc. du 6 août 1881, art. 21, 23 et 32.

Fumée. — Déc. du 6 août 1881, art. 21.

G

Gardiennage. — Déc. du 6 août 1881, art. 25.

Gares. — Déc. du 6 août 1881, art. 3 et 10.

— communes. — Déc. du 6 août 1881, art. 47.

H

Homologation des tarifs. — L. du 11 juin 1880, art. 5 et 33.

I

Impositions. — Déc. du 6 août 1881, art. 49.

Incendies. — Déc. du 6 août 1881, art. 21.

Indemnités de terrains. — Déc. du 6 août 1881, art. 11.

Inspection générale des finances. — Déc. du 20 mars 1882, art. 10.

Interruption de la circulation. — Déc. du 6 août 1881, art. 46.

— de l'exploitation. — Déc. du 6 août 1881, art. 41.

Ivresse. — Déc. du 6 août 1881, art. 36.

J

Justification des comptes. — Déc. du 20 mars 1882, art. 4 et 11.

L

Largeur de la voie. — Déc. du 6 août 1881, art. 4 ; — Circ. minist. du 12 janvier 1888.

Longueur des trains.— Déc. du 18 mai 1881, art. 3 ; — Déc. du 6 août 1881, art. 30.

M

Machines à vapeur. — Déc. du 6 août 1881, art. 21, 31 et 32.

— de réserve. — Déc. du 6 août 1881, art. 34.

Maisons riveraines. — Déc. du 18 mai 1881, art. 3.

Matériel roulant. — Déc. du 18 mai 1881, art. 3 ; — Déc. du 6 août 1881, art. 4, 20, 23, 24 et 47.

Matières dangereuses. — Déc. du 6 août 1881, art. 28 et 37.

Mécaniciens et chauffeurs. — Déc. du 6 août 1881, art. 32.

Mémoire descriptif. — Déc. du 18 mai 1881, art. 3 et 12.

Mines. — Déc. du 6 août 1881, art. 14.

Mode d'exploitation. — Déc. du 18 mai 1881, art. 3.

Moteurs mécaniques. — Déc. du 6 août 1881, art. 22, 31 et 32.

N

Nature du service. — Déc. du 18 mai 1881, art. 3.

Nombre de trains. — Déc. du 18 mai 1881, art. 3.

Nouvelles concessions.— L. du 11 juin 1880, art. 6 et 8 ; — Déc. du 6 août 1881, art. 43 et 47.

Nouvelles voies de communication. — Déc. du 6 août 1881, art. 42.

O

Objets encombrants. — Déc. du 6 août 1881, art. 36.

Occupation temporaire. — Déc. du 6 août 1881, art. 11.

Ouvrages d'art. — Déc. du 6 août 1881, art. 18.

P

Pénalités en cas de contraventions. — Déc. du 6 août 1881, art. 56.

Pentes. — Déc. du 18 mai 1881, art. 3.

Personnel. — Déc. du 6 août 1881, art. 50.

— des trains. — Déc. du 6 août 1881, art. 32 et 55.

Plan cadastral. — Déc. du 6 août 1881, art. 18.

Police et surveillance. — Déc. du 6 août 1881, art. 35 et 36.

Prestations. — L. du 11 juin 1880, art. 34.

Projets. — L. du 11 juin 1880, art. 1 à 3 et 32 ; — Déc. du 18 mai 1881, art. 3 ; — Déc. du 6 août 1881, art. 1 et 10.

Propositions du concessionnaire. — Déc. du 6 août 1881, art. 54.

Propriétés riveraines. — Déc. du 6 août 1881, art. 6 et 8.

Q

Quais maritimes. — Circ. minist. du 23 avril 1888.

R

Rachat. — L. du 11 juin 1880, art. 6.

Rampes. — Déc. du 18 mai 1881, art. 3.

Réception des travaux. — Déc. du 6 août 1881, art. 17.

Registre des réclamations. — Déc. du 6 août 1881, art. 53.

Règlements de police et d'exploitation. — Déc. du 6 août 1881, art. 40.

Remboursement des subventions. — L. du 11 juin 1880, art. 15.

Résultats de l'exploitation. — L. du 11 juin 1880, art. 19 ; — Déc. du 6 août 1881, art. 51.

Retrait d'autorisation. — Déc. du 6 août 1881, art. 44.

— de la concession. — L. du 11 juin 1880, art. 11.

Routes. — Déc. du 18 mai 1881, art. 3 ; — Déc. du 6 août 1881, art. 9 et 25.

— modifiées. — Déc. du 6 août 1881, art. 6.

S

Servitudes militaires. — Déc. du 6 août 1881, art. 13.

Signaux. — Déc. du 6 août 1881, art. 25 à 27 et 32.

Stationnement sur la voie ferrée. — Déc. du 6 août 1881, art. 35.

Stations. — Déc. du 9 août 1881, art. 3 et 10.

Subventions. — L. du 11 juin 1880, art. 12 à 16, 22 et 36 ; — Déc. du 20 mars 1882, art. 7, 9 et 12 à 14.

T

Taxes. — L. du 11 juin 1880, art. 4, 5, 10 et 33.

Traction mécanique. — Déc. du 6 août 1881, art. 30, 33 et 34.

— par chevaux. — Déc. du 6 août 1881, art. 29.

Trains. — Déc. du 18 mai 1881, art. 3 ; — Déc. du 6 août 1881, art. 31 à 33.

Tramways. — L. du 11 juin 1880, art. 26 à 39.

Troupeaux. — Déc. du 6 août 1881, art. 35.

U

Uniformisation des arrêtés préfectoraux relatifs à l'exploitation des voies ferrées des quais maritimes. — Circ. minist. du 23 avril 1888.

Utilité publique. — L. du 11 juin 1880, art. 2.

V

Vitesse des trains. — Déc. du 18 mai 1881, art. 3 ; — Déc. du 6 août 1881, art. 33.

Voie ferrée. — Déc. du 18 mai 1881, art. 3 ; — Déc. du 6 août 1881, art. 4, 5 et 19.

— publique. — Déc. du 18 mai 1881, art. 3 ; — Déc. du 6 août 1881, art. 5, 6, 45 et 46.

Voies doubles. — Déc. du 6 août 1881, art. 3.

— ferrées des quais maritimes. — Circ. minist. du 23 avril 1888.

Voitures à voyageurs. — Déc. du 6 août 1881, art. 23.

— publiques ou particulières. — Déc. du 6 août 1881, art. 35.

Voyageurs (Règles à observer par les). — Déc. du 6 août 1881, art. 36.

W

Wagons à marchandises. — Déc. du 6 août 1881, art. 23.

— de secours. — Déc. du 6 août 1881, art. 34.

TABLE DES MATIÈRES

I. — Travaux Publics.

II. — Services financiers.

III. — Police des chemins de fer.

X. — Timbre et enregistrement.

XI. — Octrois.

XII. — Personnel des Compagnies.

XIII. — Accidents du travail.